PEDAGOGIA DA
COOPERAÇÃO

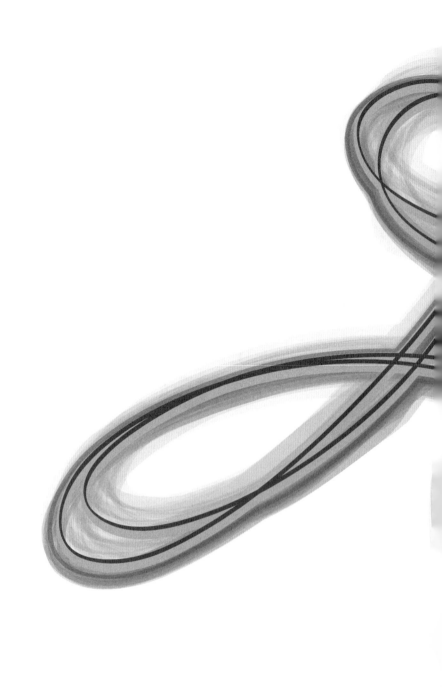

Fábio Otuzi Brotto e *Comum-Unidade* de Coautorias
Co-organização: Carla Albuquerque e Daniella Dolme

PEDAGOGIA DA COOPERAÇÃO

Por um mundo onde todas as pessoas possam **VenSer**

2ª edição

Copyright © 2020 Projeto Cooperação

Coordenação Editorial
Isabel Valle

Capa
Ilana Majerowicz

Copidesque
Carla Branco

Revisão
Renata Thiago

Ilustrações
Ilê Sartuzi (figura 4 com imagem Freepik.com)
Marina Nicolaiewsky (figuras 2, 3, 15, 16, Colocando na Mochila, Prazer de Casa)

Editoração Eletrônica
Leandro Collares | Selênia Serviços

B874p

Brotto, Fábio Otuzi, 1960-
  Pedagogia da Cooperação: por um mundo onde todas as pessoas possam *VenSer* | Co-organização e co-autoria: Fábio Otuzi Brotto, Carla Albuquerque de Oliveira e Daniella de Souza Dolme. Co-autoria: Ana Paula Peron, Andrea Leoncini, Arnaldo Omair Bassoli Junior, Cambises Bistricky Alves, Carla Albuquerque de Oliveira, Clarissa Borges Müller, Maria da Conceição da Silva Barros de Souza, Daniella de Souza Dolme, Denise Jayme de Arimatéa, Eliana Rossetti Fausto, Fábio Otuzi Brotto, Frank Viana Carvalho, Gisela Sartori Franco, Heloisa Gappmayer Biscaia, José Romão Trigo de Aguiar, Leonor Batriz Diskin de Pawlowicz, Maria Clara de Castro Borges, Maria do Carmo Mendes Righini, Maria Lenilda de Almeida, Pedro Leme Consorte, Roberto Gonçalves Martini, Rodolpho Henrique Pereira Martins, Rodrigo Rubido Alonso, Taísa Mattos, Vera Lúcia de Souza e Silva, Vitor Hugo Lima da Costa. Ilustrações: Marina Nicolaiewsky – 2ª edição – Rio de Janeiro: Bambual Editora, 2020.
  320 p.; ilustrado

  ISBN 978-65-992195-8-0

  1. Didática (pedagogia) 2. Relações humanas (cooperação). 3. Métodos fora de sala de aula. I.Brotto, Fábio Otuzi. II.Título.

CDD 371.3
158.2
371.38

www.bambualeditora.com.br
conexao@bambualeditora.com.br

Nosso Com-Passo

*Nem ideal, nem normal,
confiamos na potência do real!*

Da cocriação de nosso 1º livro, a gente nunca esquece!	7
Prefácio — Pedagogia da Cooperação e Cultura Regenerativa: Caduceu do Século XX!?	9
Todo mundo querendo JUNTO, podemos TUDO!	12
A Pedagogia da Cooperação	**15**
Uma vista da varanda	17
Uma Abordagem Pedagógica Transdisciplinar	25
Propósito	**31**
VenSer para *SerVir*	33
As Quatro Pequenas Virtudes	37
Princípios	**49**
O Princípio da *CO-EXISTÊNCIA*	51
O Princípio da *COM-VIVÊNCIA*	58
O Princípio da COOPERAÇÃO	66
O Princípio da *COMUM-UNIDADE*	73
Processos	**81**
Jogos Cooperativos	83
Danças Circulares	89
Aprendizagem Cooperativa	95
Comunicação Não-Violenta	102
Diálogo	107
Transformação de Conflitos	112
Open Space e *World Café*	119
Investigação Apreciativa	126

Dragon Dreaming — 132
Design Thinking — 137
O Jogo Oasis — 144
MusiCooperação — 150
CooperArte — 155

Procedimentos — 161
Um jeito de fazer de jeitos diferentes — 163
Focalização Colaborativa — 175

Práticas — 183
As Sete Práticas — 185
Fazer *Com-Tato* — 190
Estabelecer *Com-Trato* — 197
Compartilhar *In-Quieta-Ações* — 205
Fortalecer Alianças e Parcerias — 216
Reunir *Soluções Como-Uns* — 226
Realizar Projetos de Cooperação — 235
Celebrar o *VenSer* — 246

Foi DIVER?! — 259
Indicadores de Cooperatividade — 261

Boas Práticas — 277
A Pedagogia da Cooperação em todos os lugares — 279

Da SÍNTESE a uma nova JORNADA — 291

Posfácio — A cooperação essencial — 295

Agradecimentos — 298

Coautorias — 304

Referências — 311

Projeto Cooperação — 319

Da cocriação de nosso 1º livro, a gente nunca esquece!

A gente é do tipo que topa qualquer parada
e não para em qualquer topada
Bob Marley

Antes mesmo deste livro começar a se desenhar, uma coisa já era certa: um livro sobre cooperação só faria sentido se fosse feito a muitas mãos, corações, mentes, e uma boa dose de *com-fusão*.

Todo mundo junto é mais gostoso e bem mais desafiador, não é mesmo? Pois é, como somos daquele tipo de gente que se junta para topar qualquer parada e não parar em qualquer topada, reunimos a turma para cocriar o sonho de compartilhar, a partir de nossas histórias entrelaçadas, a abordagem da Pedagogia da Cooperação, da forma mais completa, simples e só possível de se fazer em *comum-unidade*.

O que, essencialmente, nos reuniu foi o impacto que de alguma forma, cada pessoa do time teve em sua vida, depois de conviver a jornada das *Sete Práticas* — seja lá atrás, na primeira versão da construção desse percurso, ou mais recentemente, saboreando essa experiência uma, duas, muitas vezes. Sim, ela é altamente envolvente, você verá!

Por aí, nos (re)conectamos (ou a vida nos rejuntou?) e não foi por acaso (nunca é), mas sim por conta do propósito: *VenSer para SerVir* (calma, logo, logo você entenderá o que queremos dizer com isso). Cada pessoa foi chegando na hora certa, trazendo suas singularidades, visões de mundo e suas mochilas cheinhas de conhecimentos, experiências e "causos" para contar. Assim, fomos compondo esse *multidiverso* quebra-cabeças e cola-corações que você começa a folhear agora.

Essa ideia surgiu lá atrás (em 2003!) e ficou todo esse tempo maturando para que pudesse, no devido tempo, do aqui-e-agora, se fazer presente. Assim como a borboleta (e você encontrará muitas delas voando delicadamente por aqui), que vive as diferentes etapas de um ciclo natural de transformação até poder fazer seu primeiro voo, este livro também passou pelas metamorfoses necessárias para poder *vir-a-ser*.

Desde fevereiro deste ano, nosso trio de coorganização, tomou assento no casulo oferecido pela pandemia da COVID-19 como uma oportunidade para ativar a potência de vida existente nas entrelinhas dessa obra-borboleta, até então adormecida. Fizemos reuniões semanais para sonhar, planejar, compartilhar tarefas, filosofar, rir, chorar, nos desesperarmos, esperançarmos, confiarmos, acalmarmos, meditarmos, para nos mantermos firmes e flexíveis lidando colaborativamente com os desafios que surgem ao longo do processo de *trans-forma-ação* do livro. Aprendemos. Fizemos *Com-Tato, Com-Trato*, confessamos nossas *In-Quieta-Ações*, reforçamos nossa *parceria*, criamos *Soluções Como-Uns*, colocamos o *projeto* em movimentação e *celebramos* cada conquista, cada passo dado, cada resposta positiva para nossos convites (amalucados, mas sempre generosamente acolhidos), cada resolução de perrengue! Conectamos nossas melhores (e mais verdadeiras) versões — afinal, foi por isso que o propósito nos uniu, não é?

Ah, fizemos isso com todo mundo também! Exercitamos diversas vezes esse "passo a passo", com cada integrante do time de coautoria, com a Bambual e com o Projeto Cooperação. Escrevemos vivenciando na pele a Pedagogia da Cooperação, um livro feito a sessenta mãos! Surpreendentemente deu mais do que certo, deu errado!

Sim! Porque aconteceu de um jeito diferente do que sonhamos e que ninguém de nós, sem as outras pessoas, teria sido capaz de fazer *aconteSer* tão bem e tão completamente. E só foi assim porque o tempo todo contamos com o impulso para voar do Projeto Cooperação e com a vibração sempre entusiasmada da Bambual, que nos momentos decisivos colocou nossos pés no chão nos fazendo focar na missão.

Então, por essas e muitas outras motivações, além da palavra gratidão, que se fez e se faz muito presente, trazemos a palavra confiança, para que possam refletir tudo o que está pulsando entre nós neste momento, quando entregamos, em nome da *Comum-Unidade de Coautoria*, esta Pedagogia da Cooperação, para que, juntamente com você, ela possa borboletear linda e potentemente *por um mundo onde todas as pessoas possam VenSer*.

Afinal, atualizando o que diriam hoje Raul Seixas, John Lennon, Dom Quixote (de Miguel de Cervantes) e mais uma porção de gente boa que circula por aí:

Bora lá, todo mundo junto, fazer *aconteSer*!!!

Carla Albuquerque, Dani Dolme e Fábio Brotto
Primavera de 2020, um ano (in)*como-um*

Prefácio

Pedagogia da Cooperação e Cultura Regenerativa: Caduceu do Século XX!?

Se os gregos tinham seis formas de amar — *eros, philia, ludus, agape, pragma e philautia*; os budistas, quatro estados sublimes da mente — *metta, karuna, mudita e upekkha*, de quantas formas de cooperação o mundo atual necessita? E como cultivá-las?

Vamos imaginar um mundo vivo e interdependente onde os sistemas humanos e biológicos estão em constante diálogo. No paradigma antropocêntrico, este diálogo é conduzido por humanos — mesmo que cooperativos entre si, mas dissociativos da rede da vida. O antropocentrismo pode ser definido como uma disciplina filosófica dentro da ética ambiental que adota um sistema de crenças centrado no ser humano, que vê a natureza como um meio para sustentar seu bem-estar. Esta visão é desafiada por interpretações biocentristas que enfatizam o valor intrínseco de todos os seres vivos e argumentam que o desenvolvimento humano carece de significado sem um planeta vivo e saudável. Ao expandir ainda mais este pensamento de contorno gaiano, podemos dizer que ser humano é estar conectado com tudo que respira e transpira. A forma como nos conectamos é o território da cooperação.

Rumi[1] dizia que existem 1001 formas de se ajoelhar e beijar a terra. Existe uma forma de se ajoelhar que defende a perspectiva clássica darwinista sobre o mecanismo da evolução, onde a competição entre os seres vivos é um elemento inerente à "luta pela existência" e, portanto, à base da seleção natural. Outra forma de se ajoelhar considera a cooperação, o igualitarismo, o altruísmo como naturais aos seres humanos. Recentemente, biólogos evolucionistas, primatologistas, antropólogos e outros cientistas sociais encontraram dados sobre comportamento aparentemente altruísta em muitas espécies animais, bem como nas sociedades humanas, que não estão de acordo com os modelos evolutivos baseados na competição e no impulso

---

1 Maulana Jalaladim Maomé, também conhecido como Rumi de Bactro, ou ainda apenas Rumi ou Mevlana, foi um poeta, jurista e teólogo sufi persa do século XIII. Fonte: https://pt.wikipedia.org/wiki/Jalaladim_Maom%C3%A9_Rumi. Acesso em 04/11/2020.

da transmissão de genes egoístas. Estas foram as características que prevaleceram na vida humana por dezenas de milhares de anos. Como observou o antropólogo Bruce Knauft, nossos ancestrais caçadores-coletores podem ser caracterizados por um igualitarismo político e sexual extremo.

Um exemplo é dos !Kung, da África Austral, que trocam flechas antes de ir caçar e, quando um animal é morto, o crédito não é de quem disparou a flecha, mas da pessoa a quem a flecha pertence — homem ou mulher, que então assume a tarefa de distribuir a caça para todos do grupo. Para eles, quando uma pessoa se torna muito dominadora ou arrogante, deve ser temporariamente excluída pelos membros da comunidade. Nessa perspectiva, indivíduos que se comportem de maneira egoísta têm menos probabilidade de sobreviver, uma vez que são exilados de seus grupos.

Na emergência dos "coletivos" humanos contemporâneos, a cooperação enquanto elemento alquímico atemporal ajuda na fermentação de experimentos de organizações-de-centro-vazio, plataformas sociocráticas, ecovilas e ecobairros, redes de transição e metarredes. No entanto, a cooperação sozinha talvez não consiga criar a transformação necessária para o reposicionamento da presença humana no planeta vivo.

Vamos então imaginar um caduceu alado mercuriano guiando os experimentos de comunidades de aprendizado do século XXI, onde uma serpente é a cooperação e, a segunda, a regeneração. A interação das duas serpentes em nosso mundo volátil, imprevisível, complexo e ambíguo alimenta a memória da criação do mundo e mantém aquilo que Liebniz chamou de *vis viva* — o potencial vivo — que anima a força da criação se autorregenerando.

Assim, além dos sistemas fechados, ou mesmo abertos, a pedagogia da cooperação do mundo de hoje abraça a perspectiva dos sistemas vivos, onde cada interação entre os componentes do sistema contribui para a saúde do todo. Dessa forma, os elementos são definidos por seus intercâmbios e não tanto por suas fronteiras. E as capacidades de cooperação são despertadas pela experiência de coletivos complexos e não por meio de informação ou instrução pedagógica, controladas pelo "professor". Em síntese, a externalização da cooperação acontece através de uma pedagogia dialógica entre e dentre os elementos de sistemas aninhados onde maximizamos a vida e minimizamos a degeneração.

Esta publicação demonstra tal hipótese ao averiguar como indivíduos, instituições e comunidades vivas funcionam — por quais relacionamentos e interdependências se sustentam, (se) transformam e prosperam. Esta pedagogia ativista não compromete a prática cognitiva enriquecedora de quando aprendemos através da reflexão, cogitação e pensamento. O equilíbrio fino entre motivação, engajamento social e construção de conhecimento guia nossa aventura da pedagogia transformativa que promove cooperação na regeneração. Seu processo de aprendizado propõe o relacionamento cooperativo como componente essencial de qualquer sistema que se regenera e, ao se regenerar, prospera em vitalidade e viabilidade.

Este é um livro importante que merece ser lido e debatido amplamente — em última análise, seus coautores trazem uma mensagem de esperança e potencial. Ele nos desafia a pensar o sistema e não "pensamentar" o linear, a transcender o egocentrismo, abraçar a intensa conexão e vivacidade que as práticas cooperativas e a busca da regeneração podem nos trazer. Ele apresenta uma visão de futuro possível em que não haja supremacias, predomínio masculino e desigualdade social, e sem dominação de outras espécies e do mundo natural. Desfrutem!

May East[2]
Île Saint-Louis
Verão 2020

---

[2] Educadora e designer em sustentabilidade, fundou e capilarizou o programa Gaia Education em 55 países nos mais diversos estágios de desenvolvimento. Especialista na cocriação de projetos junto a comunidades tradicionais para o fortalecimento de sua resiliência climática, trabalha internacionalmente com agências intergovernamentais, setor privado e governos locais na criação de políticas para a implementação dos ODS (Objetivos de Desenvolvimento Sustentável). Mestre em Planejamento Espacial, com especialização em reabilitação de vilas abandonadas, foi escolhida Mulher da Década em Sustentabilidade em 2019.

Todo mundo querendo JUNTO, podemos TUDO!

FÁBIO OTUZI BROTTO

> *Acreditamos que cada comum-unidade[3] tem toda água para sua sede, todo alimento para sua fome, toda sabedoria para suas In-Quieta-Ações e todos os recursos para realizar seus sonhos, porque todo mundo querendo junto, podemos tudo!*

Mesmo em uma sociedade ainda tão marcada pela ilusão de separatividade e pelo paradigma da escassez, que insiste em naturalizar a exclusão, o individualismo e a competição, acreditamos que o exercício frequente e consciente de um conjunto de *Práticas Colaborativas* que transcende a polarização entre os paradigmas da escassez e da abundância tem a capacidade de ativar a consciência da suficiência (Figura 1) e potencializar o desenvolvimento de atitudes, comportamentos e modos de relacionamentos baseados em inclusão, solidariedade e cooperação.

Confiamos que o fortalecimento dessa "musculatura" colaborativa contribua para a superação do enorme e crescente abismo social existente entre nós, conforme indicado pelo Relatório de Desenvolvimento Humano — RDH, ONU (2019)[4] e Oxfam Brasil, "Informe sobre a desigualdade no mundo" (2018)[5].

Nesse último, o Brasil é o segundo país com maior concentração de renda, onde os 5% de pessoas mais ricas têm a mesma quantidade de dinheiro que as demais 95%. No restante do mundo, essa proporção é de 1% para 99%. Por aqui, as mulheres só terão igualdade salarial com os homens em 2047 e as pessoas negras só ganharão o mesmo que as brancas em 2089, no caso de se manter a tendência dos

---

[3] A divisão das palavras é um recurso utilizado com o objetivo de chamar atenção para uma *ressignifica-ação* de sentido/significado da *acomoda-ação* gerada pela *repete-ação* sem a plena atenção dada à *palavra-ação*. Durante o texto, essa *provoca-ação* será recorrente.
[4] Fonte: https://www.br.undp.org/content/brazil/pt/home/presscenter/articles/2019/pnud-apresenta-relatorio-de-desenvolvimento-humano-2019-com-dado.html. Acesso em: 04/11/2020.
[5] Fonte: Oxfam Brasil. Disponível em: https://www.oxfam.org.br/um-retrato-das-desigualdades-brasileiras/. Acesso em: 04/11/2020.

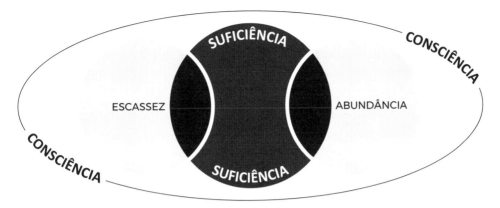

Figura 1 — Consciência da Suficiência

últimos 20 anos. Tudo isso sem levar em conta os demais indicadores de saúde, educação, cultura, meio ambiente etc. que fazem aumentar ainda mais a desigualdade.

Que incrível desalento é nos ver ainda atolados nessa areia movediça da concentração de riquezas e oportunidades, causada pela miopia da escassez e pelo consequente medo de perder, justamente quando nós já acumulamos recursos e inteligências suficientes para, como sonhou há muito tempo, Buckminster Fuller[6], "fazer o mundo funcionar para 100% da humanidade, no menor tempo possível, através da cooperação espontânea, sem ofensa ecológica ou desvantagem para alguém".

É por esse mundo mais equânime que temos nos empenhado, ao longo dos últimos 30 anos, para aprender a ver-e-viver por essas lentes-e-trilhas da Pedagogia da Cooperação, abertas e expostas aqui, nas linhas e entrelinhas desta obra coletiva que agora começamos a compartilhar com você.

Confiamos no poder e na beleza das pequenas, sistêmicas e contínuas mudanças que podemos seguir promovendo colaborativamente no universo das relações entre pessoas, grupos, organizações, comunidades e nações, para:

- Ampliar a visão de mundo sob uma perspectiva transdisciplinar, sistêmica, complexa, orgânica, sustentável e regenerativa, inspirando a construção de pontes entre todas as fronteiras do conhecimento e experiência humana.
- Integrar as dimensões da diversidade e *comum-unidade* humana nas relações sociais e profissionais.
- Aprofundar a compreensão do conceito e da dinâmica da cooperação como um fenômeno cultural e uma prática de interação social, que se desenvolvem a partir das escolhas que fazemos e de seu exercício no cotidiano.

---

6 Fonte: https://www.bfi.org/. Acesso em: 04/11/2020.

- Promover o acesso e utilização de abordagens e metodologias colaborativas para despertar o que é mais genuíno e potente nas pessoas, grupos, comunidades e organizações. Em outras palavras, inspirar o desenvolvimento do "melhor" de cada pessoa, ao invés de instigar o "ser melhor" que todo mundo.
- Elevar o nível de confiança social e encorajamento pessoal para fomentar a atuação colaborativa no mundo, contribuindo para a geração do bem-estar comum.
- Gerar ambientes que suportem a economia colaborativa emergente, voltada para a prosperidade pessoal e coletiva.

Neste momento de grandes desafios, aceleradas transformações, imprevisibilidades aumentadas e incertezas intensificadas, a Pedagogia da Cooperação é uma contribuição para a necessária e emergente alfabetização colaborativa que está em curso nas salas de aula sem paredes, de uma escola sem fronteiras, na qual somos mestres-aprendizes de uma mesma e única lição: *ensinaprender* a nos relacionar como integrantes de uma só *comum-unidade* chamada humanidade, onde ninguém mais precisa perder e todo mundo pode *VenSer*.

A Pedagogia da Cooperação

Uma vista da varanda

FÁBIO OTUZI BROTTO

Tudo é possível, quando é (im)possível para todo mundo.

Olhando da varanda, à primeira vista, a Pedagogia da Cooperação é um caminho de *ensinagem*[7] compartilhada, onde cada pessoa é mestre-aprendiz de sua jornada de autodescoberta e de integração com sua *comum-unidade,* com a qual se aventura pelas trilhas da cooperação rumo ao centro de sua própria transformação para manifestar no mundo sua primordial vocação.

Desenhada para criar ambientes e desenvolver relacionamentos colaborativos, em empresas, escolas, governos, ONGs e comunidades, a Pedagogia da Cooperação é uma abordagem que potencializa a inteligência coletiva e a autonomia pessoal para solucionar problemas, transformar conflitos, alcançar metas e realizar objetivos, conciliando produtividade e felicidade, em todos os lugares e em todas as situações.

Focando no desenvolvimento de suas *Sete Práticas* (Figura 2): Fazer *Com-Tato*; Estabelecer *Com-Trato*; Compartilhar *In-Quieta-Ações*; Fortalecer *Alianças e Parcerias*; Reunir *Soluções Como-Uns*; Realizar *Projetos de Cooperação*; e Celebrar o *VenSer*, ela promove o exercício de um conjunto de *Competências Colaborativas de Relacionamento e de Rendimento — Competências R2:* Conectar, Cuidar, Compartilhar, Confiar, Cocriar, Cultivar e Celebrar, que dinamizam o potencial de cooperatividade existente em toda e qualquer relação.

Depois dessa primeira olhada e após uma boa espreguiçada na varanda, podemos dar um zoom reverso para uma mirada panorâmica e perceber que ela é uma pedagogia viva, acontecendo em diferentes *momentos* e em muitos *movimentos,* como um mapa de viagem que se renova dinâmica e caordicamente, a partir de seus "Cinco Ps" (Figura 3): *Propósito, Princípios, Processos, Procedimentos e Práticas,* que amparados pelos cinco campos de conhecimento e experiência transdisciplinar apontados por NICOLESCU (1998) — Ciência, Tradição, Filosofia e Arte, oferecem

---

[7] *Ensinagem* representa a síntese entre o ensino e a aprendizagem, onde um coexiste com o outro. Esse termo foi criado pela Profa. Dra. Neyde Marques, da UFBA e do Centro de Desenvolvimento Humano Suryalaya.

uma ampla e profunda base que organicamente articulada pode servir para orientar os passos de quem a toma como uma jornada de realização exterior e transformação interior.

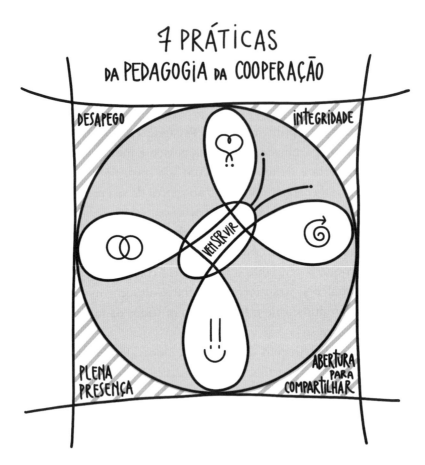

Figura 2 — As Sete Práticas da Pedagogia da Cooperação

— *Opa! Tenho uma pergunta, pode ser? Ali, quando você falou dos cinco campos transdisciplinares e citou só quatro, fiquei em dúvida. Foi um erro de digitação ou está faltando alguma coisa ou ainda, é só uma brincadeira?*

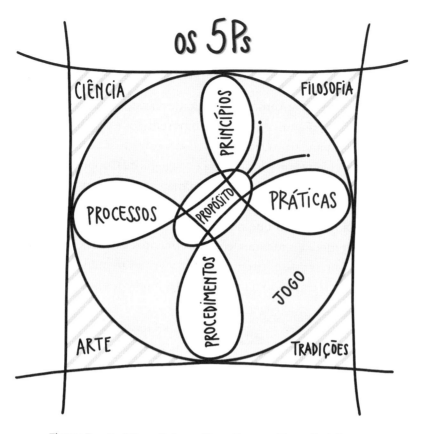

Figura 3 — Os "Cinco Ps" e os Cinco Campos Transdisciplinares

Distraida-mente, você não está! Que essa sua *Plena Presença* se mantenha durante toda esta nossa caminhada pelas trilhas da Pedagogia da Cooperação, pois ela é uma virtude essencial. Agora, *DIVERdade*, foi "só uma brincadeira"... até porque, se toda brincadeira tem um fundo de verdade é lá que queremos chegar, não é mesmo? Por isso, trazemos na Pedagogia da Cooperação o convite para nos reencontrarmos em um quinto campo de sabedoria transdisciplinar, o do Jogo.

A Ludicidade é um campo de experiência genuinamente espontâneo, descontraído, bem humorado e suficientemente desafiador para nos ajudar a encarar problemas, conflitos, metas e objetivos de um jeito onde todas as pessoas possam *VenSer* plenamente quem são e ao mesmo tempo, realizar o que só em conjunto podem realizar.

Portanto, o Jogo, para nós, é o campo de síntese transdisciplinar no qual germinam as sementes, crescem os brotos, desabrocham as flores e frutos... que alimentam as belíssimas e poderosas transformações das lagartas em borboletas que inspiram, em nós, simples e maravilhosas *re-evoluções* na consciência de nossa *HumaUnidade*.

— Olha lá, agora vejo a borboleta!

— Ah, sempre nessa mesma hora, aqui na varanda, elas aparecem para nos lembrar de olhar a Pedagogia da Cooperação pelas lentes da natureza.

Ao contemplar biomimeticamente[8] o ciclo de transformações existente na metamorfose da borboleta (Figura 4), apreendemos sentidos e significados que trazem uma compreensão expandida, refinada e precisa a respeito da experiência de transformação pessoal e coletiva propiciada pela Pedagogia da Cooperação.

Diferentemente da borboleta e outros animais que mudam completamente a forma, a estrutura física, nós, seres humanos, mantemos a estrutura física ao longo de toda nossa vida. De modo que nossa metamorfose se manifesta na mudança de hábitos, crenças, modelos mentais, comportamentos, atitudes, relacionamentos. Isto é, quando mudamos nosso jeito de ver e de viver no mundo, consequentemente, mudamos o mundo e quando o mundo muda, mudamos nós também.

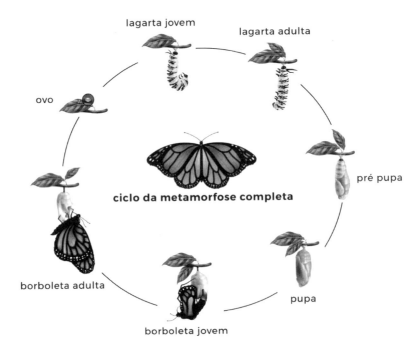

Figura 4 — Sete etapas do ciclo da metamorfose da borboleta.

---

[8] A biomimética é uma área da ciência que tem por objetivo o estudo das estruturas biológicas e das suas funções, procurando aprender com a Natureza, suas estratégias e soluções, e utilizar esse conhecimento em diferentes domínios da ciência. O termo provém da combinação das palavras gregas *bíos*, que significa vida e *mímesis* que significa imitação. Fonte: https://pt.wikipedia.org/wiki/Biomim%C3%A9tica. Acesso em: 04/11/2020.

Basicamente, o que muda mesmo, é o tipo, a qualidade das relações que estabelecemos. Assim como a água que sob certas condições de temperatura e pressão muda de estado mudando o tipo, a qualidade e a intensidade das interações entre suas moléculas e partículas, nós mudamos nossa maneira de ser e estar na vida, mudando nosso jeito de nos relacionarmos com quem e com o que vivemos, em cada momento.

— Que bom esse papo na varanda, hein? Aproveitando e já entrando em outras veredas, quando é que deu na veneta de vocês viajarem por essas novas paisagens da Pedagogia da Cooperação?

Para nós, a Pedagogia da Cooperação é uma grande síntese que emergiu da investigação curiosa, inquieta e divertidamente levada a sério pela turma do Projeto Cooperação que, desde 1992, vem procurando descobrir o que funciona e não funciona, o que ajuda e o que atrapalha, o que favorece e o que desfavorece, o que bloqueia e o que desbloqueia o fluxo de cooperação em toda e qualquer relação.

No início, nossa base de pesquisa-ação foram os resultados alcançados pela aplicação dos Jogos Cooperativos, uma abordagem pioneira no Brasil daquela época. Com o passar do tempo, ampliamos essa base de atuação e observação integrando outras metodologias contemporâneas como as Danças Circulares, Diálogo, *World Café*, Aprendizagem Cooperativa, *Open Space*, Investigação Apreciativa e Comunicação Não-Violenta, dentre outras.

Durante um bom tempo, tanto que nem parece que é tanto assim, tomamos essa estrada de muitos caminhos que convergiam em uma mesma direção. Há uma certa altura, nos demos conta de que aquilo que estávamos fazendo já era algo diferente do que fazíamos até então. Não eram Jogos Cooperativos, nem Investigação Apreciativa, Danças Circulares ou Comunicação Não-Violenta, nem mesmo alguma das recentes inovações trazidas pelo *Dragon Dreaming*, Oasis ou *Design Thinking*.

— Sabe quando você está na varanda ao entardecer e apertando suavemente os olhos, mira lá na direção do horizonte e tem a sensação de que há uma grande pausa no ar e uma mistura de imagens e sensações como se tudo ali, naquele momento, fosse nada, nada mais que o simples e pleno presente?

Foi essa a sensação que tivemos quando olhamos em volta e descobrimos que as pegadas que deixamos na terra, lavadas pela chuva, elevadas pelo vento, aquecidas pelo fogo, se transformaram em marcos, sinais, dicas e pistas para um novo caminho, um caminho emergente de muitas outras tantas trilhas percorridas, um caminho de síntese. O caminho da Pedagogia da Cooperação.

Com entusiasmo, tomamos esse caminho até que de tanto caminhar por ele, nele nos transformamos.

- **2003 — Primeiro esboço do livro que está aqui entre nós agora.** José Ricardo Barcelos Grilo e Fábio Otuzi Brotto.
- **2005 — Primeira sistematização da Pedagogia da Cooperação compartilhada na *comum-unidade* do Projeto Cooperação.** Fábio Otuzi Brotto.
- **2006 — Publicação do Ensaio Geral da Pedagogia da Cooperação.** Fábio Otuzi Brotto.
- **2011 — Criação do LabPedCoop: Laboratório de Pedagogia da Cooperação:** Roberto Gonçalves Martini, Sidnei da Costa Soares e Fábio Otuzi Brotto.
- **2012 — Revisão geral dos 12 anos da Pós-graduação em Jogos Cooperativos,** de onde nasceu a proposta da Pós-graduação em Pedagogia da Cooperação. Comunidade de estudantes e especialistas da Pós-graduação em Jogos Cooperativos, sob a coordenação de Eliana Rossetti Fausto e Fábio Otuzi Brotto.
- **2013 — Primeira turma da Pós-graduação em Pedagogia da Cooperação e Metodologias Colaborativas** (UNIBR e Projeto Cooperação), em São Paulo, Rio de Janeiro e Brasília. Coordenação de Eliana Rossetti Fausto, Denise Jayme de Arimatea, Maria da Conceição da Silva Barros de Souza e Fábio Otuzi Brotto.
- **2015 — Publicação do Caderno de Referência Pedagogia da Cooperação.** Fundação Vale e Unesco. Coautoria de Denise Jayme de Arimatea e Fábio Otuzi Brotto.
- **2015 — Realização da primeira edição do FICOO — Festival Internacional da Cooperação,** com uma matriz de evento totalmente baseada na Pedagogia da Cooperação. Em Atibaia-SP, com a focalização de Andrea Leoncini, Leo Loureiro, Fábio Marinho, Rafaela Lemos, Cambises Bistricky e Fábio Brotto.
- **2016 — Oficinas de Pedagogia da Cooperação no programa 8UP de Cultura de Paz e Sustentabilidade** realizado por Rodolpho Henrique "Dodô" Pereira Martins em 8 países: Argentina, Áustria, Curaçao, Equador, Espanha, Guiné-Bissau, Holanda e Portugal.
- **2017 — Primeira edição in company da Pós-graduação em Pedagogia da Cooperação e Metodologias Colaborativas.** COOPER — Cooperativa de Produção e Abastecimento Vale do Itajaí, em Blumenau-SC. Coordenação de Cristiane Oliveira e Eliana Rossetti Fausto.

- 2018 — **Workshop de Pedagogia da Cooperação na Universidade de Lisboa**, na Cátedra de Educação para a Paz, no Instituto Superior de Ciências Sociais e Políticas, Portugal. Claudia Barros Prado e Cambises Bistricky Alves.
- 2019 — **Oficina de Pedagogia da Cooperação no 16º Encuentro de Juegos Cooperativos y Cultura de Paz,** Querétaro, México. Fábio Otuzi Brotto.
- 2020 — A primeira edição do livro "Pedagogia da Cooperação: por um mundo onde todas as pessoas possam *VenSer*" é lançada no Brasil pela parceria Bambual Editora e Projeto Cooperação.
- 2021 — Lançada em Portugal, a primeira edição do livro "Pedagogia da Cooperação: por um mundo onde todas as pessoas possam *VenSer*" pela parceria Bambual Editora Portugal e Projeto Cooperação.

— Opa, que tal uma paradinha na prosa para retomar o fôlego?

Foi exatamente isso que aconteceu. Diminuímos o passo para melhor observar os feitos, efeitos e defeitos causados, por esse caminhar colaborativo, nas centenas de grupos e milhares de pessoas de organizações de todos os setores para perceber os impactos causados em nossas próprias relações cotidianas. Passamos a mapear as boas práticas colaborativas comuns, ou que ocorriam com maior frequência nesses ambientes e contextos. Desse mapeamento, surgiu um primeiro agrupamento de conteúdos que mais tarde deu origem aos atuais "5 Ps" da Pedagogia da Cooperação: *Propósito, Princípios, Processos, Procedimentos e Práticas.*

— Olhando bem, daqui da varanda onde estou, tenho a impressão de que tudo isso é familiar, soa como o canto dos pássaros da manhã e cheira como bolo de laranja servido no meio da tarde...

E só podia ser assim mesmo. Você logo perceberá que não se trata de algo completamente novo. Ao mesmo tempo, compreenderá que é impossível já ter percorrido algum dos caminhos.

— Epa! Como assim? Ou é novo ou já é conhecido, não é?

É e não é! Como um caminho vivo ele é feito e refeito a cada passo dado nele. Cada pessoa, grupo, organização ou comunidade que caminha pelo mesmo caminho vive uma jornada única, singular e inédita. Se você é você e eu sou eu, como podemos viver a mesma experiência mesmo caminhando lado a lado? E se sua presença afeta a minha e vice-versa, o caminho que percorremos coletivamente é diferente do caminho que tomamos individualmente. Contudo, é um só caminho, impossível de ser caminhado só, pois como se sabe, o caminho se faz caminhando e caminhando fazemos o caminho caminhar diferente a cada passo.

— Entendi. É preciso deixar a varanda e se colocar no caminho!

Sim, mas não de mãos abanando, nem tão pouco com os pés fincados na certeza da chegada. Levaremos na mochila a memória de quem já caminhou por essas trilhas, para nos ajudar a lembrar de que seguiremos nos movimentando em diferentes momentos por dois caminhos entrelaçados de forma interdependente: o caminho teórico, visitando *Princípios* e *Procedimentos*; e o caminho prático, experimentando *Processos* e *Práticas*.

Dois caminhos e uma só jornada rumo a um único *Propósito*: *VenSer* plenamente quem a gente é para poder *SerVir* mais completamente ao bem comum.

— Ei, espere por mim!

Claro! Afinal, como aprendemos trilhando os caminhos da Pedagogia da Cooperação,

não queremos segurança,
nem fazer loucura,
só queremos mesmo,
compartilhar uma boa aventura!

Uma Abordagem Pedagógica Transdisciplinar

MARIA DA CONCEIÇÃO DA SILVA BARROS DE SOUZA

O que é uma pedagogia?

As palavras adquirem sentidos em função de sua origem, momento histórico e contexto. Se, na origem, a Pedagogia se referia a uma função dos escravos gregos, de conduzir (*agoge*) as crianças (*paidós*) a seus mentores, qual é seu significado nos dias de hoje e qual é seu sentido na Pedagogia da Cooperação?

O termo Pedagogia continua associado a um conjunto de princípios, procedimentos e estratégias, que se relacionam com a **educação** e a **condução** de crianças, jovens e adultos ao mundo do conhecimento. A Escola tem sido considerada o principal espaço de atuação de quem se dedica a ela, mas essa visão precisa ser ampliada.

Ainda na época dos grandes filósofos gregos, os mentores começaram a se preocupar não só com a instrução das crianças, mas também com a **formação** da pessoa da *polis*, através de experiências sociais diversas. Surgia a vinculação entre Pedagogia e os processos educativos que visam a formação do ser humano que se quer, a cada época:

> A cada período histórico correspondia um projeto de sociedade e, por trás dele, para sustentá-lo, um projeto de educação para os homens, assim como um modelo de homem. Desde o homem político, no contexto greco-romano, até o cidadão, a partir do século XIX, passando pelo religioso, da Idade Média, o cortesão, no Renascimento e o culto, no século XVIII (FERREIRA, 1993, p.3).

Tem sido assim por muito tempo. Os Parâmetros Curriculares Nacionais e a Base Nacional Curricular Comum, elaborados pelo Ministério da Educação, são exemplos mais recentes de políticas públicas, no Brasil, recheadas de referências aos valores e competências desejados.

Apoiados pela análise de Larrossa[9], podemos perceber práticas pedagógicas para além das escolas, mobilizadas por diferentes agentes e organizações sociais. O autor

---

[9] Larrossa entende que as práticas pedagógicas são mecanismos de produção da experiência de si e modos de ser sujeito.

nos ajuda a reconhecer que a Pedagogia da Cooperação também "institui verdades, seleciona valores e direciona a prática", ao promover a experiência da cooperação, através de seu conjunto de práticas discursivas e não-discursivas, e que possui "uma perspectiva pedagogizante, [na medida em que ela] se pretende **transformadora**" (SOUZA, 2016, p 93-94, grifo nosso).

O século XX viu a Pedagogia ganhar uma dimensão teórica e se estabelecer como **campo de saber e pesquisa**, dedicado ao estudo dos processos de ensino e aprendizado, visando garantir a inclusão social para todos. Nesse contexto, vimos surgir toda a obra de Paulo Freire, por exemplo. Uma verdadeira linha de fuga[10] que colocou em análise o cenário educacional e os aspectos políticos envolvidos na formação dos sujeitos da educação.

Uma Pedagogia que representou uma ampliação de sentido para essa palavra, quando propagou a educação como **prática para a liberdade**, em que cada um tivesse condições de "descobrir-se e conquistar-se como sujeito de sua própria destinação histórica" (FIORI *apud* FREIRE, 1987, p.5); baseada em relações dialógicas, reflexão e ação, voltada para adultos e sua humanização, no sentido de que não é para a pessoa, mas a partir da pessoa e de sua realidade; que podia acontecer em qualquer lugar onde um grupo se reunisse. A partir daquele momento, já não se fazia Pedagogia apenas na Escola. O educador que pretendia contribuir para a construção de novas relações sociais, devia entender que a pessoa "não é coisa que se resgata, é sujeito que se deve autoconfigurar responsavelmente" (FIORI *apud* FREIRE, 1987, p. 5) e tinha que "ir aonde o povo estivesse". Essa nova possibilidade também atravessa os sentidos da palavra e permite que a Pedagogia da Cooperação ocupe um lugar entre as demais Pedagogias.

Porque a Pedagogia da Cooperação é "um caminho de *ensinagem compartilhada*" (BROTTO, 2020, p. 4), que também pretende criar condições, nos grupos, para que todos os envolvidos no processo se constituam como "mestres-aprendizes" (BROTTO, 2020, p. 15)[11]. Enquanto exercitam a cooperação, eles constroem seu lugar no mundo, juntos, se potencializando. E esses grupos estão em todos os lugares! A Pedagogia da Cooperação se propõe a ir aonde houver pessoas vivendo algum tipo de relação, qualquer que seja. Escolas, mas também núcleos familiares, empresas, organizações sociais, coletivos, diferentes tipos de comunidades, associações de bairro, espaços de formação profissional, órgãos de gover-

---

10 Para Guattari e Deleuze, as linhas de fuga são alternativas, saídas dos territórios de existência pelos quais nos movemos; são novos arranjos para as linhas de força que constituem os sujeitos e os grupos; é a desterritorialização. Elas são a tentativa de produzir modos de subjetivação singulares, que caracterizam os movimentos sociais (SOUZA, 2016, p.61).

11 Um dos Procedimentos da Pedagogia da Cooperação, que diz respeito ao reconhecimento de que todos ensinam e aprendem durante sua aplicação.

no são alguns exemplos de ambientes nos quais esse *design colaborativo* tem sido aplicado.

Mais recentemente, a Pedagogia ganhou novos espaços. Pedagogia Hospitalar, Empresarial e Social são alguns desses novos campos de atuação, mas a Pedagogia ainda está vinculada aos processos de aprendizagem, resgate da autoestima, convivência social e desenvolvimento de projetos educacionais. Então, como tudo isso se relaciona à Pedagogia da Cooperação? Por que chamar de Pedagogia uma proposta que vai muito além das Escolas, não faz parte da educação formal e se aplica a diferentes ambientes e grupos?

Porque precisamos ensinar e aprender a cooperar, se quisermos interferir e produzir novas linhas de fuga — quem sabe, mais parecidas com "linhas de costura", em nossa sociedade ainda tão marcada por relações competitivas. Porque se faz necessário, neste momento histórico, acessar todo o conhecimento adquirido e acumulado pela humanidade, para redescobrirmos uma Cultura de Cooperação que esquecemos ao longo dos anos, séculos, milênios. Porque é urgente cuidar da autoestima das pessoas, que se descobrem mais fortes e capazes quando trabalham juntas e têm suas necessidades e habilidades atendidas e valorizadas. Porque queremos transformar a convivência entre os pares pela abertura de espaços de partilha e escuta, nos mais diversos ambientes. Isso é Pedagogia!

O que nasce da junção dos termos Pedagogia-e-Cooperação, é uma abordagem que nos **conduz** por caminhos que orientam o ensino e a aprendizagem da Cooperação, através de seu exercício. Ela contribui para a construção de ambientes inclusivos e colaborativos, que repercutem na **formação** das pessoas e na **transformação** da sociedade. Uma Pedagogia que se propõe a trabalhar para a **liberdade** e expansão de todas as possibilidades do ser, favorecendo "o despertar do que é mais genuíno nas pessoas, grupos, comunidades e organizações" (BROTTO, 2020, p. 2), e isso a coloca, inexoravelmente, no campo da **educação**.

Já presenciamos a cooperação acontecendo, espontaneamente, nos momentos de grandes catástrofes naturais ou acidentes, mas não podemos mais esperar pelo espontâneo. É urgente lançar luz sobre o modo como nos relacionamos, se queremos construir a mudança que desejamos e isso justifica uma Pedagogia da Cooperação. Afinal, a Cooperação está no *centro* de cada grupo que se reúne em torno de um objetivo comum e a Pedagogia da Cooperação se propõe a contribuir para a construção do caminho até lá. Um novo **campo de estudos**, um conjunto de conhecimentos e práticas, que se preocupa até em olhar para si mesmo, quando propõe a **investigação** dos efeitos de sua aplicação — uma Pedagogia muito além da Escola!

Por que esta pedagogia é mais do que uma metodologia?

Ela é uma **abordagem** porque "mais do que um conjunto de atividades e soluções, procuramos compartilhar um jeito de viver as relações humanas baseado no cuidado, legitimação uns dos outros e cooperação" (BROTTO, 2020, p. 27). É um modo de olhar, amplo e reflexivo, sobre a dinâmica cooperação-e-competição[12] tão presente no campo de nossas relações cotidianas.

A Pedagogia da Cooperação abrange mais do que ferramentas ou o caminho proposto pela sequência de suas *Sete Práticas*. Ela se fundamenta em *Princípios* e ressalta *virtudes*; lança mão de uma multiplicidade de *Processos* (as metodologias colaborativas) e alguns *Procedimentos* para atingir seu *Propósito* de "criar ambientes colaborativos onde cada pessoa, grupo, organização e comunidade possa *Ven-Ser* plenamente quem É para poder *SerVir* mais completamente ao bem comum" (BROTTO, 2020, p. 3, grifo do autor).

Na tentativa de ressuscitar uma Cultura de Cooperação, essa abordagem oferece estratégias e recursos, que promovam, mais do que a aprendizagem da Cooperação, as condições para que as pessoas se encontrem, para que os conhecimentos e experiências sejam compartilhados, os saberes e a inteligência coletiva dos grupos sejam acionados, reunindo soluções comuns e cocriando projetos coletivos. Uma abordagem inclusiva, fortemente marcada pela visão holística e pelos pensamentos sistêmico e complexo.

A palavra Complexo é frequentemente associada à ideia de "tecer junto". Morin (2017, p. 38, grifo do autor) nos lembra que "em latim, *complexere*, significa também abraçar." Parafraseando o autor, acredito que a Pedagogia da Cooperação é uma abordagem porque é uma forma de abraçar as relações humanas, tecendo um campo favorável à construção de um novo olhar sobre as relações sociais, que atenda às necessidades dos anos 2000. Sim! Como todo campo de conhecimento, a Pedagogia da Cooperação precisa ser contextualizada.

Os primeiros ensaios escritos por Brotto sobre a Pedagogia da Cooperação ganharam forma no início do século XXI. Desde as últimas décadas do século XX, vivíamos um tempo de mudança de paradigma nas ciências. As ideias de pensadores como Morin (2017, p. 60-61) nos levaram a pensar sobre a complexidade da realidade, na medida em que expuseram o abalo dos pilares das certezas científicas. Consequentemente, apontaram a religação dos campos de conhecimento e a importância de conciliar certezas e incertezas, como dois grandes desafios de nossa época.

---

12 Esta forma de escrever foi usada por BROTTO (2020, p. 12).

> O problema crucial de nosso tempo é o da necessidade de um pensamento apto a enfrentar o desafio da complexidade do real, isto é, perceber as ligações, interações e implicações mútuas, os fenômenos multidimensionais, as realidades que são, simultaneamente, solidárias e conflituosas (MORIN, 2017, p. 74).

É nesse contexto que nasce a Pedagogia da Cooperação, uma abordagem que, ao invés de opor a competição à cooperação ou tentar excluí-la, ressalta a complexidade da coexistência e interação desses fenômenos. No entanto, a complexidade gera a incerteza e a necessidade da consciência "do risco e do acaso" (MORIN, 2017, p. 99).

> Uma ação não obedece nunca às intenções daqueles que a fazem. Ela penetra no meio social e cultural, no qual muitos outros fatores estão em jogo. Essa ação pode ter seu sentido deturpado e, muitas vezes, revertido contra a intenção de seus proponentes (MORIN, 2017, p. 97-98).

Há muitas possibilidades e cada grupo constrói seu caminho, a partir das especificidades de cada organização, das experiências individuais e coletivas de seus membros, dos acordos e parcerias estabelecidos, de tudo que compõe o campo que o envolve.

Então, não é suficiente ser uma abordagem, é preciso ser transdisciplinar?

Por reconhecer a complexidade das relações que se estabelecem nos grupos e para fugir da armadilha da fragmentação dos saberes, a Pedagogia da Cooperação é uma **abordagem transdisciplinar**.

A transdisciplinaridade é uma tentativa de ir além das disciplinas e da compartimentalização dos conhecimentos, para compreender os vários Níveis de Realidade, ligados pela Lógica do Terceiro Incluído, e conciliar Complexidade e Simplicidade presentes na interação ser humano-mundo.[13] Ela propõe a reflexão sobre os saberes constituídos e um "diálogo intercultural, [que] se abra para a singularidade de cada um e para a inteireza do ser".[14]

---

[13] A Complexidade, junto com os níveis de realidade e a lógica do terceiro incluído, é um dos três pilares da Transdisciplinariedade.
[14] Fonte: Comunicado Final do Congresso Ciência e Tradição: Perspectivas Transdisciplinares para o século XXI —Disponível em: <http://www.ufrrj.br/leptrans/arquivos/Congresso_Ciencia_Tradicao_1991.pdf>. Acesso em: 19/05/2020.

A transdisciplinariedade está presente na Pedagogia da Cooperação quando esta cultiva, apoiada nas ideias de D'Ambrósio (2012, p. 9), "uma atitude aberta, de respeito mútuo e humildade em relação a mitos, religiões, sistemas de explicações e conhecimento [...]."

A imagem de um guarda-chuva já foi usada por Brotto para descrever o campo aberto, que a Pedagogia da Cooperação pretende ser, acolhendo novas combinações de conhecimentos, metodologias e contribuições. Ela apoia, tanto seu referencial teórico (Princípios e Procedimentos), quanto o prático (Processos e Práticas), em *Quatro Campos Transdisciplinares*: Ciência, Arte, Jogo e Tradições" (BROTTO, 2020, p. 4). É a tentativa de criar pontes, que permitam a experiência de novos saberes e a elaboração de novas *"sínteses sobre sínteses"*.

Uma nova educação, precisa levar "em conta *todas* as dimensões do ser humano" (NICOLESCU, 2008, p. 143) e isso implica a reavaliação do "papel da intuição, do imaginário, da sensibilidade e do corpo na transmissão dos conhecimentos" (FREITAS; MORIN; NICOLESCU apud NICOLESCU, 2008, p. 164). Essa visão transdisciplinar vai ao encontro do que a Pedagogia da Cooperação se propõe a restaurar: "a dimensão do humano nas relações sociais e profissionais" (BROTTO, 2020, p. 2).

A Pedagogia da Cooperação está no campo da Educação e esse caráter transdisciplinar amplia seu campo de atuação e serviço para além dos muros das escolas, aliás, de todo e qualquer, muro. Como em muitas abordagens, ela pretende entregar um produto a ser celebrado: "a solução de problemas complexos, a transformação de conflitos, o atingimento de metas de produtividade com felicidade e a realização de sonhos e objetivos comuns" (BROTTO, 2020, p. 1). Porém, as combinações são infinitas e os resultados incertos! Então, a meu ver, o que a Pedagogia da Cooperação oferece de mais importante, ao final do processo, é a experiência do percurso vivido, que fica com cada pessoa e cada grupo. Inspirada mais uma vez por Morin (2007, p. 100-101), ouso dizer que ela reúne novos saberes necessários à educação do século XXI[15], se colocando a serviço de nossa "cidadania terrestre", nesta "era planetária".

---

15 Vide os saberes associados a cada uma das *Sete Práticas* da Pedagogia da Cooperação (BROTTO, 2020, p. 17).

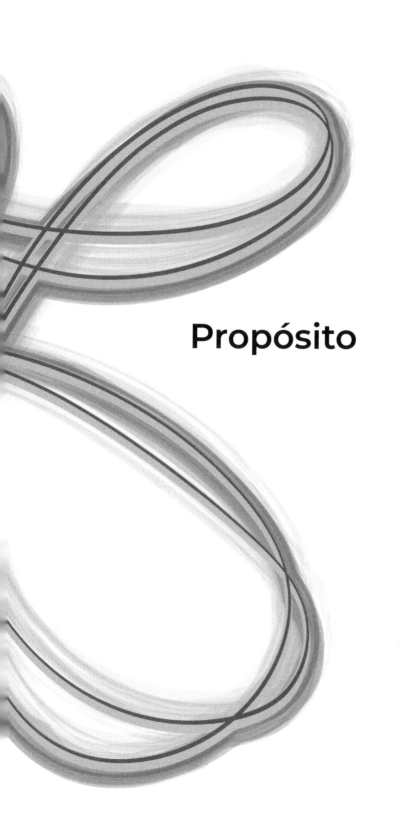

Propósito

VenSer para *SerVir*

FÁBIO OTUZI BROTTO

Menos mitos e idealizações e mais ritos de realizações.

O propósito da Pedagogia da Cooperação é criar ambientes colaborativos onde cada pessoa, grupo, organização e comunidade possa *VenSer* plenamente quem É para poder *SerVir* mais completamente ao bem comum.

Para nós, metas, objetivos, sonhos, inquietações, propósito, são promessas, possibilidades de realização lançadas a frente a partir do entre-a-gente, que acende a chama da motivação não para nos levar para mais longe, nem mais ao topo, e sim, para nos reconduzir mais ao centro de nossa própria *Comum-Unidade*.

Ir nessa direção é enveredar por uma jornada de íntima cumplicidade vivida em um campo de autodescoberta e transformação coletiva. É descobrir em si que estamos em um novo tempo, que nos convida a um novo jeito de ser e fazer no mundo. Pode ser de muitos jeitos, só não pode ser de qualquer jeito, menos ainda, de mau jeito.

Seja como for, é bom que seja um jeito de *InterSer*, um conceito inspirado há muito tempo pelo Mestre Thay, monge vietnamita ativista da cultura de paz e não-violência que nos ajuda lembrar que:

> quando nós olhamos para uma folha de papel, a folha de papel é parte de nossa percepção. Sua mente está presente nela e a minha também. Assim nós podemos dizer que tudo está aqui nesta folha de papel. Nós não podemos apontar uma única coisa que não esteja aqui — tempo, espaço, a terra, a chuva, os minerais do solo, a luz do sol, a nuvem, o rio e o calor; Tudo co-existe com esta folha de papel. É por isto que eu penso que a palavra *InterSer* deveria estar no dicionário (HANH, 1993, pág. 119).

Assim como essa folha de papel, você, eu e cada pessoa, também *InterSomos*, existimos somente porque coexistimos no campo de relacionamentos do aqui-e-agora. E sendo assim, nos afetamos mutuamente. O que acontece a você, me afeta. O que acontece comigo afeta todo o mundo. O que acontece no mundo, afeta você.

Nós nos afetamos, somos feitos de afetos. *InterSomos* em uma espiral de feitos, afetos e efeitos. Por isso, nos interessam diretamente os efeitos causados pelos afetos que nos afetam, porque *InterSer* é a base para poder *VenSer* (TÁVOLA, 1985).

VenSer é poder expressar plenamente o ser que eu sou genuinamente quando encontro você *VenSendo* genuinamente quem você é. *VenSer* quem a gente é, é ser com tudo que se é. Com nossas forças e fraquezas; belezas e feiuras; amores e horrores; sonhos e pesadelos. É nos expressarmos e nos relacionarmos como pessoas reais, vivendo em um mundo real, encarando desafios, problemas, conflitos, metas e objetivos que somente podem ser encarados através da cooperação.

A Pedagogia da Cooperação não é para pessoas normais, nem para pessoas ideais, vivendo em um mundo normal ou sonhando com uma vida ideal. Ela é para pessoas reais que atuam para tornar realidade o mundo onde todas as pessoas possam *VenSer*.

Isso mesmo, tudo assim tão real para que possamos urgentemente despertar para a *real-idade* de nossa interdependência colaborativa. Um tempo de regeneração da cultura humana para colocar todo o poder e beleza de nossa inteligência coletiva, de fato e na prática, a serviço do bem comum. Realidade essa amplamente reconhecida e largamente destacada, como por exemplo, no pronunciamento de Jeffrey Sachs, diretor do *Earth Institute*, da Universidade de Columbia, durante o lançamento do *World Happiness Report*[16] de 2016, na Itália, quando comentou que os próprios ODS — Objetivos de Desenvolvimento Sustentável, indicados pelas Nações Unidas,

> incorporam a ideia de que o bem-estar humano deve ser alimentado através de uma abordagem holística, que combina elementos econômicos, sociais e ambientais. Ao invés de ter uma abordagem restrita, focada exclusivamente no crescimento financeiro, devemos promover sociedades que são prósperas, justas e ambientalmente sustentáveis.

Vale ressaltar que os dados atualizados por esse relatório estão demonstrando que estamos nos distanciando dos objetivos almejados.

Por isso, no campo da Pedagogia da Cooperação, mantemos viva entre nós uma de nossas *In-Quieta-Ações* originais: que valor existe no vir a ser quem somos individual e coletivamente, se não for para nos colocarmos a serviço da produtividade e felicidade de cada pessoa e de toda a *Comum-Unidade*?

Inquietação essa refletida de uma maneira simples e extraordinariamente realista por Nelson Mandela quando ele declara que a questão é: "o meu progresso

---

[16] Relatório Mundial da Felicidade, em tradução livre. Fonte: https://worldhappiness.report/ed/2016/. Acesso em: 04/11/2020.

pessoal está a serviço do progresso da minha comunidade?" E quando afirma, em seguida, que "isso é o mais importante na vida. E se uma pessoa conseguir viver assim, terá atingido algo muito importante e admirável."[17]

Para atingir esse estado admirável de *SerVir*, um dos primeiros passos é compreender que a felicidade de uma pessoa em detrimento da felicidade de outras, não é felicidade. É ilusão de separatividade, como dizia Pierre Weil (WEIL, 1987). Que a produtividade de umas pessoas às custas da produtividade de outras, não é produtividade. É ilusão de escassez. E que felicidade e produtividade compartilhadas por todo mundo, é felicidade e produtividade de verdade (Figura 5).

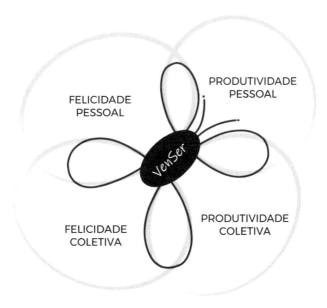

Figura 5 — Quatro dimensões do *Propósito* da Pedagogia da Cooperação

Um belo e desafiador primeiro passo, hein?

Pois é, um passo a passo que vamos descobrindo no *com-passo* que podemos dar em conjunto para caminhar na direção apontada pelo *Propósito* que assumimos nesta jornada pela Pedagogia da Cooperação:

Criar ambientes colaborativos onde todo mundo pode VenSer e SerVir
para solucionar problemas, transformar conflitos, alcançar metas

---

17 Nelson Mandela em entrevista de 2006, disponível em https://www.youtube.com/watch?v=HED4h00xPPA. Acesso em: 04/11/2020.

*e realizar objetivos conciliando produtividade e felicidade
em toda e qualquer relação e em toda e qualquer situação.*

Colocando o *Propósito* na Mochila

Agora, que tal colocar o *Propósito* na mochila e fazer uma pausa para respirar e deixá-lo circular livremente em você, passeando por todo seu corpo? Respirando-o a cada passo, sem pressa, nem pressão, confiamos que ele guiará nossa caminhada pelas trilhas do *VenSer* para chegarmos ao centro da *Comum- -Unidade* do *SerVir*.

As Quatro Pequenas Virtudes

FÁBIO OTUZI BROTTO

Mais vale feito do que bem feito, só não pode ser mal feito.

Para que uma grande árvore cresça, é preciso cuidar bem das sementes e dos primeiros brotos. É muito comum colocar "tutores" (pequenas estacas de madeira) junto a pequena planta que começa a se desenvolver e que ali permanecem até que a árvore cresça na direção correta. Em alguns casos, os "tutores" acabam sendo incorporados pela árvore. Assim também é com a gente, quando crianças somos amparados por gente maior, que cresceu antes da gente e que nos ajudam a V*enSer* plenamente quem a gente é.

Do mesmo modo, aqui na Pedagogia da Cooperação, temos as *Quatro Pequenas Virtudes* como **"tutoras" do** *Propósito* servindo como guias que nos orientam firme e amorosamente para seguirmos praticando corretamente para *SerVir* ao bem comum.

É sobre essa impecabilidade que caminharemos desvelando cada uma das virtudes[18], que nos motivam, desde lá sua etimologia (do latim "virtus"), para praticar o bem; pois é mais do que uma simples característica, competência ou uma aptidão, trata-se de uma verdadeira inclinação que se manifesta pelo conjunto de hábitos que levam a pessoa para o bem, quer como indivíduo, quer como espécie, quer pessoalmente, quer coletivamente.

Os gregos tinham um termo para descrever o comportamento virtuoso, *areté*[19]. Acreditavam que um indivíduo possuía a *areté* quando seu comportamento ético era excelente. Nesse sentido, a **virtude** coincide com a **realização da própria essência, é fazer aquilo o que a cada pessoa se destina**[20]. Aquilo que no plano objetivo é a realização da própria essência, no plano subjetivo coincide com a própria felicidade.

Para nós, na Pedagogia da Cooperação, a areté, ou virtude essencial, é a realização cotidiana do *VenSer para Servir*, o *Propósito* em torno do qual nos movemos colaborativamente para dele nos aproximarmos continuamente.

---

18 Fonte: https://pt.wikipedia.org/wiki/Virtude. Acesso em: 04/11/2020.
19 Fonte: https://etimologia.com.br/virtude/. Acesso em: 04/11/2020.
20 Fonte: https://pt.wikipedia.org/wiki/Aret%C3%AA. Acesso em: 04/11/2020.

Você sabe, e nós também, o quão desafiador é mantermos esse "comportamento ético excelente" diante dos problemas, conflitos, metas e grandes objetivos que se apresentam, muitas vezes, inesperadamente, no dia a dia. Assim, observando a experiência de pessoas e grupos diversos, percebemos a importância de contarmos com algum apoio virtuoso complementar. Algo que pudesse ajudar a nos mantermos na direção correta, agindo corretamente, algo para nos manter centrados no "olho do furacão", sem nos deixarmos levar pela eventual desarrumação causada pela turbulência dos acontecimentos. Sabe aquela hora em que perdemos o rumo e precisamos aprumar? É preciso ter muita (c)alma nessa hora, não é mesmo?

E foi desse lugar e com essa intenção, que surgiram nossas *Quatro Pequenas Virtudes*: **Desapego, Integridade, Plena Presença e Abertura para Compartilhar**. Elas são como pontos de luz indicando o caminho da *comum-união* pelo qual cada pessoa, a seu tempo, a seu modo e quando achar mais apropriado, caminhará.

Virtudes não têm preço e não são um valor. São sementes, que somente pelo apreço a elas, podem ser cultivadas a cada passo da jornada de cooperação pessoal e coletiva para fazer florescer entre nós somente aquilo que poderá florescer.

1ª PEQUENA VIRTUDE

DESAPEGO
e o voo de renovação da águia[21]

*Afinal, se coisas boas se vão é para que coisas melhores possam vir.
Esqueça o passado, desapego é o segredo!*

Fernando Pessoa[22]

Diz a lenda, que a águia é a ave que possui a maior longevidade da espécie. Chega a viver 70 anos. Mas, para chegar a essa idade, aos 40 anos ela tem de tomar uma séria e difícil decisão. Por estar com as unhas compridas e flexíveis, não consegue mais agarrar as presas das quais se alimenta. O bico alongado e pontiagudo se curva, apontando contra o peito. Como as asas estão envelhecidas e pesadas em função da grossura das penas, voar já não é tão fácil. Então, a águia só tem duas alternativas: Morrer ou enfrentar um dolorido processo de renovação que irá durar 150 dias. Esse processo consiste em voar para o alto de uma montanha e se recolher em um ninho próximo a um paredão onde ela não necessite voar. Então, após encontrar esse lugar, a águia começa a bater com o bico em uma parede até conseguir arrancá-lo. Após arrancá-lo, espera nascer um novo, com o qual vai depois arrancar suas unhas. Quando as novas unhas começam a nascer, ela passa a arrancar as velhas penas. E só após cinco meses sai para o famoso voo de renovação e para viver então mais 30 anos. Em nossa vida, muitas vezes, temos de nos resguardarmos por algum tempo para então, começarmos um processo de renovação e expansão.

Desapego é a capacidade de largar tudo o que estamos segurando e que não precisamos mais manter no momento. Caneta, caderno, celular, mochila, computador... largar todo o material. E, tudo o que é imaterial: preocupações, expectativas, projetos, ideias, conceitos e preconceitos. Desapego não é perder, é disponibilizar aquilo que não precisa mais ficar comigo e deixar para que outras pessoas usufruam

---

21 Inspirado e adaptado por Fábio Otuzi Brotto a partir do texto de Frei Beto. Disponível em: http://www.freibetto.org/index.php/artigos/14-artigos/82-o-voo-da-aguia. Acesso em: 04/11/2020.
22 Fonte: https://www.pensador.com/autor/fernando_pessoa/. Acesso em: 04/11/2020.

ou mesmo para que usemos em outro momento, quando for nova e essencialmente necessário.

Ao mesmo tempo, então, desapegar é também saber cuidar. Não é abandonar, desconsiderar, desprezar. É discernir sobre o que serve e o que não serve em cada situação e relação. Desapego é soltar-se dos cargos, funções, posições, currículos, crachás, status e tudo mais o que pode nos distanciar do encontro para cooperar.

Se eu quiser fazer algo com você, desde que seja do meu jeito, não há cooperação possível. Se você desejar resolver o problema, desde que seja com sua solução, a cooperação é improvável. Se alguém sonhar realizar algo junto, desde que seja para satisfazer suas próprias vontades, não tem jeito de cooperar. Não há cooperação sem desapego.

*O que já pode morrer em mim para que eu possa VenSer
mais plenamente com você?!*

2ª PEQUENA VIRTUDE

INTEGRIDADE
e a lição do Filtro de Barro

> *A grandeza de um homem não está na quantidade de riqueza que ele adquire, mas em sua integridade e habilidade de afetar positivamente as pessoas ao redor.*
>
> Bob Marley[23]

Quando eu era criança, minha principal tarefa em casa era manter o filtro de barro sempre cheio de água. E não era uma tarefa fácil. Em casa morava muita gente, pai, mãe, avó paterna, avó materna, bisavó paterna, tia avó materna, quatro filhos e uma porção de colegas e parentes que sempre aparecia por lá, quase todo dia. Toda vez que eu queria sair para brincar minha mãe perguntava: "Fábio, já encheu o filtro?", "Não mãe, depois eu...", "Volta e vai encher o filtro, menino!!!" E lá ia eu, cheio de má vontade, encher aquele filtro de barro gigante. Tarefa realizada, lá ia eu para a rua... "Fábio, limpou as velas?!!". E eu voltava, muito bravo com minha mãe, tirava toda a água do filtro, pegava uma escovinha de dentes usada e esfregava, esfregava e esfregava cada uma das três velas do filtro de barro. Depois, o enchia novamente e só então eu podia sair para brincar com a molecada na rua. Passei boa parte de minha infância cumprindo esse dever e deixando de brincar tanto quanto eu queria. Muito tempo se passou, até que um dia fui visitar minha mãe e contei toda essa história para ela e disse: "Mãe, agora eu saquei qual era a lição que a senhora estava me dando quando me fazia limpar as velas e encher o filtro de barro para poder sair para brincar". "Do que você está falando, Fábio?". Ela não lembrava muito bem de tudo aquilo e me achou meio doidinho (aliás, muita gente, até hoje, acha isso também). "Eu entendi que sou como uma vela do filtro de barro e que por mim, passam todas as coisas, acontecimentos, pensamentos, sensações, sentimentos, atitudes, comportamentos e relacionamentos. E saquei também, mãe, que por isso é tão importante manter a *vela-eu* sempre muito bem cuidada, limpa e arejada, porque junto com as outras *velas-pessoas*, fazemos parte do grande *filtro de barro-nós* que

---
23 Fonte: https://www.pensador.com/autor/bob_marley/. Acesso em: 04/11/2020.

guarda toda a água-vida necessária para saciar a sede, refrescar o corpo e alegrar a alma de toda essa nossa *fonte-humanidade*. E então, que tal, mãe?" E ela, mais uma vez e como sempre, apertou os olhinhos, sorriu e disse: "Filho, você já limpou as velas do filtro, hoje?!".

Integridade é ter consciência de si e cooperar para que cada uma das demais pessoas assim também possam tê-la. Ser como se é, com tudo que se é, com forças e fraquezas, belezas e feiuras, dores e amores. Ao nos apresentarmos como pessoas reais, não ideais, nem normais, criamos a possibilidade de uma cooperação real.

Assim como a vela do filtro, que purifica a água que passa por ela, a integridade filtra acontecimentos, pensamentos, sensações, sentimentos, atitudes e comportamentos, que circulam entre nós, desaguando em maior abundância de possibilidades de convivência e cooperação.

Para que esse fluxo de integridade genuína possa se manifestar plenamente, especialmente, nas situações de aparente escassez, é preciso manter a faxina da vela sempre em dia. É esfregar nossa personalidade com a firmeza e amorosidade da honestidade, autenticidade e retidão, uma escovação nem sempre fácil e confortável, porém, inevitavelmente necessária para que possamos coexistir harmonicamente no grande filtro de barro da vida.

Se tudo o que acontece passa por mim, por você e todas as pessoas, quanto mais integridade refletirmos em cada acontecimento, melhor será a qualidade de cada um de nossos relacionamentos e mais abundante serão seus benefícios. Afinal, temos toda a água para nossa sede, não é mesmo?

E aí, já limpou as velas do filtro, hoje?!

3ª PEQUENA VIRTUDE

PLENA PRESENÇA
e a fábula do aqui-e-agora[24]

*A palavra sânscrita que designa atenção plena,
smriti, significa "lembrar-se".
A atenção plena consiste em lembrar-se
constantemente de voltar ao momento presente.
O ideograma chinês para a atenção plena tem duas partes:
a parte superior significa "agora" e a parte inferior "mente" ou "coração".*

Thich Nhat Hanh[25]

Há muito tempo, em um lugar muito distante, havia um rei inquieto, cheio de dúvidas e curiosidades. Tudo queria saber. Bastante inteligente, observava e questionava todas as coisas. E sempre encontrava as respostas para as perguntas que buscava. Sempre? Quase sempre! Apesar de toda sua determinação e da sabedoria de todos que o cercavam, ele ainda não havia encontrado as respostas para três perguntas essenciais: *Qual é o momento mais importante na vida de um ser humano? Qual é a pessoa mais importante na vida de um ser humano? Qual é a coisa mais importante a ser feita pelo ser humano?* Para cada uma delas, muitas respostas ali, no próprio reino, já existiam: É o nascimento, o casamento, a formatura ou a morte. É o pai, a mãe, filhos, a esposa ou o marido, sim, o melhor amigo. É escrever um livro, plantar uma árvore, ter filhos, então, quem sabe, viajar, dançar, melhorar o mundo, talvez? Entretanto, como nenhuma delas lhe servia, não satisfaziam sua necessidade de encontrar as respostas definitivas para essas três perguntas essenciais, o rei decidiu peregrinar em busca delas.

Muito tempo depois, após ter tentado encontrar as respostas nos lugares mais distantes, para além de suas terras, ele toma uma segunda decisão: seguir para um refúgio e ali terminar seus dias, pelo menos, com a certeza de ter incessantemente buscado as respostas para suas três perguntas. Próximo dali,

---

24 Baseado em Leon Tolstói (1828-1910), escritor russo mundialmente conhecido por seus romances "Guerra e Paz" e "Anna Karenina. "As três perguntas" é um conto de Tolstói, um dos precursores da não-violência com a "Carta para um hindu", escrita em 1908 e lida por Mahatma Ghandi em 1909. Fonte: http://contosquevalemapena.blogspot.com.br/2015/05/48-as-tres-perguntas-l-tolstoi.html. Acesso em: 04/11/2020.

25 Fonte: http://www.viverconsciente.com/textos/atencao_plena_correta.htm. Acesso em: 04/11/2020.

encontra uma cabana, muito humilde. Resolve então, bater à porta esperando poder ali descansar antes de seguir adiante. A porta se abre e ele, mais parecendo um maltrapilho do que o rei de outrora, é recebido por um homem muito velho, mais velho do que o tempo. O rei aceita a hospitalidade, se alimenta e adormece. Horas depois, ao acordar, dá com o homem mais velho que o tempo, diante de si. "Meu bom homem," diz o rei, "agradeço sua generosidade e antes de partir, permita-me fazer-lhe três perguntas para as quais ainda não encontrei as respostas. Por favor, responda: Qual é o momento mais importante na vida de um ser humano?" O homem, mais velho do que o tempo, olhando para o rei, humildemente responde:

O momento mais importante na vida de um ser humano
é o presente, o aqui-e-agora.

O rei surpreso e admirado com a simplicidade da resposta, faz logo a segunda pergunta: "Qual é a pessoa mais importante na vida de um ser humano?"

A pessoa mais importante na vida de um ser humano
é aquela que está com você no aqui-e-agora.

O rei com a esperança renovada de que sua sede por respostas finalmente seria plenamente saciada, fez, sem demora, a terceira e última pergunta: "Então, meu bom homem, qual é a coisa mais importante a ser feita na vida de um ser humano?" E o homem, mais velho do que o tempo, responde rapidamente: "Meu filho, se o momento mais importante é o aqui e agora, e a pessoa mais importante, é aquela que está com você no aqui e agora,

a coisa mais importante a ser feita na vida de um ser humano
é aquela que você pode fazer com a pessoa que está com você, no aqui-e-agora."

E assim, o rei se despede cheio de gratidão e segue pelo resto de sua vida compartilhando esta simples e poderosa sabedoria.

De lá para cá, muito tempo se passou, mas essas perguntas e respostas essenciais continuam vivas nos lembrando da importância de nos fazermos plenamente presentes para ser e fazer junto com quem está conosco no presente. Isso é a **Plena Presença**.

Se cooperação é uma relação que acontece no encontro aqui e agora, cooperar é, portanto, um exercício permanente de *Plena Presença*. Pois, somente é possível fazer, desfazer, não fazer algo, estando no presente e não no passado, nem no futuro.

Desapegando de tudo o que não é preciso mais manter e em contato com a própria integridade, ampliamos nossa capacidade de conexão com tudo que acontece ao redor como se a "ilusão de separatividade" se dissipasse, dando lugar à consciência de *comum-unidade* que se manifesta pela prática da escuta ativa e da fala inspirada.

Atuar a partir dessa *comum-única-ação*, integrando todas as dimensões de nossa *Plena Presença* (física, emocional, mental e espiritual), regenera o campo de encontro e promove relacionamentos mais genuinamente colaborativos.

Qual é o presente que só sua Plena Presença
pode entregar para o mundo?

4ª PEQUENA VIRTUDE

ABERTURA PARA COMPARTILHAR
e a lenda das colheres compridas[26].

*Se dois homens vêm andando por uma estrada, cada um com um pão,
e, ao se encontrarem, trocarem os pães,
cada um vai embora com um.
Se dois homens vêm andando por uma estrada,
cada um com uma ideia, e, ao se encontrarem, trocarem as ideias,
cada um vai embora com duas.*

Provérbio Chinês[27]

Certa vez, Deus convidou uma pessoa para conhecer o céu e o inferno. Foram primeiro ao inferno. Ao abrirem uma porta, viram uma sala em cujo centro havia um caldeirão de substanciosa sopa e à sua volta estavam sentadas pessoas famintas e desesperadas. Cada uma delas segurava uma colher, porém de cabo muito comprido, que lhes possibilitava alcançar o caldeirão, mas não permitia que colocassem a sopa na própria boca. O sofrimento era grande. Em seguida, Deus levou a pessoa para conhecer o céu. Entraram em uma sala idêntica à primeira: havia o mesmo caldeirão, as pessoas em volta e as colheres de cabo comprido. A diferença é que todas estavam saciados. Não havia fome, nem sofrimento. "Eu não compreendo", disse a pessoa a Deus, "por que aqui as pessoas estão felizes enquanto na outra sala morrem de aflição, se é tudo igual?". Deus sorriu e respondeu: "Você não percebeu? É porque aqui elas aprenderam a compartilhar a comida servindo umas às outras."

Como vimos no capítulo "Todo mundo querendo junto, podemos tudo", é a cegueira causada pelo paradigma da escassez que bloqueia o fluxo de abundância existente no mundo e que perpetua o ciclo vicioso do medo, retenção, competição e exclusão. **Abertura para compartilhar** é uma pequena virtude que, associada ao desapego, integridade e plena presença, pode nos ajudar a enxergar os acontecimentos,

---

26 Fonte: http://nogueirense.com.br/as-colheres-de-cabo-comprido/. Acesso em: 04/11/2020.
27 Fonte: https://www.pensador.com/autor/proverbio_chines/. Acesso em: 04/11/2020.

a natureza, as pessoas e a si mesmo como uma fonte de recursos suficientes para atender nossa necessidade de bem-estar e de estar de bem com a vida.

Essa capacidade de manter abertura para compartilhar conhecimentos e experiências rompe o ciclo vicioso que bloqueia o poder e a beleza de nossa inteligência coletiva, e ativa a espiral virtuosa de confiança, solidariedade, cooperação e fraternidade coexistente entre nós.

Essa *4ª Pequena Virtude* potencializa o campo das trocas verdadeiras, onde dar e receber são as sementes da riqueza essencial que compartilhamos abertamente porque reconhecemos que nada nos pertence e que, ao mesmo tempo, pertencemos a tudo.

Cultivar nossas relações nesse campo de permacultura humana, nos ajuda a lembrar que em uma *comum-unidade* colaborativa somos mestres-aprendizes em tempo integral, convivendo em uma escola sem muros, em um território sem fronteiras, em um mundo onde ninguém mais precisa perder para alguém ganhar; ninguém precisa viver na miséria para alguém viver dignamente; ninguém precisa ser infeliz para alguém ser feliz; porque já temos tudo o que é necessário para realizar um mundo onde todas as pessoas podem *VenSer*. É só manter a *abertura para compartilhar*!

> *Quando foi a última vez que você se abriu*
> *para compartilhar alguma coisa pela primeira vez?*

Colocando as *Quatro Pequenas Virtudes* na mochila...

Por favor, uma pequena pausa para respirarmos...

...na verdade esse é o convite que as *Quatro Pequenas Virtudes* fazem silenciosa e frequentemente para que possamos *desapegar* de tudo que não é preciso manter para seguirmos em conexão com nossa própria *integridade* nos fazendo *plenamente presentes* no aqui e agora para expandir ainda mais nossa *abertura para compartilhar* a aventura de *VenSer* feliz para poder *SerVir* melhor ao bem comum.

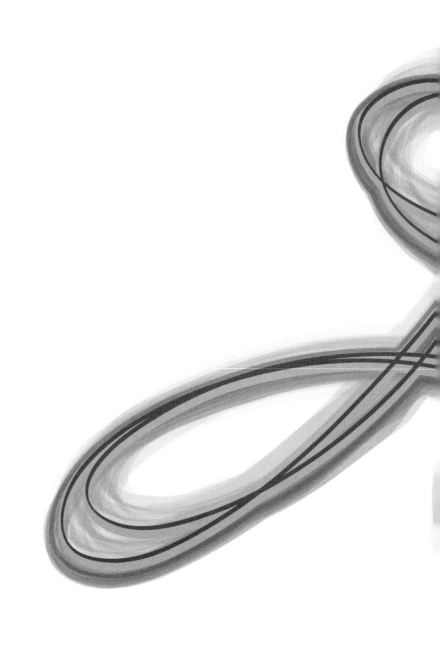

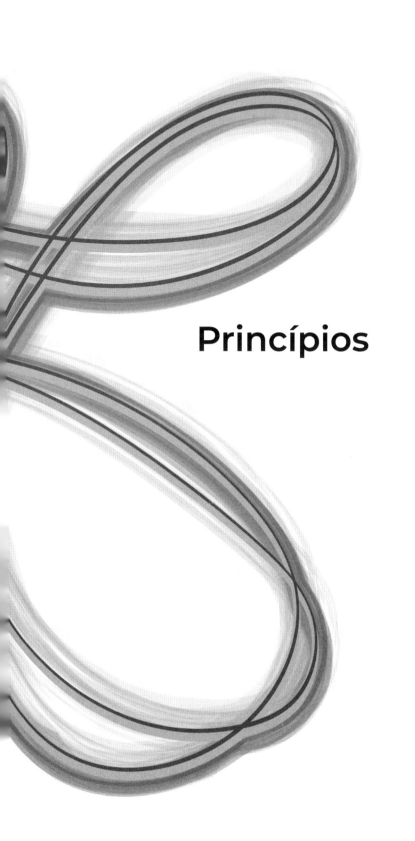

Princípios

O que é que fica quando a linha estica?

Antes de começarmos a caminhar pelas trilhas da Pedagogia da Cooperação, que tal verificarmos o que já trazemos na "mochila"? Nossas experiências, expectativas, saberes, crenças, sentimentos, projetos, tramas e traumas. Uma bagagem completa, reunindo o passado vivido e o futuro desejado, para nos assentarmos no presente.

Nossa mochila tem muitos bolsos, e no primeiro deles, temos os quatro *Princípios* que fundamentam a visão de mundo, valores e perspectivas das sete *Práticas* que exercitamos no cotidiano das empresas, escolas, comunidades, governos, ONGs, famílias e relações sociais.

O *Princípio* da *co-existência* como um fato da vida, o da *com-vivência* como uma condição social, o da *cooperação* como uma prática diária e o da *comum-unidade* como o ambiente adequado para cultivar o bem comum.

Nosso convite de partida é para explorar conosco cada um deles, com um olhar para a vida, percebendo que estão presentes no dia a dia e os incluindo em sua mochila também. Topa?

Tenha em mente que estes princípios nos sugerem seguir em um novo modelo, a evoluir para uma cultura que vem emergindo nas últimas décadas como resposta às necessidades não atendidas pela sociedade que temos sido até aqui.

O Princípio da *CO-EXISTÊNCIA*

LIA DISKIN

O elo rompido

Para saber como chegar aonde queremos, temos de saber de onde partimos. Isso nos permite desenhar uma trajetória, que ainda terá imprevistos, interdições, desvios e desorientação.

Nossos mapas às vezes nos desorientam, e em alguns casos com consequências desastrosas. O exemplo mais evidente surge na Era Moderna com o advento do antropocentrismo e a ruptura do elo entre Natureza e Cultura, reduzindo a primeira a um mero recurso a ser dominado e explorado, tornando-a mercadoria. Desnecessário dizer que as mudanças climáticas decorrentes da atividade humana predatória estão provocando a destruição de incontáveis famílias de plantas, insetos, aves e animais tanto nos mares quanto na terra. "As espécies silvestres enriquecem o solo, limpam a água e fazem a polinização da maioria das plantas florescentes. São elas que criam o ar que respiramos. Sem esses valiosos serviços, o restante da história humana seria breve e brutal" (WILSON, 2008, p.23), adverte o professor Edward Wilson, considerado um dos mais proeminentes biólogos da atualidade.

Tudo quanto existe é constituído por 118 elementos químicos em uma incalculável complexidade de combinações. Portanto, é a relação, a cooperação entre substâncias em um ambiente singularmente propício que viabiliza o vivo. E nós, humanos, somos frutos dessas mesmas condições em coexistência evolutiva na e da Natureza. A biosfera é uma rede de cooperação de relações interdependentes onde a reciprocidade garante a estabilidade em meio a mudanças constantes. Essa é nossa matriz, nossa identidade primeva que vem se manifestando como *homo sapiens* há cerca de 300 mil anos na África Oriental.

Somos uma espécie muito nova, e nascemos na dependência de cuidados por longos anos: precisamos de quase três meses para conseguir virar no berço, um ano para andar, quase três para dominar a fala, doze para adquirir capacidade de reprodução. Durante o longo processo de aprendizagem de competências que nos habilitem a sobreviver, também adquirimos aquelas que garantem a convivência — aqui entra a Cultura, isto é, o repertório de valores, crenças, costumes e visão de mundo que sustenta um determinado grupo social.

Uma pesquisa antropológica interessante para se observar é a transição cultural vivida pelos bosquímanos do deserto de Kalahari, no sudoeste da África (HURST, 1996).

Na condição de nômades eles eram caçadores-coletores. Portanto, a cooperação e a partilha dos alimentos eram essenciais à sobrevivência e à manutenção de relações sociais harmoniosas entre os membros de uma família nuclear, e desta com os integrantes de outras, constituindo uma comunidade.

Um acampamento bosquímano estudado em 1944 (Figura 6) revelou que as cabanas — abrigando aproximadamente 25 pessoas em cada uma — estavam dispostas em círculo com as portas abertas em direção ao centro, criando uma rede aberta de comunicação e interação.

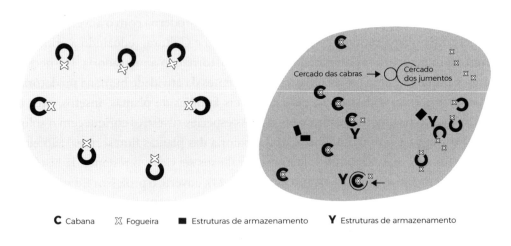

C Cabana   X Fogueira   ■ Estruturas de armazenamento   **Y** Estruturas de armazenamento

Figura 6 — Adaptação da representação do acampamento bosquímano em 1944 (à esquerda) e em 1982 (à direita)

Este cenário foi drasticamente alterado nas décadas seguintes quando, abandonando os costumes nômades, adotaram a vida sedentária, e com ela, a acumulação de posses através de agricultura e do confinamento de animais em rebanhos. Essa mudança pode ser creditada ao tipo de organização social de assentamentos de outros povos nas franjas do Kalahari, e à definição de fronteiras nacionais no continente africano sob o impacto da colonização europeia, separando povos e etnias que viveram juntos durante milênios.

Temos um retrato dramático da nova socialização entre os bosquímanos através de observação registrada por um grupo de antropólogos em 1982, especificamente na forma como se distribuíam as moradias, agora na condição de sedentários, em seus acampamentos e aldeias.

As portas já não estão orientadas para um centro comum, mas dando as costas para os vizinhos. E as fogueiras, onde se aqueciam nas noites frias do deserto, ou onde se coziam os produtos da caça e da coleta de raízes e vegetais, agora são instaladas dentro das cabanas. O espaço aberto e irrestrito de vida comunal desapareceu. Podemos afirmar que emerge pela primeira vez na trajetória dessa cultura a dimensão do privado, do ocultamento, do segredo — enfim, as desigualdades e a competição.

Não há como prever se a tradição milenar dos bosquímanos, seus valores e mitos fundantes sobreviverão a esse novo modo de vida. O que se pode verificar é o crescente conflito entre seus membros: disputas internas acabam em violência explícita; em desagregação das famílias; em luta pelo poder; diminuição da convivialidade e da partilha; perda de seu senso de comunidade e de sua identidade como povo.

O que está em curso entre os bosquímanos já foi experimentado por centenas de sociedades tradicionais; por agrupamentos humanos que, em diálogo profundo com seu habitat, criaram repertórios de mitos, ritos e dinâmicas de interação que se sustentaram ao longo dos tempos, mas não conseguiram absorver o impacto de novas variáveis que requerem flexibilidade frente às mudanças.

A tradição que se fecha em si mesma empobrece e perde a capacidade de dialogar com o diverso que, como uma provocação, demanda recriar e regenerar estabelecendo novas relações para continuar existindo — o estático não sobrevive. Ou, nas palavras do físico brasileiro Marcelo Gleiser: "Todas as coisas fundamentais que existem dependem de um desequilíbrio, o próprio Universo se originou do desequilíbrio. Quando o sistema está equilibrado, não se transforma. Sem transformação não há criação, nada acontece" (BRUM, 2006, p. 88).

O desafio da diversidade — a ética

A história da Grécia nos remete a uma civilização em que cada cidade constituía um estado autônomo, com grandes diferenças entre si, diferenças estas que desencadearam o mais longo e amargo enfrentamento entre elas: a Guerra do Peloponeso.

Todavia, seus habitantes falavam a mesma língua, adoravam os mesmos deuses e nutriam um sentimento de pertencer a uma mesma comunidade. Parte dessas cidades tinham portos, e por eles estabeleceram uma próspera rede de comércio com as ilhas vizinhas, povos distantes da Ásia, da Trácia e do Egito. Esse comércio, por sua vez, aproximou culturas, saberes, experiências e visões de mundo que enriqueceram não só os cofres, mas também o pensamento, a reflexão, as artes, as ciências e a vocação política dos gregos.

Essa vocação influenciou grande parte dos legisladores de Atenas que fizeram da palavra, do diálogo e do debate público a experiência política mais relevante de todos os tempos: a democracia, e com esta a busca de um bem comum que atendesse às necessidades e aspirações do cidadão, a ética.

O termo *ethos* já encontramos em Homero, no sentido de "habitat, morada, refúgio, ninho". Isto é, um espaço físico onde a sobrevivência está garantida pelas condições naturais que constituem o entorno, oferecendo segurança e familiaridade a seus pares, além de transmissão de competências dos progenitores a suas crias para obter alimento, proteger-se de predadores e de intempéries.

Dois séculos mais tarde, com os filósofos gregos do Período Clássico — Sócrates, Platão e Aristóteles, o termo *ethos* adquire outros contornos e se dirige ao comportamento exclusivamente humano. Que princípios devem orientar a intenção e a ação? Por que devo evitar a violência, a mentira e a corrupção? De que consiste saber viver? O que favorece uma vida boa? Se todos aspiramos à felicidade, por que é tão difícil alcançá-la? Felicidade é a mesma coisa para todos?

Estas são indagações que exigem reflexão, educar o pensamento para avaliar corretamente as circunstâncias da vida objetiva. Ou seja, como ela se apresenta com todas as suas contradições, dilemas, falácias e incertezas. E esta reflexão não pode ser episódica, tem que acompanhar nosso cotidiano porque sempre somos surpreendidos pelo inusitado.

Partindo do princípio de que nos tornamos humanos através da aprendizagem com outros humanos, e que há em cada um de nós um espaço de liberdade onde a consciência pode fazer escolhas e tomar decisões, quais valores orientarão tais escolhas e decisões? A Regra de Ouro é uma bússola que está sempre ao nosso dispor: "Trate os outros como você gostaria de ser tratado".

Assim, podemos dizer que a ética é: Ação orientada para o bem comum; Compromisso que se assume voluntariamente; Consentimento livre *versus* obediência automática; Autoconstrução de si mesmo — prática reflexiva; Vigência de leis internas que se fazem menos necessárias que as externas; Respeito pela legitimidade e singularidade de cada criatura humana.

> Regenerar é a palavra comum à vida, ao conhecimento e à ética: tudo o que não se regenera, degenera. A ética também deve regenerar-se permanentemente. Se não regenera bebendo nas suas fontes vivas, degrada-se em moralina, esclerose e petrificação da moral (MORIN, 2005, p. 197).

Um convite que Edgar Morin nos oferece para revisitar o bem, o possível e o necessário, simplesmente porque a vida sempre é atualidade.

O desafio da padronização — a moral

É frequente o uso indistinto dos termos "moral" (que deriva da palavra *mos*, "costumes") e "ética". Contudo, não é o que se verifica quando comparamos os textos filosóficos dos gregos e dos romanos, mesmo entre pensadores pré-socráticos como Demócrito, que questiona a aceitação de certas normas ou costumes sociais vigentes. Em Aristóteles isso fica ainda mais evidente. Considerado o fundador da ética como disciplina filosófica, o pensador sinalizou o cuidado que devemos ter ao agir conforme diretrizes sociais ou legais cujos fundamentos não são racionais e que, portanto, não resistem à reflexão nem a uma argumentação consequente.

Para exemplificar, podemos citar "em briga de marido e mulher ninguém mete a colher". Este é um ditado popular socialmente validado que reproduz o costume de não se imiscuir no que é privado. Desnecessário dizer que a omissão em muitos casos é fatal e, sob o prisma da ética e da legalidade, reprovável. Mas no campo das leis também encontramos situações inaceitáveis para a ética, notadamente na pena de morte ou pena capital, prática legalizada em alguns países do mundo até os dias de hoje, apesar da Organização das Nações Unidas, na Assembleia Geral de 2007, recomendar sua extinção de maneira definitiva.

Elliot (2018, p. 149), pioneira na implementação da Justiça Restaurativa no sistema prisional canadense, relata um episódio ocorrido em uma escola de Ensino Médio onde o Sr. Fisher era professor de história e estava ministrando um curso chamado "Povos e Políticas" que, a essa altura, tratava dos acontecimentos do século XX. Ele era muito comunicativo e se envolvia com os temas que abordava. Naquela turma, havia um garoto encrenqueiro que sempre chegava atrasado e sua aplicação aos estudos deixava a desejar. Chamava-se Dennis.

Um dia, no meio da aula, Dennis entrou na sala, jogou sua tarefa na mesa do professor e foi sentar-se no lugar habitual. O Sr. Fisher, visivelmente irritado, pegou os papéis deixados por Dennis em sua mesa e os rasgou ao meio, jogando-os na lata de lixo. Logo começou a repreendê-lo por tudo, desde os contínuos atrasos, sua falta de interesse pelos estudos, até seus cabelos despenteados. Não parava de gritar no rosto do garoto, gesticulando e intimidando-o. De pronto, o Sr. Fisher deu um tapinha no ombro dele e disse: "Obrigado, Dennis".

Dirigindo-se à classe, já em seu tom natural, indagou: "Fiquei aqui durante um par de minutos humilhando este menino em frente a vocês, e ninguém disse nada.

Todos sabiam que eu estava perdendo a compostura, e que não tinha o direito de falar aquelas coisas para Dennis, mesmo assim ninguém tentou me impedir. Por quê? Porque eu sou o professor, a figura de autoridade? Por que vocês estavam com medo?". Ele continuou: "Dennis estava esperando isso hoje, solicitei a ele que chegasse atrasado, jogasse a tarefa na minha mesa e lhe pedi permissão para ir para cima dele como um lunático por uns minutos". Todos ficaram em silêncio estarrecidos. "Hoje", ele disse, "começamos nosso estudo sobre o Holocausto e a Segunda Guerra Mundial, e como tudo começou".

A moral nos ensina a obedecer, e obedecemos por medo das consequências, sejam elas aqui ou no além. Aprendemos a obedecer, mas não a responsabilizar-nos. Somos premiados quando obedecemos, quando não questionamos nem manifestamos desacordo, indignação, reparo. Daí que a moral determine a ação conforme regras, normas instituídas que se perpetuam. Assim: Toda moral é normativa, isto é, impõe um repertório de comportamentos, costumes e valores que visam sustentar uma determinada ordem social; constitui um sistema fechado, sem espaço para o imprevisível, o aleatório e a criatividade. Consequentemente há repetição, conservação e exaltação do passado.

A moral é monóloga e quando não mais consegue atender às necessidades e aspirações das pessoas em uma determinada época, a mudança torna-se urgente e inevitável. Um novo repertório de valores entra em cena para oferecer outros horizontes, cuja percepção não é clara para todos porque ainda reverberam as vozes do passado, dos hábitos adquiridos ao longo de gerações e que prometem uma segurança confiável apenas pela acomodação.

Essa tensão natural entre o conhecido e o que se desconhece gera novos conflitos, contradições e polarização — germinar ou não germinar? Correr riscos aventurando-se em espaços sem mapa, ou seguir os mesmos caminhos que guardamos na memória?

Reconstruindo o elo

Talvez a Natureza, da qual nos afastamos na ilusão de tê-la dominado, guarde algumas pistas capazes de nos encorajar. E entre essas pistas a mais evidente talvez seja sua capacidade de renovação reconfigurando combinações dos mesmos elementos que a constituem em diálogo permanente com seu meio. O individualismo e a competição são episódicos no espaço natural; o que assegura o ciclo da vitalidade é a interdependência dos fenômenos, a cooperação das partes com o todo e deste com as partes em aliança pela Vida.

Greta Thunberg, uma adolescente sueca, compreendeu a urgência dessa mudança, e desencadeou uma das mobilizações mais expressivas da atualidade para chamar a atenção sobre as questões ambientais e a emergência climática. Com pouco mais de 16 anos, Greta foi convidada a participar do Fórum Econômico Mundial de Davos, que reúne anualmente os mais importantes políticos, destacados economistas, cientistas e jornalistas. Era janeiro de 2019, e em alto e bom som ela pediu aos presentes que não roubassem o futuro das crianças e dos jovens. Ela ecoou as palavras da bióloga queniana Wangari Maathai, Prêmio Nobel da Paz, que décadas antes repetira como um mantra: "Uma árvore vale mais do que sua madeira".

Nós nos relacionamos com nossa espécie, com a natureza e o universo por meio de nossas tradições, ética e moral. Refletindo sobre elas, podemos revisitar nossos padrões, gerar um novo repertório de valores que abrace nossa coexistência interdependente e invista em cuidar do todo, o que inclui cada um, todos e tudo que nos cerca. Com isso podemos passar a direcionar nossas ações para o bem comum e para o respeito à diversidade.

Passamos 10 mil anos construindo barreiras territoriais que nos garantissem nossa individualidade, até começarmos a migrar da vida real para a virtual. Todavia, a tecnologia que, parecia ter ampliado a sensação de isolamento, também está derrubando essas barreiras, nos reconectando e ampliando nossa percepção de interdependência coexistente. Nosso território hoje é o planeta, não mais nosso país, cidade, bairro, rua, nem mesmo nossa casa. Nossa atenção hoje se volta à regeneração do território "Planeta Terra", para que ele continue existindo e para que nossa espécie permaneça parte dele. E só há uma forma de seguirmos nesta jornada: em conjunto!

O Princípio da *COM-VIVÊNCIA*

GISELA SARTORI FRANCO E LENA ALMEIDA

"No princípio era a relação". Parafraseando a expressão bíblica: *"No princípio era o verbo"*, Martin Buber (1924), filósofo austríaco, afirma que tudo se inicia na relação, pois não há possibilidade do homem sozinho, sempre é ele com o outro. Para esse autor, *"O Homem só é Homem quando em relação"*. Antes de se reconhecer como um EU, o ser humano precisa estabelecer uma noção do EU-TU. Assim iniciamos a jornada da condição humana na Terra que, desde seus primórdios, esteve vinculada a outro ser humano para garantir sua própria sobrevivência.

Conta-se que um aluno perguntou à antropóloga Margaret Mead o que ela considerava ser o primeiro sinal de civilização em uma cultura. Mead disse que o primeiro sinal de civilização numa cultura antiga era um fêmur (osso da coxa) quebrado e cicatrizado.

> Mead explicou que no reino animal, se você quebrar a perna, morre. Você não pode correr do perigo, ir até o rio para beber água ou caçar comida. Você é carne fresca para os predadores. Nenhum animal sobrevive a uma perna quebrada por tempo suficiente para o osso sarar. Um fêmur quebrado que cicatrizou é evidência de que alguém teve tempo para ficar com aquele que caiu, tratou da ferida, levou a pessoa à segurança e cuidou dela até que se recuperasse. Ajudar alguém durante a dificuldade é onde a civilização começa[28].

Podemos também nos reportarmos há mais de 300 anos antes de Cristo e encontrar nas palavras do filósofo Aristóteles o que era visto como correto e justo. Para ele, a justa medida estava muito mais para o relacional do que para o conceito individual, e por isso de pouco adiantaria conceber o equilíbrio apenas para o pensamento sem exercitar no convívio com o outro. Seu mestre, Sócrates também trazia no âmago de seus preceitos a condição relacional, pois para este a verdade não estava com os homens, mas entre eles.

Apoiando-se nos conceitos de Buber e nas tradições da filosofia grega, em 1920 surge o Psicodrama. Uma abordagem de psicoterapia de grupo criada pelo médico e

---

[28] Fonte: https://www.cartacapital.com.br/blogs/dialogos-da-fe/empatia-esperanca-e-fe-o-que-podemos--aprender-com-a-crise-do-coronavirus/. Acesso em: 31/07/2020.

dramaturgo romeno, Jacob Levi Moreno. Para Moreno (1975), o desenvolvimento pleno e integral de cada ser humano atinge seu ápice quando, através da espontaneidade e da criatividade, consegue verdadeiramente se encontrar com o outro. O Encontro é o conceito máximo na teoria psicodramática, a etapa final da evolução psicológica. Para esse autor, tratava-se de um dos maiores desafios dos relacionamentos, pois muitos passam pela vida sem sequer ter encontrado verdadeiramente uma pessoa. No pensamento moreniano, encontrar o outro significa algo mais do que "estar junto", seria conhecer intuitivamente através do silêncio, do movimento ou do gesto. Nesse momento, o eu e o tu não têm medo de se desconfigurarem face aos diferentes olhares. Ambos olham para uma situação como um complemento compreendendo-se mutuamente.

Diante de tal conceito complexo e profundo, cabe a pergunta: será que, no nosso dia a dia, estamos mesmo nos encontrando ou apenas nos esbarrando? Conseguimos enxergar no outro sua verdadeira essência, seus desejos, medos e beleza? O que seria preciso sentir, ver e ouvir do outro para termos a certeza do Encontro? Se para atingir meu desenvolvimento psíquico pleno e integral eu preciso encontrar o outro verdadeiramente, quem sou eu que ainda não vejo esse outro?! Poderia eu me olhar sem esse espelho?

O sociólogo alemão Norbert Elias (1994) afirma que "cada ato humano pode ser melhor entendido se imaginarmos uma trama de um tecido, onde cada um compõe um fio". Ele explica que cada pessoa está presa a essa trama social, que é apenas um elo nas cadeias que ligam outras pessoas. Essas cadeias não são visíveis e tangíveis. E continua: "em virtude dessa interdependência, os atos de muitos indivíduos precisam vincular-se ininterruptamente formando longas cadeias de atos, para que as ações de cada indivíduo cumpram suas finalidades".

Então, quer dizer que para que uma ação individual seja efetiva eu preciso do outro? Sim! Parece que nem Tom Jobim conseguiu criar um samba de uma nota só. Somos uma orquestra. E daí o desafio de sermos um com o outro. Agora, sabendo disso, a tarefa se torna mais fácil?! Sim e não! Aliás, não estamos buscando facilidades e sim eficiência. Como eu posso ser EU, ajudar o outro a ser ELE e isso se harmonizar para o bem de ambos? É "só" cooperar?!

Um dos mitos da convivência cooperativa é achar que tudo se resolve de modo simples e rápido. Não é porque optamos por uma proposta de cooperação que tudo dará certo. Cooperar é correr risco, é escolher um caminho onde a única certeza é de que as coisas não serão nem do meu jeito nem do jeito do outro; terá que ser construído junto, um terceiro jeito, inédito, único, se ambos forem capazes de recriar e descobrir lado a lado.

E como chegar ilesos ao terceiro jeito, aquele jeito que não é meu, nem seu?! Pois é, se você veio buscar nessa leitura uma fórmula, pode fechar este livro. Agora, se você quiser se abrir, e buscar junto, você precisando de mim, e eu de você, daí vale a pena continuar nessa jornada de mergulho profundo nas entranhas da Pedagogia da Cooperação!

E qual deve ser o primeiro passo para olhar e descobrir o outro, como sugere Moreno? Quem optou por começar olhando para si mesmo, está num caminho promissor. Não tem como querer olhar para a frente, para o outro, se você não sabe onde está e quem é essa pessoa que está dirigindo o olhar para o outro. Para iniciar a jornada de descoberta das riquezas de minhas relações interpessoais, preciso mesmo focar no intrapessoal, olhando para o lado de dentro, de mim mesmo. Existe um conto budista que diz que não adianta limpar o espelho se sua imagem refletida está suja. A limpeza não está no seu reflexo e sim naquele que emite a luz.

Se cada um de nós puder fazer uma reciclagem (tema tão em voga hoje em dia!) de nosso lixo interno, se pudermos nos dedicar a cuidar de nossas emoções mais difíceis nos ouvindo mais; se pudermos administrar melhor o funcionamento de nossa mente, entender nossos pensamentos e aliviar nosso estresse diário; se priorizarmos nossa saúde emocional, aquietando as preocupações ilusórias, ajudaríamos muito para que o encontro com o outro seja mais efetivo. Por que tanto cuidado com a saúde do corpo, se nossa mente anda em frangalhos?

Teremos mais chance de tramar com o outro uma convivência cooperativa quando conseguirmos transformar nosso lixo mental e emocional em "adubo" e isso servir para nutrir a relação e nos aproximar verdadeiramente de quem queremos encontrar. Algumas vezes, entramos em contato com o outro com nossas "armas" em punho. Enxergar e escutar o outro exige um espírito desarmado. Quem tem a mente gritando não consegue ouvir mais ninguém a não ser sua própria dor. Ouvir o outro exige um exercício prévio de ouvir a si próprio.

Precisamos criar, ritualizar espaço e tempo para a escuta e o diálogo nas relações. Alguns adultos, jovens e crianças não desenvolveram essa habilidade e atualmente ela precisa ser reaprendida, seja em casa ou na escola. Poucos são os momentos para uma conversa no lar ou numa sala de aula. Estamos sempre com pressa ou com outros focos. Tanto nas escolas quanto em nossas próprias casas não cultivamos um lugar especial para reunir pessoas e conversar. Como podemos viver o encontro, o diálogo, se na maioria das salas de "visitas" de nossas casas há uma tela de televisão enorme, com *double sound* e vários *smartphones* no "contato"?

Nossas casas são projetadas com amplos espaços para algumas de nossas necessidades básicas: uma bela cozinha, um quarto aconchegante, um banheiro confortável e o espaço para nossa necessidade básica de encontro, de conversa e de convívio? Seria um canto pequeno da ampla sala de estar?! Que "estar" é esse que só leva o nome? Na escola, onde criamos oportunidades de bate-papo? Dizem alguns professores que a hora de conversar é no intervalo, mas seria no meio da algazarra do pátio? Na temida sala da diretoria?! Como nosso sistema de Educação e os aparatos de nossa vida social, nos convidam ao encontro? Nos espaços comunitários, no planejamento das cidades, existem lugares agradáveis projetados para se conversar?

Realmente, a maioria de nós, infelizmente, não foi educada para o diálogo, não foi estimulada para escutar o outro; a urbanização em nossa sociedade parece que não tem se atentado a isso. Precisamos construir essa prática, esse treino, agora ou o quanto antes. O bom é saber, sentir, que já temos um grupo significativo de pessoas despertas que pedem e semeiam essa transformação.

O ser contemporâneo investiu muito dinheiro em sua capacidade analítica, na "formação" do pensamento, do intelecto, mas não na capacidade de escuta. Nós fomos educados para disfarçar nossos sentimentos. O psicólogo norte-americano Marshall Rosenberg (2006) afirma que na oportunidade de expressar o que está vivo em nós e enxergar o que está vivo no outro, podemos descobrir o que fazer para enriquecer nossa vida e a do outro. Esse interessante trabalho de Rosenberg, batizado por ele como CNV — Comunicação Não-Violenta, tem sido um ótimo instrumento para aproximar as pessoas, facilitar diálogos e será aprofundado mais adiante, em *Processos*.

Para manter a vitalidade de uma convivência baseada na cooperação é necessário criar uma qualidade de atenção recíproca, de respeito mútuo, onde ambos os lados consideram que seus sentimentos, suas necessidades são tão importantes quanto as do outro. Viver a interdependência é incluir verdadeiramente o outro, seus sentimentos, necessidades e pedidos, no nosso dia a dia e em nossos planos futuros.

E saiba: ninguém está pronto para conviver. A gente "se apronta" junto! A gente se configura para aquela relação, para um determinado período. Mudou a estação do ano, por exemplo. Tudo pode mudar! Mudou o chefe, as necessidades da relação se transformam; entrou mais gente na equipe, mudam-se as exigências, as formas de se relacionar. Daí o desafio! Tudo é processo vivo, e como na Vida, tudo está em constante transformação e mudança. Conviver cooperativamente é confiar na transparência do outro, no compromisso de sinalizar e acolher as readequações de rota. Toda mudança numa relação torna-se benéfica e rica quando novas necessidades são compartilhadas e cuidadas no tramar de cada encontro.

Viver a cooperação numa relação é buscar deixar claros para o outro nossos sentimentos, necessidades e pedidos, inclusive como uma forma de cuidar da continuidade dessa relação. Procurar entender o outro e se fazer entender são tarefas básicas da convivência. E nessa troca, quando há uma verdadeira conexão, a magia do encontro se apresenta. Nesse momento, sentimos na pele a presença valiosa do outro em nossa Vida. Reconhecendo-o como um mestre, agradecemos quem nos faz crescer. Entendemos que toda relação é um presente, toda convivência cuidadosa nos torna melhores e que realmente o TU ajuda a desvelar o EU. Assim reverenciamos o outro em cada encontro de nosso caminho.

Conviver é realmente uma necessidade essencial do ser humano e por isso é algo que estamos exercitando o tempo todo. No entanto, a convivência muitas vezes drena nossa energia, ao invés de ser uma fonte de apoio e reabastecimento. Isso é notado em todos os contextos, desde o familiar, social e até o corporativo, onde as pressões por resultados e os conflitos (expressos ou velados) acentuam e, por vezes, comprometem a sinergia da equipe. Precisamos aprender a renovar nossas estratégias para construir e solidificar nossas relações interpessoais.

Ousamos dizer que estamos em tempos de criar uma Arquitetura da Convivência (Quadro 1), onde a técnica e a arte podem auxiliar nesta complexa construção do *"com-viver"* para o bem comum, buscando a harmonia das relações, com um olhar que contemple três etapas: o conversar, o conviver e o construir:

1. **Conversar** — como alicerce: O conversar significa olhar para aquilo que nos conecta, nos une, o que temos em comum ou o que podemos trocar, compartilhar e crescer com o melhor de nós em ação, numa equação que olhe para o todo. Nesse caminho, a abertura, a empatia e a conexão são elementos essenciais para que se inicie essa conversa. Aqui a conversa é uma via de mão dupla; envolve falar e escutar. É preciso confiar para falar. É preciso estar presente para escutar.
2. **Conviver** — como paredes: Nessa arquitetura, o conviver vai se firmando e nos revelando toda a diversidade, conflitos por onde as relações passam, crescem, evoluem ou separam e, finalmente os acordos que nos levam a novas construções. A diversidade cujo desafio é olhar e enxergar a nós e ao outro em sua plenitude com potencialidades e limitações, um olhar amplo, abrindo-se para um mundo de possibilidades. Reconhecer a necessidade de acordos e de combinados que contemple e contorne esse convívio. Nessa etapa é preciso aceitação; apreciação das diferenças. Nossas diferenças nos fazem complementares. Surge o nós, maior que a soma das partes.
3. **Construir** — como cobertura, o toque final da obra: O construir é o realizar e fazer acontecer, sair do sonho e ir para a ação, que envolve o planejamento, o protagonismo e a cooperação. Aqui é preciso treinar novas habilidades. É preciso articulação de competências e iniciativas. É o momento de realizar e colocar em ação o sonhado junto. É preciso lidar com a complexidade. É preciso jogar "com". O "Nós" que construímos, por sua vez, se constrói com infinitas possibilidades.

Quadro 1 — Competências da Arquitetura da Convivência

Como podemos gerar ações, arquitetar mudanças no viver com infinitas possibilidades onde o 1 + 1 = 3? Nossa sociedade atual teve (e, está tendo) uma ótima oportunidade para aprimorar essa habilidade. Algumas lições podem vir de nossa relação com um vírus. Destacando aqui apenas o que diz respeito à convivência humana, podemos considerar que a pandemia da COVID-19 acelerou um processo de reestruturação das relações interpessoais; essas que já vinham, faz tempo, frágeis e insustentáveis, por exemplo, no que se refere aos cuidados e respeito uns com os outros. Na urgência do isolamento a maioria de nós, pegos de surpresa, se deparou com situações incômodas e desanimadoras. Quem não ouviu um "Eu não sei fazer companhia para mim mesmo", "Essa pessoa mora há tanto tempo comigo, mas agora percebi que nossa convivência está insuportável" ou "Você vai ficar em casa para cuidar de você ou da saúde dos outros?"?

O que vivemos no ano de 2020 nos mostrou que o desafio do "fica em casa" foi muito maior do que imaginávamos. A questão não se restringia a ficarmos fechados em um espaço físico limitado por paredes de cimento, mas sim ficarmos em contato direto e restrito com "nossa casa" interna. Para muitos, olhar para dentro de si e ouvir seus ecos se tornou muito assustador. Em minha "casa", onde vejo espelhos em todos os "cômodos", só consigo enxergar como estou! Isso pode ser inédito e constrangedor para muita gente. Encarar as pessoas que moram comigo incomoda porque elas espelham como eu sou e como eu estou com elas.

Ficar face a face com o outro, por um tempo maior do que o de costume acabou por desequilibrar bastante a rotina diária, pseudonormal e escancarou nossa falta de condições para *"com+viver"*. Vale lembrar que essa sensação se expande para além dos lares com laços frágeis; a angústia do desencontro se estende também às relações de trabalho sem respeito ou sentido e às relações sociais rasas.

No mundo "normal", em que estávamos acostumados a viver antes da pandemia, tínhamos muletas. Artefatos criados por nós mesmos, muitas vezes inconscientemente, que nos impediam de enxergar a realidade, que dificultavam nossa aproximação uns dos outros. Chamaremos agora esse subterfúgio de distrações do cotidiano. Ficou claro então que no período de isolamento pela COVID-19 algumas distrações foram excluídas e com isso novas paisagens se revelaram, espelhando algum déficit de cuidado consigo próprio ou com o outro. Veja alguns exemplos:

- Excluir as compras por impulso nas tardes longas em shoppings, por exemplo, nos obriga a ter mais claro: o que é essencial eu comprar no mercado?
- Excluir a justificativa do trânsito intenso e engarrafado pode nos fazer depararmo-nos com nossa falta de vontade de voltar cedo para o lar.
- Excluir as aulas das crianças e jovens nos remete à clara certeza de que a maioria deles, faz tempo, não gosta de estudar e não sabe criar novas diversões além daquelas dos celulares. Isso tem deprimido alguns pais despreparados e afastado avós carinhosos.
- Excluir nosso tempo na rua nos fez perceber que não era bem mais quantidade de tempo em casa que a gente queria, pois afinal a "sobra" do tempo no lar foi usada com discussões e bate-bocas infernais.
- Excluir ou impossibilitar nosso planejamento de futuro nos fez encarar um vácuo no presente. Existem pessoas que querem se relacionar com as outras, mas têm a mente presa no passado e o desejo fixo no futuro. Assim fica difícil encontrar, no aqui e agora, qualquer ser humano.
- Excluir e isolar os idosos para sobreviverem sozinhos em suas casas, onde filhos ou cuidadores entregam as compras do mercado no tapete da porta de entrada nos fez perder a noção de onde vem a fonte de sabedoria. Irônico notar que em nossa cultura devemos deixá-los "sem contato" físico e em outras tantas eles orientam caminhos e são sinônimos de conselheiros.
- Excluir ou revisar os despertadores, os horários de compromisso, o tempo de acordar, dormir ou jantar, tempo de passear com o cachorro, também foi necessário. Se o tempo é rápido para o contágio do vírus e a vida é curta, não se pode mais "perder" tempo!

Precisamos então largar algumas dessas distrações para nos reaproximarmos uns dos outros. Tirar a venda dos olhos que nos impede de enxergar já que antes alegávamos incapacidade de visão. Quem sabe o futuro será mais promissor se eliminarmos as distrações e nesse vácuo de "não fazer nada" conseguirmos silenciar? Silenciar para ouvir a voz de dentro, para sentir o pulsar de nosso potencial de viver em *Comum-Unidade*, uma habilidade tão remota e genuína, que ficou tanto tempo adormecida. Transpirar nosso desejo de estar com, na certeza de que juntos chegamos mais longe, desapegando da ilusória e sedutora tentação de ir mais rápido. Respirar a interdependência e abraçar a inclusividade, aquela atitude de incluir todos e todas que queiram participar da mudança, acolher novas ideias, novas visões e focar no bem comum pode ser um bom caminho. E essa arquitetura das relações vai se construindo com a consciência ampliada de que somos todos um, até porque

*"Um outro mundo não só é possível, como já está a caminho.
Num dia tranquilo, posso ouvi-lo respirar."* Arundhati Roy

Charles Eisenstein (2016) escritor e filósofo norte-americano, nos aponta uma passagem para um futuro melhor: o caminho do *InterSer*. Segundo ele, esse mundo de separação, de premissas excludentes no qual vivemos não nos ajuda a perceber nossa humanidade, mas pelo contrário, tem nos trazido muito sofrimento, distanciamento e infelicidade. Para esse autor "Há uma emergência de um novo tipo de civilização, de uma Era do Encontro que se segue a Era da Separação." E continua: "Na vivência do *InterSer* o meu ser participa do seu ser e de todos os seres; isso vai além da interdependência pois a nossa própria existência é relacional." Esse olhar vem ao encontro de Moreno, Buber, Elias, Marshall e outros tantos estudiosos que percebem na relação interpessoal cooperativa o potencial de Evolução Humana.

Bancar o desafio de nutrir uma convivência de cooperação é tarefa minuciosa, exige esmero e paciência consigo próprio e com o outro. Muitas dimensões precisam ser acessadas, algumas etapas devem ser respeitadas. Compreender o sentido da coexistência, fazer da cooperação um exercício do dia a dia e cultivar o espírito de *Comum-Unidade* como um princípio, nos dá indícios de como cultivar e viver o bem comum. Quem souber integrar e tramar um novo modo de ser com o outro, de viver o *InterSer* como descreve Eisenstein, acreditamos, vai ser mais feliz, íntegro.

E para integrar precisamos entregar! Descobrir nossas potencialidades, nossa luz e entregar, compartilhar o que temos de melhor, mais belo, puro e genuíno para o outro e assim nos reencontrarmos com nossa verdadeira essência e razão de estarmos semeando aqui na Terra. Precisamos retornar a nossa "Casa" com nossa missão cumprida: cuidar melhor de nós mesmos e uns dos outros. Afinal, já dizia Letícia Lanz[29], socióloga e psicanalista mineira: *"O Nós é feito D'Eus!"*

---

29   Letícia Lanz é uma escritora transgênero e na época da publicação de seu livro assinava como Geraldo Eustáquio de Souza.

O Princípio da COOPERAÇÃO

JOSÉ ROMÃO TRIGO DE AGUIAR

Existem palavras que são muito generosas. Guardam em si inúmeros significados, permitindo-nos aprender muito, refletindo sobre elas.

Cooperação é uma dessas palavras. São muitos seus sentidos e direções. Dependendo do contexto, pode tomar conotações completamente antagônicas, o que nos revela um mundo de diversidade e compreensão.

Entre essas tantas possibilidades há que se reconhecer que estamos **sempre** cooperando e que talvez seja impossível não cooperar com algo em nosso agir. Cooperamos com a limpeza quando varremos nossa casa, cooperamos com a guerra quando a apoiamos ou nos tornamos seus soldados; cooperamos com a saúde quando buscamos socorro para os males que afligem a humanidade e por aí vai... Mesmo na omissão, estamos cooperando com algo.

Então, a questão fundamental é com o que estamos cooperando, em cada ato, em cada pensamento, com cada sentimento. Com o que você está cooperando nesse exato momento? Com o que você coopera na maior parte de seu tempo?

Muitas vezes, cooperamos sem perceber, às vezes inconscientemente ou até involuntariamente. Quantas vezes não nos pegamos cooperando para o que não queríamos? Quantas vezes ajudamos a criar situações que em absoluto gostaríamos de ter criado? Refletir continuamente sobre com o que estamos cooperando é fundamental para uma vida mais consciente. Assim podemos escolher com mais assertividade.

Estamos aí no terreno da Ética: com o que vale a pena escolher cooperar e, mais do que isso, com o que vale a pena escolher NÃO cooperar.

Não cooperar

Não cooperar com o consumismo; com o mercado mais rendoso do globo, o da indústria armamentista; com a ganância; com o racismo, com a discriminação da mulher etc.; com a violência em qualquer de suas manifestações...

EXPERIMENTE:

Faça uma lista pessoal. Avalie o contexto em que você se move e crie uma lista de coisas com as quais você escolhe não mais cooperar.

Nossa lista de não-cooperação pode ser grande e deve considerar nossa relação com o todo, com o contexto. Para isso é fundamental ampliar a reflexão sobre nossas relações no mundo, perceber seus efeitos e compreender melhor com o que cooperar e com o que não cooperar.

Não se trata somente da ação individual (será que isso é possível?), mas do que fazemos juntos, aliás do que estamos fazendo juntos, a todo momento. Vivemos em um mundo globalizado onde qualquer ação afeta a todos, na economia, na política, na cultura, no social, na saúde. Um mundo com intercâmbios de serviços, tecnologias, cooperações, empréstimos, mas também de drogas, doenças (vírus...), desigualdades, intolerâncias e violências.

Será que estamos preparados para viver em rede, em um mundo fluido (BAUMAN, 2001), onde nada pode tomar forma definitiva, e tudo está em constante liquefação, o que nos leva a "desintegração, mudança, luta, contradição, ambiguidade e angústia"?

Perplexos, a consciência da vulnerabilidade se agiganta e nos atordoa quase nos deixando na imobilidade. Os laços humanos no mundo fluido, tornam-se frágeis, líquidos. Tudo passa, até as pessoas. Fazer algo a longo prazo que necessite de cooperação, tornou-se desnecessário. Tudo é feito individualmente. É um tempo de laços fracos, onde lidar com a diversidade é um de nossos grandes desafios, ainda nos assustamos muito e temermos o diferente.

Com o que cooperar

A não-cooperação somente não é suficiente. Precisamos escolher com consciência (dentro do possível) com o que vamos cooperar. Foram decisões humanas que nos trouxeram até aqui, conscientes ou não, e são nossas decisões que nos farão caminhar.

Tomar decisões conscientes com o que não cooperar e com o que cooperar exige clareza e esforço contínuo para compreender onde estamos inseridos. Na verdade, o que estamos propondo é pensar a respeito de em que mundo nós queremos conviver e como cooperar para que ele aconteça.

Como pensar um mundo sem pensar em seus valores? Todo ato humano está permeado de valores que direcionam nosso rumo. Conscientemente ou não, são eles que dão direção a nossas vidas. Ganância, competição, dominação, apropriação são alguns dos que embasam este nosso mundo ainda ferido. Todos eles exigindo revisão, desconstrução e ressignificação.

A exclusão, não só econômica, é uma marca clara, estrutural, e nada acidental, de nossa sociedade. E ainda mais visível, temos como consequência a violência em todos seus matizes. Todos a seguir são contextos onde podemos cooperar: erradicando a violência (a não-violência sonhada e praticada por muitos), abrindo acesso na contramão da exclusão (à moradia, à saúde, à educação, à cidadania, que segundo H. Arendt (1989) é o "direito a ter direitos", etc.), construindo valores que garantam a vida e não que a destruam.

Os valores da Cultura da Violência (ou Cultura da Guerra) se concretizam em nossas relações, com o ambiente, com o outro e conosco mesmos. Os valores de uma Cultura de Paz também devem se tornar realidade em nossas relações com o ambiente, com o outro e mais uma vez com nós mesmos. Esse é mais um significado de cooperação.

Como cooperar

Etimologicamente cooperar significa "colaborar, trabalhar com outro(s)". É "operar COM". Trata-se de fazer juntos. Nós sempre estamos fazendo, com certeza sabemos fazer (pelo menos alguma coisa!). E fazer junto, será que sabemos?

Fazendo sozinhos, vamos mais ou menos bem, mas quando temos que fazer com outros, diante das dificuldades que vão surgindo, logo caímos no automatismo cultural da dominação, um manda e os outros obedecem. É a cooperação numa linha de montagem, onde cada um só tem que fazer bem a sua parte, não importa se está ajudando a construir um tanque de guerra ou um tomógrafo que pode salvar vidas. Essa cooperação, onde não há responsabilidade pelo todo e pelo resultado, é normalmente conseguida através do mandar (como mesmo fazemos para ser obedecidos?!), esvaziando de significado, tirando a capacidade de tomar decisões, infantilizando, transformando pessoas em máquinas.

Certamente existe a cooperação que podemos chamar "em rede", "orgânica" (por analogia aos sistemas orgânicos, vivos), onde se contempla a totalidade de cada um, com responsabilidade por si, pelo outro e pelo todo. Cooperação que inclui a dignidade de si e do outro, no calor do respeito consensuado e aprendido, desenvolvido por todos.

Chamamos de cooperação (que palavra desafiadora!) as duas coisas: a linha de montagem e a rede de conexões. A segunda é a dimensão da ética onde fazemos para todos, inclusive por nós. Assim, os valores são outros, e não os da Cultura da Violência, que norteiam e servem de eixo. Implica aprendermos a abrir mão do que chamamos de meu, privilegiando o nosso (que também é meu!); aprender que não é A ou B que deve vencer, mas se trata de construir C, algo possível para ambos, ou melhor, possível para todos.

Afinal, a cooperação é a liga da comunidade e o reconhecimento profundo de nossa interdependência. Nesse sentido, a cooperação não se dá em meu mundo, mas sim no mundo, esse mundo nosso!

A Cultura da Violência, predominante nos tempos atuais e que já dura um longo tempo, não é a única que a humanidade experimenta nem nos dias de hoje e nem em sua história. Outros mundos são possíveis!

Existem culturas pacíficas e com profundo senso de comunidade, com o predomínio de atividades cooperativas e solidárias garantindo a sobrevivência.

Para muito além de nós

É verdade que ainda impera uma visão competitiva e belicosa no entendimento da biologia, mas isso vem se modificando com novos estudos. A ideia de que o ser humano é motivado pelo egoísmo e violência influenciou a psicologia ocidental, as teorias da evolução, da economia e tantas outras ciências, até adquirir a força de um dogma.

São muitos os cientistas que, no campo da biologia, vêm trazendo visões para muito além das tradicionais como os trabalhos de H. Maturana, L. Margulis, R. Sheldrake, E. Sahtouris e Frans de Waal.

Se refletimos em nossas bases biológicas, quiçá, nossa condição mais profunda, percebemos que nada acontece nos sistemas vivos que sua biologia não permita e tampouco a biologia determina o que sucede no viver, apenas especifica o que pode ocorrer.

Será que a cooperação tem algum papel no que estamos chamando de processo biológico? Qual o lugar da cooperação na Vida?

Quando pensamos no funcionamento de uma única célula (lembremos que há uma infinidade de seres vivos que são compostos de uma única célula, os unicelulares), considerando sua realidade molecular, fica óbvio que essas moléculas, precisam, necessariamente, trabalhar juntas; precisam interagir de modo a se autorreproduzirem mantendo a sobrevivência do ser vivo, no processo que Maturana e Varela (2001) chamaram, sabiamente, de autopoiese[30]. Nesse magnífico processo de cooperação é que se inserem as células de todos os seres vivos, desde que surgiram até hoje. Essa interação, ou podemos dizer, essa convivência cooperativa e autopoiética das moléculas, é que garante a vida em nosso pequeno planeta azul.

Essa interação entre moléculas deu resultado muito maior que a soma de suas propriedades individuais: um ser vivo. Cooperar é nossa condição biológica fundamental, quase tudo depende de cooperação. Ainda que a competição faça parte dos processos biológicos, é a cooperação que, sempre presente, permite a vida, pelo menos como a conhecemos. Podemos ousar mais em nossas conclusões: sem cooperação não haveria vida e, portanto, no contexto biológico, a cooperação não é o oposto de competição (muitas vezes, mesmo a competição cumpre um papel cooperativo).

Não podemos cair na ingenuidade de que só a cooperação basta. É preciso uma série de outros processos e qualidades, fazeres e compreensões, tanto no que se refere ao entendimento do fenômeno biológico quanto também na construção de nossas existências comprometidas com uma convivência que nos ajude a todos no desenvolvimento de nossas potencialidades. Quando falamos em cooperação estamos amalgamando uma série de conceitos que se interpenetram e complementam: cooperação, autonomia, interdependência, interação, aprendizagem...

No contexto da história material dos seres vivos, muitas são as dimensões em que a cooperação assume papel fundamental, garantindo a sustentabilidade da vida na Terra. De que modo, algo tão frágil como a vida (é fácil matar um ser vivo!), ganhou a pujança que se observa na biosfera? Como penetrou em todos os lugares até nos mais inóspitos e improváveis? A Vida e o meio não-vivo foram se modificando juntos numa construção interativa e recíproca que podemos chamar de cooperativa.

Só para citar um exemplo, consideremos os seres pluricelulares (seres vivos com mais de uma célula: fungos, vegetais e animais). Obviamente que suas células (de um ser humano, por exemplo) precisam cooperar e muito para manter a homeostase, o equilíbrio e a sobrevivência do indivíduo. Sem cooperação entre células, não haveria seres pluricelulares. De novo, temos um novo nível de complexidade, a cooperação das células torna o todo maior que a soma das partes.

Depois da pluricelularidade, a Vida explodiu em possibilidades, em menos de 1 bilhão de anos, surgiram e desapareceram inúmeras espécies, ela avançou para a Terra e chegou até nós. Foram surgindo os invertebrados, depois os peixes, anfíbios, répteis e mamíferos, categoria em que nos classificamos.

---

30 A palavra autopoiese surgiu pela primeira vez na literatura internacional em 1974, num artigo publicado por Varela, Maturana e Uribe, para definir os seres vivos como sistemas que produzem continuamente a si mesmos.

Essas muitíssimas espécies criam uma diversidade biológica absolutamente inacreditável, todas com seus nichos, na congruência com o meio. Esse talvez seja o principal motivo que permitiu à vida o grau formidável de manifestação neste planeta, de como ela se sustentou apesar das condições mais adversas e improváveis, atravessando bilhões de anos de contínuas e maravilhosas surpresas. Viva a diversidade!

A cada momento todos esses seres e mais o meio ambiente formam uma assombrosa rede de interações: a biosfera[31].

Essa camada com cerca de 20 quilômetros de espessura (raio da terra = 6.400km), de matéria viva, crescente, em interação consigo mesma que envolve a Terra, vem mudando sutilmente com as idas e vindas das espécies, com seus processos e mecanismos, continuando viva há bem mais de 3,5 bilhões de anos.

Moléculas cooperam e temos uma célula; células cooperam e temos um órgão; órgãos cooperam e temos um sistema; sistemas cooperam e temos um corpo, um ser vivo; seres vivos convivem e formam uma população; populações convivem e formam uma comunidade; comunidades convivem com o meio ambiente e formam um ecossistema, ecossistemas convivem e formam a biosfera, biosferas convivem e formam...(?)

Tudo isso em uma assombrosa rede de interconexão e convivência. Meio ambiente e seres vivos estão entrelaçados. Inclusive nossos corpos são partes dos processos da Terra e da natureza.

Impressiona essa capacidade de fazer com o outro, de construir junto com ele um mundo maravilhoso de beleza e interdependência, que indiscutivelmente coopera para sua continuidade. "A vida não se apossa do globo pelo combate, mas sim pela formação de redes" (MARGULIS e SAGAN, 2011).

Olhar para a biosfera como uma Grande Cooperação desafia todas as nossas compreensões e definições sobre cooperação, é de tirar o fôlego e realça o tamanho de nossa ignorância do que ela seja!

Por último, precisamos considerar que os seres vivos uni e pluricelulares não podem viver sozinhos. O grupo é imperativo para sobrevivência.

Dentro das muitíssimas formas dos seres vivos interagirem num grupo, a cooperação mais uma vez torna-se fundamental. Operar juntos, para que o grupo possa sobreviver, crescer e se realizar, garantindo a vida dos indivíduos. Na dimensão humana tornamo-nos responsáveis pelo que oferecemos ao mundo, aos outros. No contexto da Cooperação, não se trata somente de oferecermos qualquer coisa, mas sim, eu e todos oferecermos o nosso melhor.

---

[31] O conceito de biosfera foi cunhado pelo geólogo austríaco Edward Suess (1831-1914) e colocado em uso corrente por Vernadsky.

É Maturana (2001) mais uma vez quem nos alerta para um fato fundamental: para que haja grupo, no sentido aqui proposto, é fundamental que se possa reconhecer cada indivíduo como legítimo, na convivência. Eis um pré-requisito para que possamos trabalhar juntos, para que possamos fazer juntos, construir um mundo que juntos escolhemos. Estamos falando da magia do encontro onde, poesia, técnica, intuição, ciência, arte e espiritualidade se encontram. Essa é outra compreensão da generosa palavra cooperação.

Enfim, realizemos nossa humanidade. Mais que isso, realizemos nossa condição de seres Vivos: valorizemos mais a experiência, a reflexão, a autonomia, a construção coletiva, o diálogo, a sincronicidade dos processos, a abertura ao novo, ao criativo e às circunstâncias que surgem.

Cooperemos com consciência!

O Princípio da *COMUM-UNIDADE*

TAISA MATTOS

Crise civilizatória e a demanda por *comum-unidade*

Com o agravamento da crise civilizatória global, a demanda por comunidade, pelo senso de comunidade, emerge enquanto fator crucial para o redesenho da presença humana no planeta. A histórica cisão entre sociedade e natureza, e a dicotomia cada vez mais marcada entre sociedade e comunidade, além dos valores da cultura dominante, foram nos afastando dos laços que nos uniam à Terra e aos demais seres vivos, gerando consequências adversas.

Apesar dos alarmantes impactos ambientais e das disparidades econômicas consequentes do atual modo de vida, alcançar a sustentabilidade social torna-se, simultaneamente, a chave e o maior desafio para a manutenção da "comunidade de vida"[32] (MATTOS, 2018a). Como reaprender a "viver junto", a "fazer com", após tantos anos de individualismo e competição nas sociedades ocidentais contemporâneas?

Para fazer frente aos desafios atuais, torna-se necessário desenvolver novas habilidades relacionais, responsabilidade social e ambiental, além do "espírito de comunidade" (SOMÉ, 2003), para a preservação da vida e o cuidado dos bens comuns.

A demanda por comunidade, hoje, requer um pensamento e uma prática voltados para a reconstrução de comunidades genuínas, como espaços para a experimentação da solidariedade, de laços sociais colaborativos, alinhadas com as demandas de nosso tempo. "[...] A reconstrução de comunidades é um projeto estratégico diante da necessidade de reinvenção de nossos modos de habitar o mundo" (SIMAS, 2013, p. 133-134).

A atual crise civilizatória exige mudanças profundas que envolvem uma nova maneira de ver o mundo, além de novas práticas. Muito provavelmente em resposta a isso, nota-se nas últimas décadas um número crescente de pessoas que se articulam em grupos, criando comunidades nos mais diversos contextos, em busca de conexão, engajamento e propósito. Partindo de um desejo por relações interpessoais

---

[32] A Carta da Terra (2004). Valores e Princípios para um futuro sustentável. Princípio 1º - Respeitar e cuidar da comunidade de vida.

mais profundas e por um equilíbrio entre aspectos práticos e subjetivos, esses grupos se multiplicam em diversos países, revitalizando laços comunitários e contribuindo para a regeneração do tecido social e da natureza.

Cabe destacar que a atual busca por comunidade não é uma exclusividade de grupos que decidem viver juntos, mais próximos da natureza, retornando ao meio rural. Vem acontecendo também em grandes centros urbanos, como nos mostram as iniciativas ligadas ao Movimento das Cidades em Transição (*Transition Towns*)[33], aos experimentos de *Cohousing*[34] e *Coliving*,[35] expandindo-se ainda para a esfera do trabalho, com os espaços de *Coworking* e empreendimentos em rede. Seja por ideal ou por necessidade (crise financeira, escassez de recursos e/ou de espaços disponíveis, alto custo, entre outros), as pessoas estão se articulando em grupos, aprofundando as relações e otimizando o uso dos recursos, reaprendendo sobre a arte de "viver junto" e de "fazer com".

Enquanto pedagogia viva e caminho de *ensinagem* compartilhada, a Pedagogia da Cooperação nos apoia na cocriação de outras visões de mundo e, consequentemente, de outros modos de ser e de se relacionar. Cooperação e comunidade caminham juntas, entrelaçadas, sustentando o campo de "nosso futuro comum"[36].

Um breve olhar para nossa história

Comunidades são fenômenos que datam dos primórdios da civilização humana, estando presentes em todas as épocas e culturas, tendo se reconfigurado a partir das características de cada período. Antes mesmo do surgimento da agricultura, caçadores e coletores viviam em comunidade, dependendo da cooperação para sobreviver, já que as condições da época eram hostis (EISLER, 1987).

Com os processos de industrialização, observa-se uma grande mudança na estrutura social e nas formas de produção. A vida comunitária, antes voltada para a produção agrícola, vai perdendo espaço. A comunidade tradicional, que vivia e trabalhava junto vai sendo substituída por famílias nucleares e por comunidades de

---

[33] O Movimento das *Transition Towns*, criado pelo permacultor inglês Rob Hopkins, espalhou-se pelo mundo, fomentando o engajamento comunitário em busca da resiliência local em cidades, bairros e vizinhanças. Disponível em: https://transitionnetwork.org/. Acesso em:

[34] O Movimento de Cohousing surge na Dinamarca, na década de 70, e representa uma tentativa de criar assentamentos menos impactantes, em sua maioria urbanos, ao mesmo tempo em que proporcionam a seus membros um senso real de comunidade e acolhimento (MELTZER, 2005).

[35] Proposta de casas compartilhadas em cidades para viabilizar outro estilo de vida, com mais colaboração e menos impacto ambiental. Disponível em: http://coliving.org/. Acesso em:

[36] *Nosso Futuro Comum* - Relatório Brundtland (1987), elaborado pela Comissão Mundial sobre Meio Ambiente e Desenvolvimento, criada pela ONU para discutir e propor meios de harmonizar o desenvolvimento econômico e a conservação ambiental com o desenvolvimento humano e social.

empregados nas "modernas" fábricas e, posteriormente, em escritórios nos grandes centros urbanos. A produção passa de uma escala pequena, com sistemas de troca locais e pessoais, para escalas cada vez maiores, mediadas por atravessadores e aparatos tecnológicos, incluindo complexos sistemas financeiros. A natureza, antes compreendida como "nossa casa maior" e reverenciada como fonte da vida, passa a ser valorada e precificada pelos recursos que oferece.

Com o advento da Modernidade, nos distanciamos do "espírito de comunidade", aquilo que nos une enquanto humanidade e nos faz cuidar do bem comum. A noção de interdependência, o reconhecimento da relação entre tudo e todos que vivem, foi ofuscada pelo frenesi do consumo, e as consequências degradantes deste processo se evidenciam dia após dia. É tempo de despertar nosso senso de comunidade para que possamos criar inúmeras comunidades, simbólicas e concretas, capazes de reconstruir uma cultura cujo foco seja a manutenção da vida.

O conceito de comunidade

Comunidade é um desses conceitos que permanecem controversos, não havendo uma definição hegemônica. O conceito abrange todas as formas de relação caracterizadas por laços de pertencimento, sejam familiares, profissionais, residenciais, estudantis, políticas e/ou religiosas (TAVERES, 1985), abarcando também laços simbólicos. A noção de comunidade sugere uma forma de relacionamento caracterizada por vínculos — tanto de proximidade espacial, quanto de proximidade emocional, além de comprometimento moral e coesão social, tendo continuidade no tempo e localização no espaço (MOCELLIM, 2011).

Desde o nascimento da Sociologia, no século XIX, comunidade é um tema de central relevância no pensamento social, sendo recorrente no debate a dicotomia entre comunidade e sociedade, indicando, respectivamente, valores comunitários e não-comunitários (TÖNNIES, 1955; WEBER, 1987; NISBET, 1967; SAWAIA, 1996; MOCELLIM, 2011).

Uma definição clássica de comunidade, que toca na raiz dessa questão, foi elaborada pelo filósofo alemão Ferdinand Tönnies, em 1887. Oriundo de família camponesa, Tönnies viu a antiga cultura rural de sua região transformar-se drasticamente com o advento da mercantilização. Tendo um irmão mercador, pôde observar e distinguir com clareza a perspectiva do camponês, vinculado à terra, da do mercador, cujo interesse estava no lucro gerado pelo comércio. Criou, então, o conceito de *Gemeinschaft* (comunidade) em oposição ao conceito de *Gesellschaft* (sociedade) (TÖNNIES, 1955).

Para Tönnies, a *Gemeinschaft ou* comunidade, envolve relações de pessoas que se sentem parte de uma totalidade. A comunidade pode basear-se em uma localidade comum (vizinhança, comunidade rural), em laços de sangue/parentesco (família, tribo, clã), ou em uma mentalidade comum (que caracteriza a formação de grupos religiosos, grupos de amigos ou de trabalho), sendo que estas formas de comunidade envolvem relações pessoais e vínculos afetivos, além de atitudes e crenças afins (TÖNNIES, 1955).

Já a *Gesellschaft* ou sociedade, abrange um grupo de pessoas cujas esferas da vida estão interligadas de alguma forma, mas, no entanto, se mantêm independentes e livres de relações. Os valores coletivos vão sendo substituídos por valores individuais e os vínculos passam a ser de interesse: pelo trabalho, *status*, oportunidades e recursos advindos dele. As formas de relacionamento tornam-se cada vez mais impessoais, regidas por leis, estatutos e constituições, e seus membros são totalmente substituíveis (TÖNNIES, 1955).

Tönnies observou, com o passar dos anos, uma mudança contínua na base do viver junto, onde a comunidade vai dando lugar à sociedade, dissolvendo os laços de pertencimento que antes uniam os indivíduos à terra e à família. Na sociedade, viver em um lugar comum não significa que haja relação entre as pessoas. A vida em família vai perdendo significância, e torna-se frequente partir em busca de negócios e outros interesses. Percebe-se menor compartilhamento de valores e pouca ou nenhuma intimidade. As crenças e tradições, que agregavam as pessoas na comunidade, são substituídas por regras e leis. Os bens comuns passam a ser propriedade do Estado, ou seja, da *Gesellschaft*. Para o autor, esse processo evidencia uma visão de comunidade de certa forma em extinção, já que o crescimento e o progresso resultariam na decadência de todas as formas de comunidade (TÖNNIES, 1955).

Diversos autores se debruçaram nessa investigação sobre a "ruptura" entre comunidade e sociedade na Modernidade. Weber, em suas reflexões sobre as relações sociais solidárias, vai de encontro à perspectiva de Tönnies, ao distinguir *Comunalização* de *Sociação*. Para o autor, *Comunalização* refere-se a relações baseadas no sentimento de pertencimento, como as relações de família, amizade e vizinhança, fundamentando-se em aspectos emocionais ou tradicionais. Já na *Sociação*, as relações baseiam-se em compromissos de interesse (em valor ou finalidade) advindos de opção racional, e não afetiva (WEBER, 1987). Também Simmel trouxe importante contribuição ao conceito de comunidade ao estudar as relações inconscientes da organização social. Simmel denunciou a racionalização e a objetivação da cultura moderna e a consequente impessoalidade das relações, como capazes de comprometer a própria subjetividade humana (SIMMEL, 1984).

Cabe, entretanto, ressaltar que a dicotomia comunidade versus sociedade não se trata, necessariamente, de uma oposição definitiva. Existem outras visões de comunidade. Para Buber, o desejo por comunidade é inerente ao ser humano, não podendo ser abalado pelas condições externas. Segundo o autor, a vontade de comunidade faz parte de nossa condição de humanidade, evidenciando-se nos vínculos que as pessoas estabelecem entre si e com a própria vida.

Comunidade e Vida são uma coisa só. A comunidade que imaginamos é somente uma expressão de transbordante anseio pela Vida em sua totalidade. Toda Vida nasce de comunidades e aspira comunidades. A comunidade é fim e fonte de Vida (BUBER, 1985, p. 34).

Buber nos faz refletir sobre os vínculos que mantêm os seres humanos unidos uns aos outros, e sobre a forma com que nos relacionamos com a própria vida e com a vida em comum-unidade. Somé traz uma perspectiva semelhante ao compartilhar a experiência do povo Dagara, de Burkina Faso, para o qual a comunidade continua a ter central importância:

> A comunidade é o espírito, a luz-guia da tribo; é onde as pessoas se reúnem para realizar um objetivo específico, para ajudar os outros a realizarem seu propósito e para cuidar umas das outras. O objetivo da comunidade é assegurar que cada membro seja ouvido e consiga contribuir com os dons que trouxe ao mundo, da forma apropriada [...] A comunidade é uma base na qual as pessoas vão compartilhar seus dons e recebem as dádivas dos outros (SOMÉ, 2003, p. 35).

Enquanto nos primórdios da humanidade, a vida em comunidade era fundamental, garantindo, muitas vezes, a sobrevivência dos indivíduos, também nos povos tradicionais e na maior parte dos povos de cultura oriental, o pertencimento a um grupo continua a ser valorizado, servindo, muitas vezes, de base para o reconhecimento individual. Já o estilo de vida moderno ocidental, regido pelas leis competitivas do mercado, gerou individualismo crescente e esvaziamento das relações sociais, tornando os vínculos cada vez mais frágeis.

A partir das profundas mudanças ocorridas no último século, nossa percepção de espaço e de lugar foi alterada, saindo de uma esfera local para esferas cada vez mais amplas, incluindo a global, ao mesmo tempo em que houve uma ruptura em relação aos princípios de comunidade (KIRBY, 2003). O problema não é tanto a perda dos antigos padrões associativos da comunidade, mas o fracasso do sistema vigente em produzir novas formas de associação que tenham algum tipo de significado (NISBET, 1967). Com a fragmentação da vida contemporânea, emergiram sentimentos de isolamento e desconexão, além de afastamento das formas tradicionais de participação social e política (KIRBY, 2003). Partimos de uma cultura de conexão e cooperação para outra de competição desenfreada.

A noção de comunidade aparece e desaparece das reflexões sobre o ser humano e a sociedade de acordo com o contexto histórico, evidenciando a dimensão política desse conceito, que se objetiva, principalmente, no confronto entre os valores individuais e coletivos. Na Modernidade, a comunidade passa a ocupar o centro do debate sendo por um lado considerada antagônica ao progresso e, por outro, nostalgicamente almejada como símbolo das coisas boas que o progresso destruiu, como os laços sociais (SAWAIA, 1996).

Comunidade e cooperação na atualidade: cocriando caminhos possíveis

Apesar do desafio da construção da vida em *comum-unidade* a partir dos valores da nossa cultura dominante, surge uma crescente demanda daqueles que questionam o sistema e prezam pelo senso de comunidade. Pessoas não satisfeitas com a distância entre seus ideais e a realidade buscam encontrar um estilo de vida mais satisfatório, trazendo significado às suas ações (KOZENY, 1995). Para Bauman, se vier a existir uma comunidade no mundo dos indivíduos, só poderá ser (e precisa sê-lo) uma comunidade tecida em conjunto a partir do compartilhamento e do cuidado mútuo; uma comunidade de interesse e de responsabilidade em relação aos direitos iguais de sermos humanos e igual capacidade de agirmos em defesa desses direitos (BAUMAN, 2003, p. 134).

É nesse contexto que se multiplicam as comunidades intencionais, buscando resgatar valores comunitários e criar novas formas de se viver e se relacionar. Comunidades intencionais são grupos de pessoas que escolheram viver juntas a partir de um propósito comum, trabalhando cooperativamente para "cocriar" um estilo de vida que reflita seus valores compartilhados (KOZENY, 1995; CHRISTIAN, 2003). Entre elas estão as Ecovilas, verdadeiros laboratórios de sustentabilidade e regeneração.

Ecovilas são experiências diversas de comunidades, intencionais e tradicionais, rurais e urbanas, que procuram estabelecer relações harmônicas, respeitando os ecossistemas e os contextos socioculturais nos quais estão inseridas. Utilizam tecnologias ecológicas de baixo impacto, produzem parte de seus alimentos, consomem menos e são um exemplo do viver simples. Enquanto inovações sociais, atuam de forma sistêmica na construção de uma nova socialidade, integrando valores e sentido à prática cotidiana, equacionando qualidade de vida com baixo consumo e baixo impacto ambiental (MATTOS, 2018a; MATTOS, 2018b).

Muitos grupos já estão no exercício de criar *comum-unidade*, nos mais diversos âmbitos. Estão testando metodologias e tecnologias apropriadas, desenvolvendo habilidades e programas de educação, abrindo espaços de reflexão e prática de outros modos de vida, outras formas de se relacionar, de comunicar, de agir, de servir. E você, está fazendo sua parte?

É tempo de despertar para essa tão urgente transição! Após anos de separação e degradação, é chegada a hora de contribuir para a regeneração de nossa '*comum-unidade* de vida', restaurando o tecido social e o ambiente, fazendo emergir uma nova cultura, uma nova economia, novos valores e práticas, e principalmente, uma nova ética de cuidado e reverência à vida.

Vivemos hoje um momento ímpar da história da humanidade com a pandemia do Coronavírus (COVID-19). Ao mesmo tempo em que somos convocados a um isolamento social, observamos a emergência de uma nova onda de solidariedade, além do fortalecimento das comunidades virtuais. O que significa comunidade na Era do Coronavírus? Ou Pós-Coronavírus? Quais as lições aprendidas sobre isolamento e conexão? Talvez seja ainda cedo para buscar respostas. Quem sabe a pandemia possa servir de oportunidade para percebermos o quanto estamos todos intimamente interligados nessa grande "Teia da Vida" (CAPRA, 1997), e nos faça cooperar em prol da sua urgente regeneração.

Colocando os *Princípios* na mochila...

E aí, alguma descoberta? Percebeu o quanto a *coexistência*, a *convivência*, a *cooperação* e a *comum-unidade* fazem parte de nosso dia a dia? Conectou os princípios com os movimentos sociais, culturais, econômicos, educacionais e ambientais que temos visto emergir atualmente?

Temos muita evolução acontecendo, não é? Criar, desenvolver e sustentar *Comum-Unidades* baseadas na *Cooperação*, *Com-Vivência* e *Co-Existência* é cultivar cotidianamente novas maneiras de *Ser e de Se Fazer* no mundo: pode ser leve, apesar de frequente; bem humorado, mesmo que profundo; livre e altamente comprometido; um passo a passo gradual que nos prepare para grandes saltos, para abraçar o novo e nos focarmos no essencial; pode ser ou não, mas será ou não, COM todas as pessoas em cooperação!

Margaret Wheatley e Myron Kellner-Rogers (1998) nos dizem que existem três perguntas vitais para manter vivo o sentido de *Comum-Unidade*: o que nos reúne? O que esperamos produzir unindo-nos? O que acreditamos ser possível em conjunto que não é possível isoladamente? Estas são perguntas para serem respondidas coletivamente e que ganharão novas perspectivas e amplitude de respostas à medida que nos movermos adiante. Elas nos acompanham na trilha da Pedagogia da Cooperação e vão ganhando novas perspectivas e amplitude de resposta à medida em que enchemos a mochila com novos saberes.

Sigamos com essas provocações inspiradoras, enchendo a mochila, agora com os *Processos*, que nos convidarão a tomar consciência das muitas metodologias colaborativas que coexistem hoje como recursos extraordinários que refletem os *Princípios* e servem à aplicação das *Práticas* da Pedagogia da Cooperação.

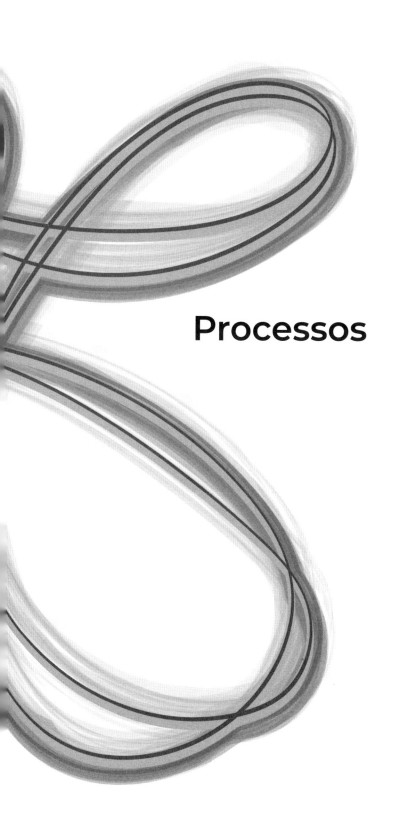

Processos

Basta ser simples...
e maravilhoso!

Chegou a hora de compartilhar a respeito dos *Processos*. Em outras palavras, as **metodologias colaborativas** organizadas por pessoas e comunidades com novas visões de mundo e que poderão nos apoiar na cocriação de ambientes e relacionamentos verdadeiramente cooperativos.

Muitos desses *Processos* estão sendo sistematizados como uma nova linguagem pedagógica, combinando a sabedoria de toda nossa ancestralidade com os recursos de nossa modernidade.

Aqui neste capítulo encontraremos com uma turma de mestres-aprendizes que topou compartilhar seu conhecimento sobre diferentes metodologias, a partir de suas experiências e abordando de maneira essencial o propósito de cada uma, suas principais características, conceitos envolvidos e, inclusive, toques e dicas de como utilizá-las na prática. São elas: Jogos Cooperativos, Danças Circulares, Aprendizagem Cooperativa, Comunicação Não-Violenta, Diálogo, Transformação de conflitos, *World Café e Open Space*, Investigação Apreciativa, *Dragon Dreaming, Design Thinking* e Oasis.

E ainda duas novas metodologias que nasceram no seio da Pedagogia da Cooperação que estão se consolidando a cada dia e causando potentes transformações colaborativas. Por isso, celebramos com você a *MusiCooperação* e o *CooperArte*.

A sinergia entre todas essas metodologias com as *Sete Práticas* se faz de diferentes formas e em múltiplos momentos. Descubra cada uma e recolha *insights*, perceba possibilidades de uso, encontre suas várias conexões com você e, seguindo com essa curiosidade e disponibilidade, com certeza sentirá aquele gostinho de "quero mais".

Boa degustação!

Jogos Cooperativos

ROBERTO MARTINI

Inúmeras vezes, ao final de um Jogo Cooperativo, vi pessoas rindo muito. Vi e ouvi adultos dizendo: "cara, que demais!" e vi crianças e adolescentes gargalhando e pulando euforicamente: "professor, que legal!".

Entre risos e pulos de euforia, também vi abraços, muitos, e algumas lágrimas. E muitas vezes tive a percepção clara de uma verdade: todos nós SOMOS UM, independente da cultura, do país de origem, do grau de formação, do nível social, de nossa cor ou religião.

É como se a experiência com Jogos Cooperativos pudesse revelar características muito preciosas de todos nós que estavam guardadinhas, meio escondidas até, e que os Jogos criaram condições para esses tesouros serem revelados.

É sobre essas percepções tão marcantes que vivi nos Jogos Cooperativos que pretendo dialogar neste texto — uma tarefa desafiadora, encontrar palavras que descrevam sentimentos tão profundos.

A natureza do jogo

Existe um aspecto fundamental no Jogo e que entendo ser importante considerarmos como ponto de partida, que está relacionado a incerteza, e essa é possivelmente uma de suas características fundamentais. A incerteza que vivemos ao jogar nos coloca em contato com algo que é imprevisível, portanto, que foge ao nosso controle.

No início do Jogo, podemos organizar e prever algumas ações, mas jamais teremos total garantia de como ele de fato vai ocorrer. Essa atmosfera de imprevisibilidade agrega ainda um aspecto dinâmico e desafiador.

São essas sensações de incerteza, imprevisibilidade e certa dose de adrenalina que nos atraem, nos provocam e ao mesmo tempo nos conectam integralmente ao Jogo, nos "reunindo" corporal, física, emocional e espiritualmente ao momento presente, no aqui e agora, porque o Jogo é também uma possibilidade de visitarmos um estado de suspensão da realidade. Para Huizinga (1993, p. 33), ele propicia "uma consciência de ser diferente da vida cotidiana".

Contexto

Nos últimos anos, tenho visto a aplicação dos Jogos Cooperativos nos mais diferentes contextos, como no ambiente organizacional, na Educação (escolas e universidades), no esporte, em grupos comunitários, ONGs e hospitais, entre outros.

De muitas formas, as características dos Jogos Cooperativos têm motivado as pessoas a recorrerem a esse tipo de atividade para potencializar as experiências coletivas em torno do desenvolvimento de habilidades individuais e em grupos. Também no processo de transformação pessoal a partir da experiência com esse "jeito de jogar" ganhamos clareza de que seja no Jogo ou na vida, estamos todos, de muitas formas, navegando no mesmo barco.

Histórico dos Jogos Cooperativos

Ao rever a história dos Jogos Cooperativos, suas etapas de aprofundamento, sistematização e difusão, encontramos o educador norte-americano Ted Lentz que, na década de 1950, em coautoria com a educadora Ruth Cornelius, publicou um manual de Jogos Cooperativos intitulado *"All together: a manual of cooperative games"*[37].

Em 1978, o livro do canadense Terry Orlick é publicado aqui no Brasil com o título: "Vencendo a Competição" e apresenta um profundo estudo sobre cooperação e competição em nossa sociedade, considerando os estudos que realizou a respeito de povos ancestrais, bem como suas formas de jogar. Muito possivelmente esse livro inspirou muitas iniciativas relacionadas ao tema em nosso país.

Entre elas, a criação do Projeto Cooperação, uma iniciativa de Fábio Otuzi Brotto e Gisela Sartori Franco, em 1992, que contribuiu significativamente para a difusão dos Jogos Cooperativos em nível nacional, considerando suas publicações, inúmeros cursos, palestras, eventos promovidos ao longo de seus 28 anos de existência, destacando-se o curso pioneiro de pós-graduação em Jogos Cooperativos.

Muitas instituições também acolheram os Jogos Cooperativos e apoiaram sua expansão, como: Organização Brahma Kumaris, Unipaz, Associação Palas Athena, Sesc e Unimonte — Centro Universitário Monte Serrat, entre outros.

---

37 Em tradução livre: Todo mundo junto: um manual de Jogos Cooperativos.

Conceitos e características

Uma vez que, nos Jogos Cooperativos, minhas ações são explicitamente interdependentes das ações dos demais participantes, minhas estratégias estão condicionadas às estratégias que eles escolhem para jogar. Essa constatação pode contribuir para que grupos identifiquem **objetivos comuns**.

Em muitos momentos durante o Jogo, essa relação fica evidente pelo fato de que, para alcançar meu objetivo, o outro necessariamente precisa alcançar o dele. Esse é um ótimo convite para aprender a **jogar com** o outro ao invés de **contra** o outro.

Segundo Brotto (2001, p. 54), nos Jogos Cooperativos: "Joga-se para superar desafios e não para derrotar os outros; joga-se para gostar do jogo, pelo prazer de jogar. São jogos onde o esforço cooperativo é necessário para se atingir um objetivo comum e não para fins mutuamente exclusivos".

Nesse contexto de interdependência, os Jogos Cooperativos são destacadamente um convite ao **exercício de convivência** e "podem contribuir significativamente para que tenhamos relações mais pacíficas" (BROWN, 1994, p. 25). Segundo o autor, esta forma de jogar "busca a criação e a contribuição de todos. Busca eliminar a agressão física contra os outros. Busca desenvolver atitudes de empatia, cooperação, estima e comunicação".

É um exercício dinâmico de convivência no qual somos convidados a oferecer nossas habilidades, saberes e qualidades a serviço do grupo. A partilha dessa nossa melhor versão está apoiada na visão de que **nenhum de nós é mais capaz do que todos nós juntos.**

Quando nos vemos livres da necessidade de superar alguém e da "pré-ocupação" de que esse alguém, a qualquer momento, possa nos tirar algo, costumamos "baixar a guarda" e nos liberar de tensões e medos, nos vemos envolvidos numa atmosfera de pertencimento e cumplicidade que nos permite lidar com nossas fraquezas e potencialidades com maior profundidade. Possivelmente, temos um campo mais seguro em que podemos **viver integralmente quem somos** pois o que está em jogo é a qualidade das interações com os demais participantes e os desafios que vivemos juntos.

Nessa perspectiva, jogar cooperativamente é também uma ótima oportunidade para ir ao encontro de si, ganhar consciência sobre nossas ações no mundo, ver e "re-ver" nossas escolhas, bem como as infinitas possibilidades que todos nós temos de promover as transformações que achamos (se fazem) necessárias.

Olhando mais detalhadamente para a arquitetura dos Jogos Cooperativos podemos identificar ainda os seguintes aspectos:

- Somos desafiados a **começar e terminar juntos**, assumindo diferentes papéis e posições, garantindo a não-exclusão e a permanência de todos até o final.
- Somos incentivados a **transformar as regras** a partir das necessidades que o grupo identificar, como por exemplo, para permitir e facilitar a participação de todos ou para dar maior dinamismo ao Jogo.

Investigando mais detalhadamente as características dos Jogos Cooperativos, a partir da observação de crianças jogando, Walker (apud Brotto, 2001) registrou suas interações e as caracterizou em dois tipos de Jogos, conforme Quadro 2 abaixo (atualizado por Brotto, 2001):

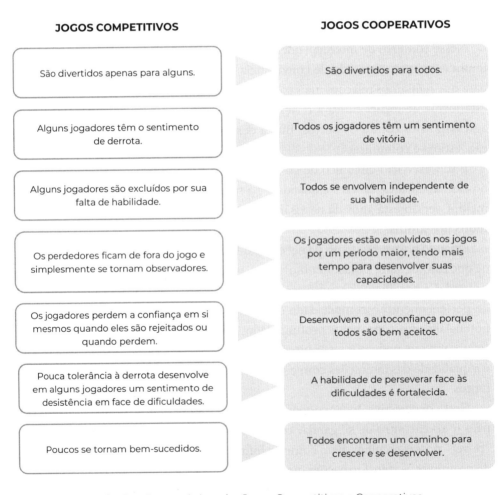

Quadro 2 — Características dos Jogos Competitivos e Cooperativos

A distinção dos autores, aqui apresentada parcialmente, vem sendo utilizada para explicitar as características dos Jogos Cooperativos e Competitivos. Para Brotto, ao se aprofundar neste ponto, "não há uma divisão rígida e linear entre essas duas formas de jogar. Na realidade, existe uma aproximação muito estreita entre jogar cooperativamente e jogar competitivamente" *(2001, p. 55)*. O fato é que a estrutura oferecida para jogar pode criar ambientes propícios para que cooperação ou competição aconteçam.

Categorias de Jogos Cooperativos

Terry Orlick (1978, p. 125) sinalizou 4 categorias de Jogos Cooperativos:

- **Jogos Cooperativos sem perdedores**: os participantes formam uma única equipe, são envolvidos por um objetivo comum e trabalham coletivamente somando esforços para que o mesmo seja alcançado.
- **Jogos Semi-Cooperativos**: podem combinar simultaneamente estruturas cooperativas e competitivas com uma dinâmica que procure valorizar as relações de interdependência, ao mesmo tempo em que contempla o princípio da não-exclusão.
- **Jogos de Inversão**: os participantes podem trocar de time ou ainda assumir diferentes funções e papéis durante o jogo. Muitas vezes, essas inversões nos fazem esquecer o placar do jogo e nos permitem também rever nossos padrões e visão em relação aos adversários.
- **Jogos de Resultado Coletivo**: Muitas vezes, nesses jogos os times ocupam espaços diferentes e realizam tarefas diferentes. No entanto, trabalham juntos de forma que suas ações convirjam para uma meta coletiva.

Toques, truques e dicas

Na focalização dos Jogos Cooperativos, existem três aspectos que particularmente procuro cuidar e que, em minha visão, permitem potencializar a experiência coletiva.

Como procedimento, procuro desafiar o grupo, do início ao fim, a viver diferentes estágios do Jogo, levando os participantes a experiências que partam de **dinâmicas simples para atingir dinâmicas cada vez mais complexas**.

A cada sinal de "estamos confortáveis" com esse jeito de jogar ou "já sabemos como fazer", proponho um novo desafio que convide os participantes a visitarem as habilidades já adquiridas e ao mesmo tempo vivenciarem o Jogo em níveis cada vez mais complexos.

Costumo dar especial atenção aos momentos de alinhamento em que o grupo está dialogando sobre as estratégias que serão adotadas e como escolherão continuar o Jogo. Utilizo o **vestiário como metáfora** para ilustrar os momentos em que um time tem oportunidade de se reunir durante o jogo e conversar sobre como aprimorar o que estão fazendo.

Ao final do Jogo, procuro criar e valorizar os **espaços de partilha** em que os participantes relatam seus aprendizados, descobertas e insights. Certamente, as diferentes perspectivas que os participantes compartilham enriquecem e potencializam a experiência de jogar.

Jogos Cooperativos na Pedagogia da Cooperação

Os Jogos Cooperativos estabelecem diálogo constante com a Pedagogia da Cooperação. É como se eles tivessem "trânsito livre" podendo ser utilizados de diferentes formas durante o percurso das *Sete Práticas*, mas gostaria de destacar sua importância especialmente quando as Alianças e Parcerias precisam ser fortalecidas.

Na síntese dessa prática da Pedagogia da Cooperação, o grupo necessita fazer um percurso, trilhar uma jornada que permita ganhar elementos, experiências e maior clareza em relação às inquietações que foram manifestadas e consequentemente melhor qualidade na cocriação das *Soluções Como-Uns* que surgirão.

Considerando o diálogo que estabelecemos até aqui, fica evidente a potência que os Jogos Cooperativos têm para nutrir nossos tesouros individuais e coletivos e com isso gerar nova consciência capaz de refletir a sabedoria do grupo.

Tenho visto um movimento cada vez mais forte e vigoroso voltado ao fortalecimento das conexões humanas, que se reflete pelo surgimento frequente de metodologias colaborativas que nos ajudem a dialogar, conviver e construir coletivamente, e também por inúmeras instituições que nascem e se mantêm vivas com o propósito de promover mais colaboração no mundo. Entendo que os Jogos Cooperativos fazem parte desse grande movimento, e reconheço nele uma mensagem muito clara: **Um mundo mais colaborativo, inclusivo e divertido é possível! Entre nesse Jogo!**

Danças Circulares

ANDREA LEONCINI, DENISE JAYME E ELIANA FAUSTO

> *"O que eu percebi, depois de uma vida inteira com a dança, é que a dança é uma meditação em movimento, um caminhar para o silêncio onde cada movimento se torna uma oração."*
>
> Bernhard Wosien

Dançar é uma das mais antigas formas de expressão do homem. É um instrumento humano de autopercepção e de comunicação interna e externa. É conhecido que o homem primitivo dançava muitas vezes imitando as formas da natureza em diversas ocasiões: em momentos de alegria e de dor, nos nascimentos e mortes, nos casamentos, nas colheitas e nas mudanças de estações.

Bernhard Wosien[38] nasceu na cidade de Pasym, na Polônia, em 1908, e foi o grande inspirador do movimento que hoje conhecemos por Danças Circulares (DCs)[39]. Bailarino clássico, coreógrafo, pedagogo, artista plástico e astrólogo, se viu inquieto ao perceber a possibilidade de se perderem no tempo as raízes das danças populares e folclóricas, bem como seu valor espiritual. Nos anos 60, inspirado pela busca de uma forma de manifestar seu universo simbólico, iniciou viagens para pesquisar as danças, passos e tradições folclóricas dos povos antigos. Wosien desejava resgatar suas histórias e, ao mesmo tempo, revelar o mistério que as tornava capazes de criar um estado espiritual pleno e um caminho para a unidade. Sua curiosidade pelas formas e passos o levou a estudar o simbolismo e o significado dessas danças, muitas delas presentes em pequenas aldeias, onde pessoas simples dançavam e celebravam juntas.

Em 1976, Wosien conheceu os fundadores da Fundação Findhorn Eileen e Peter Caddy[40] e recebeu o convite para apresentar as danças folclóricas na Comunidade. O encontro o encorajou a aprofundar os estudos dos aspectos sagrados da dança. Certa vez ele afirmou: "a Comunidade de Findhorn tornou-se um exemplo de uma rede internacional de meditação pela dança". Desde então, centenas de danças

---

38 Faleceu em 1986, em Munique, Alemanha.
39 Fonte: https://dancacircular.com.br/. Acesso em: 04/11/2020.
40 Fundadores da comunidade escocesa da Fundação Findhorn, localizada no norte da Escócia.

tradicionais e contemporâneas são incorporadas a esse conjunto. Elas chegam de várias partes do mundo trazendo o que têm de mais belo, como as melodias delicadas dos pastores dos Bálcãs, os movimentos do preparo da terra nas danças da Bulgária, a alegria e os passos saltitantes dos gregos, os rituais religiosos dos povos indianos e as tradições Romani. Dançadas em círculos em sua maioria, também são encontradas na forma de linha, cruz ou espiral.

Na década de 80, as Danças Circulares começaram a ser difundidas no Brasil com Carlos Solano Carvalho, de Belo Horizonte. Ele conviveu com Anna Barton em Findhorn, e com ela fez sua formação durante os 8 meses em que viveu na comunidade. Anna havia assumido a focalização em Findhorn, sendo considerada uma das grandes entusiastas que favoreceu a expansão das DCs no mundo. É de lá também que veio Sarah Marriott (1905-2000), em 1983, para morar no Centro de Vivências Nazaré, em São Paulo, atual Nazaré Uniluz[41]. Esses dois deram, literalmente, os primeiros passos em direção à expansão das Danças Circulares pelo país.

Em 1992, Renata C. L. Ramos participou da Semana de Experiência em Findhorn e conheceu as DCs, retornando no ano seguinte para fazer uma formação com Anna Barton. De volta ao Brasil, começou a praticar com um grupo de amigos e alguns anos depois passou a realizar cursos em São Paulo.

Pouco tempo depois, em 1995, Renata é convidada a participar da 1ª Clínica de Jogos Cooperativos, realizada pelo Centro de Práticas Esportivas da USP (CEPEUSP). Ao lado de Fábio Otuzi Brotto, abre a clínica com *Enas Mythos*[42], entusiasmada com a possibilidade de apresentar as DCs aos participantes. Renata conta que a união das Danças Circulares com os Jogos Cooperativos veio de uma "comunicação sem palavras", reconhecendo a complementaridade das duas experiências.

Com o movimento crescendo no país, nasce o "Encontro Brasileiro de Danças Circulares Sagradas" (EBDCS)[43], que teve sua primeira edição realizada em 2002, em Itapecerica da Serra-SP, reunindo 150 participantes e ainda focalizadores nacionais e internacionais. A partir daí, outros encontros e festivais começaram a acontecer em todo o país. Em 2020, após 18 anos de encontros presenciais e considerando o isolamento social imposto pela COVID-19, cerca de 400 pessoas se encontraram e dançaram juntas na edição virtual deste evento.

---

41 Fonte: https://nazareuniluz.org.br/. Acesso em: 04/11/2020.
42 Coreografia de Bernhard para a música de mesmo nome. Compositores: Manos Hajidakis e Thrassivoulos Stavro.
43 Fonte: https://www.facebook.com/rodadospovos. Acesso em: 04/11/2020.

Hoje, no Brasil, as DCs podem ser inseridas em organizações das mais diversas áreas, como Trabalho, Saúde, Educação, Terceiro Setor, Cultura, Lazer e Qualidade de Vida, além de espaços públicos onde toda a comunidade é acolhida.

A Andrea conta que foi no ambiente corporativo onde passou a incluir as DCs em suas facilitações de grupos.

> Gosto de recordar uma das primeiras rodas que fiz a convite de Carlos, Gerente de RH, numa empresa em São Paulo. Seu pedido era integrar a equipe, dar a oportunidade de conviverem num outro formato. Meu primeiro desafio foi escolher elementos adequados para marcar o centro da roda. Escolhi um boneco articulado de madeira e ele segurava um lindo girassol. Na vivência de cada dança, comecei a perceber que Carlos se colocava sempre um pouco mais para dentro do círculo. Observei, acolhi e segui percebendo que a equipe estava entregue à oportunidade lúdica e diferente de conviver, experimentando, acertando, errando passos e aceitando os desafios complexos que se apresentaram. Fechamos a vivência com uma salva de palmas e muitos abraços.

Ao final, Carlos reconheceu que não havia nada de errado com sua equipe, mas com ele, que percebeu o quanto estava fora do time. A mudança que ele desejava começaria por seu reposicionamento.

A Denise teve a oportunidade de realizar trabalho voluntário durante 1 ano com um grupo de mulheres na Casa Abrigo[44] de Brasília, local que oferece acolhimento institucional às vítimas de violência doméstica. Com o foco de regenerar a confiança em si mesmas e nos outros, ofereceu por meio das danças momentos de alegria, leveza e colaboração, que contrastavam com a realidade de cada uma delas. No início, as mulheres demonstravam muita carência, tinham comportamento passivo e algumas até se recusavam a participar. Aos poucos, o envolvimento entre elas foi aumentando, assim como o comprometimento com as atividades e a expectativa pelos próximos encontros. Um novo *Com-Trato* foi feito a partir delas, que se responsabilizaram por limpar e organizar o local antes de cada encontro, para aproveitarem melhor o tempo para dançar, incluindo aí o capricho dedicado à preparação do centro das rodas. Assim, apesar da forte presença do medo e da raiva, conforme os encontros foram acontecendo, elas se permitiram cada vez mais a fazer *Com-Tato*, dar as mãos, trocar olhares e demonstrar mais abertura para uma nova relação de confiança na *Comum-Unidade* ali formada por elas mesmas.

---

[44] Fonte: http://www.df.gov.br/casa-abrigo/. Acesso em: 04/11/2020.

Em outra perspectiva, a Eliana (Lili) vivenciou uma experiência dentro da Educação, quando levou as DCs para dentro da escola, onde pôde vivenciar diferentes situações em sala de aula. Para as turmas do 5º ano, a dança chegou para trabalhar o ritmo e a consciência corporal; no 9º ano, ela trazia em sua proposta o vínculo, a descoberta do novo e a mudança; no Ensino Médio, as alunas trabalharam a consciência de si mesmas e do outro, suas relações e suas escolhas. Como a proposta foi bem aceita pela comunidade escolar, uma vez por semana, nos intervalos das aulas, o pátio central da escola virava palco para um *pout-pourri* de danças em que todos os estudantes, de diferentes faixas etárias, poderiam vivenciar o dançar juntos.

Como vemos, a Dança Circular desperta a leveza, a alegria, a beleza, a serenidade e o amor, favorecendo o fortalecimento da autoestima e o reconhecimento da importância do indivíduo no grupo. O valor da cooperação na roda é exercitado a partir do movimento de unir as mãos, estabelecer contato pelo olhar e reconhecer o espaço compartilhado.

As Danças Circulares compõem a Pedagogia da Cooperação como um dos *Processos* utilizados para promover um ambiente cooperativo, apoiando-se em seus *Procedimentos*: *Começar e terminar juntos*, para que possamos nos sentir conectadas desde o primeiro até o último passo. Ensinar as danças da *mais simples para a mais complexa*. Utilizar o *círculo e o centro* como uma referência visual, que orienta os dançarinos quanto à posição na roda. Fazer uso da *Ensinagem Cooperativa*, que nos lembra a respeito da presença dos ensinamentos na roda da dança e na roda da vida. Ter no papel da *Focalizadora*, a guardiã fiel de todos os elementos da dança, a que traz o ensinamento da dança e dos passos e que deve estar atenta às necessidades do grupo. Agir como *Mestre*, a que compartilha seu saber, e ao mesmo tempo como *Aprendiz*, a que vive as oportunidades de autodesenvolvimento geradas no momento da dança.

Apresentamos a seguir o Quadro 3, onde listamos as *Sete Práticas* da Pedagogia da Cooperação e sugerimos a cada uma delas algumas danças, bem como destacamos o tipo de dança mais adequada a cada *Prática*. Desfrute!

PRÁTICA	TIPO DE DANÇA	DANÇAS CIRCULARES
Com-Tato	Alegre Em linha/espiral ou em pares Elemento madeira	Dança do FICOO Enas Mythos Legal Legal
Com-Trato	Alegre Celebrativa Elemento água	Al Achat Munchner Polka Shetland Wedding Dance
In-Quieta-Ações	Provocativa Desafiadora Elemento ar	Pé de Nabo Tzadik Katamar U Goni
Alianças e Parcerias	Envolvente Marcante Elemento fogo	Irish Mandala Ve Davi Walenki
Soluções Como-Uns	Meditativa Em pares Elemento metal	Jacu Sun Dance Zigneur Polka
Projetos de Cooperação	Alegre Mais elaborada Elemento terra	D Hammersmied Kumbalauê Roda da Carambola
Celebrar o VenSer	Celebrativa Divertida Elemento éter	Namariê So Caayolec Dança do Agradecimento

Quadro 3 — *Sete Práticas* da Pedagogia da Cooperação e Danças Circulares.

Reunindo nossas experiências, compartilhamos com vocês algumas dicas para a Focalização das DCs:

- Dance, dance, dance: dance sozinha e escute as músicas diversas vezes.
- Conheça diferentes estilos de focalização: faça cursos e participe de festivais. Estude e fique por dentro do que acontece perto de você[45].
- Harmonize-se: com o ambiente e com você; silencie, sinta como você está e conecte-se ao propósito do encontro.

---

[45] Fonte: https://dancacircular.com.br/. Acesso em: 04/11/2020.

- Deixe-se escolher pela dança: escolha danças que estejam presentes em você, aquelas que você frequenta.
- Prepare-se: pratique o ensinamento que você deseja transmitir, em voz alta, escute-se.
- Organize seu repertório: considere a natureza do grupo e o contexto da atividade e tenha sempre opções de danças mais simples e desafiadoras.
- Ah! Caso se engane, sorria!

Confiamos que cada vez mais as Danças Circulares podem nos ajudar a ser pessoas melhores. Ao praticá-las, nos sentimos confiantes e fortalecidas para que, na roda da vida, a prática de valores como os da cooperação, seja uma presença viva e constante. Assim, teremos um mundo mais feliz, igual e justo!

Aprendizagem Cooperativa

FRANK VIANA CARVALHO

A Aprendizagem Cooperativa[46] é uma das mais bem sucedidas metodologias educacionais de todos os tempos e "a explicação para isso é simples: a Aprendizagem Cooperativa é a organização do espaço educativo de tal forma que o processo de ensino e aprendizagem ocorra em grupos" (CARVALHO e ANDRADE, 2019, p. 17). Partindo dessa concepção inicial, poderíamos pensar que basta reunir os estudantes em equipes de estudo e os ganhos acadêmicos estariam garantidos. Porém, como veremos, a aprendizagem cooperativa (*cooperative learning*) é e representa muito mais do que isso.

Como conheci a aprendizagem cooperativa

Meu contato com a aprendizagem cooperativa ocorreu na década de 1990. Eu residia em Minas Gerais e atuava como diretor de uma escola de Ensino Fundamental e Médio, quando tive a oportunidade de cursar o Mestrado em Educação em São Paulo em 1995. Nestes estudos, tive contato com a metodologia da aprendizagem cooperativa através das aulas do Dr. William Green, da Universidade de Michigan — EUA, que estava atuando como professor convidado no UNASP (Centro Universitário Adventista de São Paulo). Fiquei entusiasmado com as possibilidades dessa nova proposta metodológica e busquei aplicá-la na escola onde atuava. Minha esposa era coordenadora pedagógica da mesma instituição em que eu trabalhava, e aluna do mestrado, e me ajudou ao ministrarmos uma formação para os docentes. Posteriormente, esses materiais se transformaram no livro "Pedagogia da Cooperação: trabalhando com os grupos através da Aprendizagem Cooperativa"[47].

---

[46] Cooperative Learning Institute. Fonte: www.co-operation.org. Acesso em: 04/11/2020.
[47] CARVALHO, Frank Viana. Pedagogia da Cooperação: trabalhando com os grupos através da Aprendizagem Cooperativa. Engenheiro Coelho, Editora UNASPRESS, 2000.

Um pouco de história

Kurt Lewin (1890-1947), psicólogo alemão, criador da chamada *Teoria do Campo*, afirmou que a essência de um grupo criado por objetivos ou metas comuns é a interdependência entre seus membros (LEWIN e LEWIN, 1948), que é contínua, pois a mudança no estado de uma pessoa altera as pessoas que estão no mesmo grupo ou equipe, e mudanças em um grupo afetam os outros grupos que interagem com ele.

No final da Segunda Guerra Mundial, num Congresso de Educação na Suíça, o psicólogo e educador Jean Piaget, ao propor o "método do trabalho em grupo", afirmou que é "na atmosfera de cooperação que se desenvolve a autonomia" e que "a educação da liberdade intelectual supõe a cooperação" (PIAGET, 1944, in: CARVALHO, 2011).

Morton Deutsch (1920-2017), psicólogo social norte-americano, aproveitando os pontos centrais das ideias de Lewin e Piaget (interdependência e cooperação) propôs no MIT (*Massachusetts Institute of Technology*) uma teoria sobre cooperação e competição a partir de três tipos de interdependência nas relações sociais (DEUTSCH, 1949, 1973): a interdependência positiva, que resulta em cooperação e colaboração; a interdependência negativa que resulta em competição ou concorrência; e nenhuma interdependência, resultando em ausência de interação.

Dois alunos de Morton Deustch, David Johnson e Roger Johnson foram mais a fundo nas pesquisas sobre essas teorias da cooperação e da interdependência, quando aplicadas à educação. Assim, na segunda metade dos anos 1970, eles começaram a escrever sobre a interdependência positiva no processo de "ensino e aprendizagem", e utilizaram as expressões "aprendizagem cooperativa" (*cooperative learning*) e "aprendizagem colaborativa" (*colaborative learning*) indistintamente em seus artigos científicos sobre o tema. Obtiveram resultados que demonstraram ganhos não apenas no campo da performance acadêmica, mas também na formação e desenvolvimento de habilidades, competências e valores proporcionados pela cooperação no trabalho educativo em equipe (TJOSVOLD e JOHNSON, 1978; JOHNSON, JOHNSON e SCOTT, 1978; JOHNSON e JOHNSON, 1983).

O que é aprendizagem cooperativa?

Entre as várias definições, uma explicação conceitual abrangente é dada por Carvalho e Andrade:

> A 'Aprendizagem Cooperativa ou Colaborativa' é uma proposta metodológica de organização dos processos de ensino e aprendizagem com os alunos trabalhando e estudando em pequenos grupos, onde o docente ou os estudantes engajam-se e coordenam sua ação de tal forma que sejam alcançados os objetivos gerais e específicos da formação educativa e dos componentes curriculares (...) Como é um modelo estrutural, podemos ainda afirmar que a Aprendizagem Cooperativa funciona como um pano de fundo para a aplicação de diversas estratégias (...) Para o desenvolvimento dessas atividades, [é importante assegurar] a presença dos cinco elementos básicos da Aprendizagem Cooperativa: interação promotora, responsabilidade individual, desenvolvimento de habilidades sociais, processamento de grupo e interdependência social positiva (...) (CARVALHO e ANDRADE, 2019, p. 19 e 20).

Gokhale (1995) chama de Aprendizagem Colaborativa o modelo de instrução e aprendizagem onde os estudantes trabalham juntos em pequenos grupos, em torno de um objetivo comum, e onde "são responsáveis pelo aprendizado uns dos outros, de modo que o sucesso de um promove e ajuda o sucesso dos outros" (GOKHALE, 1995, p. 7). Joyce e Weill, afirmam que o que realmente é importante na Aprendizagem Cooperativa "é a organização dos estudantes em grupos de estudo e parceria" (1996, p. 405). Johnson, Johnson e Smith propõem uma aprendizagem cooperativa onde os estudantes nos grupos "devem promover o sucesso uns dos outros (ajudando, auxiliando, apoiando, encorajando e incentivando os esforços uns dos outros para aprender)" (2012, p. 6).

Em síntese, nas definições anteriores, seja na Aprendizagem Colaborativa, seja na Cooperativa, o elemento central é a cooperação. Trata-se da mesma proposta, embora alguns gostem de afirmar que a Aprendizagem Cooperativa é a organização estrutural dos estudantes em grupos de aprendizagem, por exemplo, quando você organiza a estrutura da sala ou espaço educativo: como as carteiras são organizadas, como os grupos são divididos, como eles são distribuídos e organizados na sala, qual a sequência das atividades, e quanto tempo é dedicado a cada uma dessas atividades. E outros gostam de dizer que a Aprendizagem Colaborativa é o conjunto de estratégias que são utilizadas no trabalho educativo em equipes, por exemplo, debates, seminários, entrevistas, resolução de problemas em processos criativos, trocas de experiências (CARVALHO e ANDRADE, p. 22). No entanto, diversos pesquisadores utilizam indistintamente as duas expressões para designar a proposta que descrevemos aqui.

O ganho acadêmico e o desenvolvimento de habilidades, competências e valores

Três grandes meta-análises realizadas nas últimas décadas mostram como a utilização de metodologias e estruturas cooperativas trazem ganhos significativos para a aprendizagem e desenvolvimento dos estudantes. A primeira grande meta-análise sobre o tema ocorreu em 1981, sob a condução de Roger Johnson e David Johnson, que analisaram através de 122 estudos o desempenho de estudantes divididos em quatro modelos: grupos em cooperação, grupos em competição, alunos individualmente competindo; e alunos sozinhos, sem interação com colegas. Em todas as comparações e análises, o modelo de grupos em cooperação se mostrou superior nas categorias investigadas: performance acadêmica e desenvolvimento de habilidades e competências acadêmicas.

Dois outros grandes estudos foram realizados neste século. O primeiro em 2008 por Cary Roseth e uma grande equipe de pesquisadores, que envolveu uma meta-análise de 148 pesquisas internacionais, e o segundo em 2013, onde Eva Kyndt coordenou uma equipe que analisou 65 pesquisas internacionais que ocorreram a partir de 1995. Estes estudos confirmaram o que o primeiro já havia demonstrado — que a aprendizagem cooperativa se mostra mais efetiva e produtiva que os modelos de educação tradicionais de educação na promoção da aprendizagem efetiva, no desenvolvimento de interações sociais positivas, e no desenvolvimento de habilidades e competências acadêmicas e profissionais, bem como no desenvolvimento de valores pessoais para o trabalho em equipe.

Algumas estratégias de Aprendizagem Cooperativa

São muitas as estratégias para o desenvolvimento da Aprendizagem Cooperativa e aqui apresentarei cinco que podem ter ampla utilização em vários contextos.

1. Rotacionando

O facilitador, a partir de um mesmo assunto, distribui diferentes atividades para os grupos, de tal forma que o abordem sob diferentes perspectivas. Na medida em que os grupos terminem uma atividade, eles "migram" para a próxima. Quando todos os grupos passam por todas as atividades, compartilham para todos os participantes as diferentes coisas que aprenderam sobre o assunto. O facilitador, juntamente com os participantes, faz o fechamento (CARVALHO, 2015, p. 139).

2. PQA (Pensar, querer, aprender)

O PQA é um poderoso meio para ajudar os participantes de um grupo a desenvolverem e construírem significado ou ações a partir de um determinado conhecimento ou experiência. Basicamente, os participantes devem refletir, escrever e depois compartilhar:

- PENSAR — O que penso/sei sobre este tópico/assunto?
- QUERER — O que gostaria de (ou quero) saber/aprender/fazer sobre este assunto?
- APRENDER — O que aprendi sobre este tema?

3. Imersão em PDQC (Pense — Duplas — Quartetos — Compartilhe)

Indicada para encontrar a origem e o significado do problema, situação ou desafio. Para funcionar bem, o grupo estuda o problema sob diversos ângulos, com profundidade e interesse.

Etapas da Imersão em PDQC

O organizador propõe um desafio aos participantes dos grupos: um tema de pesquisa; um tópico para discussão e aprofundamento; um problema para encontrar sua solução; uma hipótese para ser refutada ou comprovada.

a. Inicialmente, os participantes, individualmente, fazem anotações, ou gravam em seus smartphones o que pensam, ou o que encontraram sobre o desafio.
b. Na sequência, em duplas, compartilham as ideias e analisam as contribuições.
c. Na etapa seguinte, as duplas se unem formando quartetos. As ideias e propostas são enriquecidas e se multiplicam.
d. No final, cada grupo apresenta sua síntese a todos (CARVALHO, 2015, p. 139; CARVALHO e ANDRADE, 2019, p. 85).

4. Quebra-Cabeças Avançado

O facilitador divide um tema (a partir de um texto, filme, objeto/produto, tarefa ou projeto) em partes iguais para cada participante. Essas partes são diferentes para que se completem na medida em que a atividade é desenvolvida.

Cada participante recebe e estuda sua informação, buscando compreendê-la e seleciona a parte mais importante da informação que recebeu para passá-la para seu grupo. Na próxima etapa, as informações se completam: cada um fala e ouve seus colegas de grupo.

Como um momento avançado dessa estratégia, um participante de cada grupo "viaja" para outro grupo como porta-voz das ideias e conclusões de seu próprio grupo e ouve a síntese das ideias do novo grupo em que está inserido.

De volta a seus grupos iniciais, novas aprendizagens são anotadas. O facilitador propõe o compartilhamento das principais ideias e o fechamento da atividade (CARVALHO, 2015, p. 132).

5. Brainstorming ou Tempestade Cerebral

Na utilização da estratégia do *Brainstorming*, ou *Tempestade Cerebral*, todas as ideias sobre o assunto são colocadas sem pré-julgamentos ou ideias pré-concebidas. Cada um pode colocar o que encontrou em suas pesquisas ou seu ponto de vista sobre os caminhos, respostas, alternativas e soluções para o problema ou desafio. Todos são desafiados a pensar "fora da caixa", buscando alternativas e soluções.

Todas as práticas de estímulo à criatividade são trabalhadas nesse momento, que pode ocorrer em diferentes formatos nos grupos: em um grande círculo em sala de aula; em espaço digital (fórum, chat, videoconferência); em uma roda de conversa; ou no pátio da escola.

De maneira simples e objetiva, como aplicar a aprendizagem cooperativa?

Estou completamente convencido de que não existe caminho melhor e mais eficiente para o ensino e a aprendizagem do que a Aprendizagem Cooperativa (Quadro 4). Encarei como um desafio agradável mostrar a você que lê estas páginas que realmente vale a pena seguir nessa direção e fazer do cooperar, compartilhar e repartir a melhor opção para a educação e para a vida.

APRENDIZAGEM COOPERATIVA EM 5 PASSOS[48]

1 A preparação: O facilitador cria um contexto inicial para motivar os participantes para a cooperação e compartilhamento, pois não se trata de um simples trabalho em grupo, mas de equipes que promovem o ambiente para o desenvolvimento de habilidades e competências, uma vez que na Aprendizagem Cooperativa, tanto o processo como o resultado têm importância.

2 A formação dos Grupos Cooperativos e Colaborativos.

3 O planejamento: É importante planejar e preparar as atividades considerando que os participantes irão trabalhar em equipes, dividir responsabilidades, ajudar-se mutuamente nas tarefas, compartilhar conhecimentos, buscar respostas de maneira individual e conjunta, desenvolver habilidades e competências sociais.

4 As atividades: Ao dar início às atividades, são relembradas as orientações para a divisão de responsabilidades, funções e tarefas, e é sugerido um tempo para o estudo coletivo. O facilitador acompanha os grupos, tira as dúvidas, dá sugestões e observa as ações do grupo atentamente.

5 O compartilhar: Ao final da atividade, os participantes são convidados a compartilhar o que aprenderam. Inicialmente dentro de seus grupos, em seguida os representantes dos grupos e os voluntários compartilham com todos da turma.

Quadro 4 — Passo a passo: Aprendizagem Cooperativa

Como a Aprendizagem Cooperativa e Colaborativa realiza em sua prática efetiva um modelo de formação e desenvolvimento de competências e valores, todos, profissionais das mais variadas áreas, além de educadores e estudantes, ganharão com essa nova proposta. Sim, é certo que existem caminhos melhores que o individualismo ou a competição para se alcançarem resultados positivos em termos de educação e vida em sociedade. Muitas instituições educacionais, empresas e organizações modernas estão descobrindo isso. E você?

---

48 Esse é um esboço inicial sugerido por Carvalho e Andrade (2019, p. 40). É importante destacar que cada docente ou estudante tem a liberdade de aplicar os caminhos cooperativos à sua própria maneira e estilo. Com mais conhecimento e aprofundamentos, novas perspectivas e propostas podem ser experimentadas.

Comunicação Não-Violenta

PEDRO CONSORTE

O que existe de especial na Comunicação Não-Violenta (CNV)[49] é que ela não aborda apenas o aspecto da **linguagem**, mas também do **entendimento** das relações. Assim como a Pedagogia da Cooperação, ela questiona paradigmas presentes em nossa sociedade, como, por exemplo, a ideia de que precisamos competir para sobreviver, encontrar quem é o melhor, buscar o sucesso individualmente, identificar os culpados, punir quem está errado, impor respeito e atingir objetivos a qualquer custo.

Nessa visão de mundo mais habitual, sou eu contra você, ou nós contra eles, o que alimenta um entendimento bélico das relações e limita as pessoas a rótulos que definem quem é "do bem" e "do mal", os vilões, as vítimas e os heróis. Esse paradigma opera na ideia do **poder sobre os outros**, pois considera que precisamos estabelecer relações de dominação. Mas a CNV propõe outro caminho, que ressalta a importância de considerarmos a interdependência de nossas relações. Esse é o lugar do poder compartilhado, o **poder com os outros**.

A CNV é mais do que uma metodologia. Ela é uma série de princípios que podem transformar nossa **visão de mundo**, para vivermos de forma mais **cooperativa** e **harmônica**. Então, quanto mais você aprender sobre ela, mais chance terá de lidar com conflitos de maneira mais construtiva, se comunicar de forma mais precisa, descobrir recursos para lidar com as emoções e desenvolver sua capacidade de se juntar a outras pessoas e encontrar criativamente soluções comuns.

Esses princípios literalmente **mudaram a minha vida** porque cresci em uma família que tinha muito amor para dar e certa dificuldade de se comunicar de maneira cooperativa. Brigas intensas, agressões verbais e físicas, drogas como válvula de escape e até tentativa de suicídio. Também acabei incorporando e reproduzindo tudo isso em minha própria vida. Porém, a CNV me levou a uma **jornada de transformação profunda**, redirecionando minha vida pessoal e profissional, e me transformando em facilitador e consultor de CNV e de Metodologias Colaborativas. Por isso, digo que sou prova viva da potência de transformação que ela tem.

---

[49] The Center of Nonviolent Communication. Fonte: www.cnvc.org/. Acesso em: 04/11/2020.

Puxa, mas quem será que criou tudo isso? **Marshall Rosenberg**, psicólogo norte-americano, quando era criança, ficou muito reflexivo sobre as violências que vivia pelo fato de ser judeu. Mais tarde, se propôs a investigar o que tornava a violência algo tão prazeroso para alguns e tão sofrido para outros. Sob grande influência de seu professor Carl Rogers e inspirado pela **Não-Violência**, proposta por tantos nomes como Mahatma Ghandi, Martin Luther King Jr. e Rosa Parks, sistematizou um conjunto de princípios e práticas que chamou de Comunicação Não-Violenta, com o objetivo de ajudar as pessoas a se entenderem mais e, consequentemente, reduzirem relações de desigualdade e injustiça.

Onde isso tem sido aplicado? Pelo fato de se tratar de uma abordagem que tem como ponto de partida as relações humanas, tem sido utilizada numa gama imensa de contextos, desde conflitos dentro de famílias, passando por conflitos internacionais, sendo aplicada em empresas, em relacionamentos pessoais, em negociações internacionais, na educação de crianças e na construção de comunidades.

Como saber se está funcionando? Os indicadores que representam a eficácia se expressam através da transformação dos comportamentos violentos e do aumento da sensação de sustentabilidade nas relações. Surge uma mudança na forma de lidar com conflitos e encontrar soluções, aumentando a sensação de segurança em expor opiniões e sentimentos sinceros, a resiliência em lidar com crises e o grau de autenticidade e de empatia. Nesse processo, percebemos menos mentiras, mais falas sinceras e pedidos mais precisos, identificando também a presença de opiniões discordantes, presenciando a exposição de vulnerabilidades e, finalmente, notando que mais necessidades estão sendo contempladas.

O grande segredo da CNV é que ela nos ajuda a focar em pontos de vista que aumentem as chances de nos conectarmos uns com os outros e, consequentemente, conseguirmos cooperar. Nessa jornada, ela propõe que respondamos duas perguntas. A primeira é "O que está vivo?", ajudando-nos a mapear o que está borbulhando dentro de nós/mim/você/eles/elas etc., e buscando identificar o que estamos sentindo e quais são nossas necessidades. Já a segunda pergunta propõe refletirmos sobre "**Como podemos tornar a vida mais maravilhosa?**", sendo entendida como "Quais estratégias podemos cocriar para atendermos as necessidades de todos, sem deixar ninguém de fora?". Quer dizer que precisamos pensar nelas juntos, porque, somente dessa forma, conseguiremos chegar a soluções que atendam a todos.

Mas, **como incorporar isso na prática?** Já aviso que não existe fórmula mágica e isso pode ser libertador, porque, assim, é possível encontrar seu próprio jeito nessa proposta. O que pode nos ajudar são os princípios, que dão boas pistas de como incorporar a CNV à nossa vida. Um desses princípios é exercitar duas musculaturas: a **autenticidade** e a **empatia**. A autenticidade tem a ver com buscar ser quem realmente sou, falar o que está vivo dentro de mim e me expressar de maneira sincera e honesta com aquilo que sinto, necessito e acredito. Já a empatia tem a ver com um olhar respeitoso que podemos desenvolver sobre aquilo que alguém está vivendo, assumindo a perspectiva dessa pessoa e sustentando um espaço que legitima aquilo que ela vê, entende, sente e acredita. É na dança entre autenticidade e empatia que temos mais chances de nos conectarmos e cocriarmos soluções que atendam a todas as necessidades.

Outro ponto importante é visualizarmos esses princípios em **3 esferas de relação**: **eu comigo mesmo** (intrapessoal), **eu com alguém** (interpessoal) e **eu com o todo** (sistêmico). Na esfera **intrapessoal**, é muito comum ouvirmos vozes internas que são bastante cruéis e exigentes com nós mesmos. Porém, aqui a ideia é mergulharmos nessa relação e vermos de que forma podemos ser verdadeiros com aquilo que sentimos e de que maneira podemos nos acolher com respeito e empatia (autoempatia).

Já na esfera **interpessoal**, nós cultivaremos esse olhar autêntico e empático com outras pessoas, investigando como podemos nos relacionar com aqueles que fazem parte do nosso convívio, de forma a conseguir expressar aquilo que sentimos e precisamos, mantendo uma presença empática àquilo que essas pessoas também nos expressam.

Na terceira e última esfera, a **sistêmica**, existe um olhar para nossas estruturas coletivas, para verificarmos o que podemos fazer para criar mais condições que interrompam as desigualdades e atendam mais as necessidades das pessoas, principalmente em larga escala, considerando grupos de distintos tamanhos até toda uma nação.

Agora, também há **quatro diferenciações** que podem servir inclusive como exercício prático para nos ajudar a transformar a maneira como percebemos sentimentos e necessidades (Quadro 5), entendemos as relações e, consequentemente, nos comunicamos com os outros:

- Diferenciar **Observação** e **Julgamento Moralizador**. Por exemplo: a diferença entre pensar que "João é preguiçoso" (julgamento) e que "João levantou da cama às 11h da manhã" (observação). Quanto mais focarmos na perspectiva do julgamento, maior será a tendência de nos desconectarmos. E, quanto mais focarmos na perspectiva da observação, ou seja, das ações concretas que estamos observando e que afetam nosso bem-estar, mais chances teremos de cocriar soluções cooperativas e evitar conflitos violentos e inimizades.
- Diferenciar **Sentimento** e **Pseudo-sentimento**. Por exemplo: a diferença entre pensar que "Eu me sinto triste" (sentimento) e "Eu me sinto injustiçado"

(pseudo-sentimento). Ao focar em pseudo-sentimentos (sentimentos misturados com julgamentos e avaliações), eu cultivo a culpabilização dos outros por aquilo que sinto e, consequentemente, a polarização das relações. Ao focarmos no sentimento, ou seja, em como nos sentimos em relação ao que estamos observando, mais chances teremos de estabelecer um diálogo cooperativo para interromper os desequilíbrios e alimentar relações mais sustentáveis, que não estejam pautadas na imagem de um inimigo.

- Diferenciar **Necessidade** e **Estratégia**. Por exemplo: a diferença entre pensar que "Tenho necessidade de que você arrume seu quarto" (estratégia) e "Ao ver como seu quarto está, sinto necessidade de organização" (necessidade). Ou seja, tenho um conjunto de necessidades, valores e desejos, e visualizo uma estratégia para atender essas minhas necessidades. Isso é diferente de achar que eu tenho uma necessidade de que alguém faça algo. Ao focarmos nas necessidades e não nos apegarmos a uma estratégia específica para atendê-las, nós nos libertamos e ganhamos mais opções de caminhos para contemplá-las.

- Diferenciar **Pedido** e **Exigência**. Por exemplo: se eu penso "você deveria participar da reunião das 18h" (exigência), e se eu penso "você aceita participar da reunião das 18h?" (pedido). Quando abordamos as pessoas, do ponto de vista da exigência, estamos impondo algo e isso comumente cria resistência e desconexão. Já, quando abordamos as pessoas do ponto de vista do pedido, ou seja, das ações concretas que pedimos para enriquecer nossa vida, estamos abertos a receber um "não" como resposta e abertos também a considerar as necessidades das outras pessoas, aumentando as chances de encontrarmos soluções que contemplem todos.

Se você estiver pensando em como aplicar esses princípios dentro do percurso das *Sete Práticas* da Pedagogia da Cooperação, existem muitas possibilidades. Por exemplo, no *Com-Tato*, podemos nos perguntar "o que está vivo entre nós neste início de encontro?". No *Com-Trato*, podemos mapear quais são as necessidades latentes no grupo e ajudar as pessoas a formularem pedidos precisos. Em *Compartilhar In-Quieta-Ações*, podemos estimular a autenticidade e a empatia das pessoas, para compartilharem o que realmente as está inquietando. Em *Fortalecer Alianças e Parcerias*, podemos mergulhar naquilo que nos conecta como humanos e nos vulnerabilizarmos, para nos conectarmos mais profundamente. Em *Reunir Soluções Como-Uns*, podemos imaginar uma série de estratégias diferentes para atender as necessidades que estão por trás das inquietações trazidas pelo grupo. Em *Projetos de Cooperação*, podemos transformar conflitos que possam surgir desse processo.

E em *Celebrar o VenSer*, podemos enlutar tudo aquilo que gostaríamos que tivesse acontecido durante o processo e que não aconteceu, e contar uns aos os outros tudo aquilo que aconteceu e que tornou nossa vida mais maravilhosa.

ALGUNS SENTIMENTOS BÁSICOS QUE TODAS AS PESSOAS TÊM

Como nos sentimos quando nossas necessidades são atendidas:
agradecidos, alegres, alertas, aliviados, cheios de energia, comovidos, confiantes, confortáveis, contentes, esperançosos, estimulados, impressionados, inspirados, intrigados, orgulhosos, otimistas, realizados, surpresos.

Como nos sentimos quando nossas necessidades não são atendidas:
aborrecidos, confusos, constrangidos, desapontados, desconfortáveis, desencorajados, desesperançados, desorientados, frustrados, impacientes, intrigados, irados, irritados, nervosos, perturbados, preocupados, relutantes, saturados.

ALGUMAS NECESSIDADES BÁSICAS QUE TODAS AS PESSOAS TÊM

Autonomia, Celebração, Beleza, Harmonia, Inspiração, Ordem, Paz, Autenticidade, Criatividade, Significado, Interdependência, Aceitação, Amor, Apoio, Apreciação, Compreensão, Comunhão, Confiança, Consideração, Contribuição, Empatia, Encorajamento, Honestidade, Proximidade, Respeito, Segurança, Abrigo, Água, Alimento, Descanso, Nutrição, Expressão, Movimento, Proteção, Toque, Diversão, Integridade.

Quadro 5 — Sentimentos e necessidades

Espero que esse breve passeio tenha contribuído com sua vida de alguma forma. Qualquer dúvida, pergunte para a gente. Até mais!

Diálogo

ARNALDO BASSOLI

A fala é uma das manifestações mais importantes de nossa existência como seres humanos. Mais precisamente, o mundo que vivemos é caracterizado pelo significado e mediado pela linguagem.

Nem todos percebem que, mesmo na vida cotidiana, há diferentes tipos de conversações, cada um com seu processo e seus resultados, diferentes entre si. Há atos da fala: podemos com ela acariciar, agredir, elogiar, analisar, comparar... e uma infinidade de outros. Falamos em quatro tipos básicos de conversação, que podemos, bem ao modo atual, resumir nos quatro "Ds":

- **Deliberação** — conversa que envolve uma decisão, e que pode ser alcançada de muitas formas, conforme o caso, mais ou menos abertas ou democráticas;
- **Debate** — conversa em que há um elemento de competição significativamente envolvido; com ganhadores e perdedores;
- **Discussão** — conversa em que, pelo pensamento analítico, um indivíduo ou grupo busca uma conclusão sobre determinado assunto;
- e, finalmente, o **Diálogo** — conversa que, desde a etimologia da palavra, busca o compartilhamento de significado.

Dia é um sufixo grego que significa através; e entre os múltiplos significados de logos, está propriamente sentido, significado. Diálogo é quando um significado atravessa um grupo — quando todos o compreendem de maneira integral. A compreensão de um significado é como a luz: ou está ou não está presente. Ou vejo e sei o que está nesta sala, ou está escuro e não sei. É possível buscar esclarecer, aquilo que não é possível compreender — ainda — e isso faz parte do processo de construção do Diálogo.

Mas por que compartilhar significado? Para quê? Porque é isso que nos caracteriza como seres sociais, humanos, e como indivíduos. Uma sociedade, um grupo, uma família, uma pessoa, só são fortes e coesos na medida em que seus integrantes compartilhem significados. Quando esses compartilhamentos não acontecem, o que sobram são rituais vazios, comportamentos isolados, regras não compreendidas e uma sensação terrível de desconexão, angústia e falta de propósito em tudo.

Hoje é possível notar que o compartilhamento de significado é muito pobre. Todos julgam, mas poucos pensam. Poucos ousam refletir e investigar o que acontece consigo e com os outros. Poucos conseguem, poucos ousam, viver o momento presente. O medo é tão grande e tão prevalente que, buscando uma pretensa segurança, muitos preferem seguir regras tradicionais, ou mesmo mais "modernas", sem compreender que significado essas regras têm para si próprios. A questão central de nossa situação como seres humanos é que, para compreender significados, é preciso pensar, refletir, observar — e isso demanda muita energia; demanda também autoconhecimento, e nem todos têm a coragem — ou a compreensão — de empreendê-lo. O melhor remédio é o mais evitado.

A grande questão é: podemos sobreviver separados uns dos outros, nutrindo a competição disfarçada ou justificada pela pretensa meritocracia? Ou a grande lei das conexões humanas, e na natureza, é a cooperação? O grande problema de qualquer sociedade, grupo humano, família, e mesmo intra-individualmente, é como ultrapassar a separatividade, o "ego", como já se diz hoje cotidianamente. Por um lado somos reforçados, sempre, para continuarmos na ilusão da separatividade, da supremacia da raça, da nação, do dinheiro, do gênero, daquilo que somos "mais"; por outro, os resultados mostram, evidente e claramente, que uma sociedade constituída nessa separatividade, desconectada entre si e da natureza, está rumo à autodestruição. E que chega muito rapidamente. É possível ultrapassar esse estado de separatividade e de egoísmo? É para isso que existe o diálogo.

A prática do diálogo não é uma ferramenta — é mais como a nutrição dos laços entre os indivíduos, ou do indivíduo consigo mesmo. O que se obtém com essa prática é mais liberdade, mais adequação às características específicas do grupo ou do indivíduo, e, muito importante, menos julgamento e mais presença, mais compaixão verdadeira. A inteligência que temos dentro de nós como indivíduos e grupos pode se expressar.

O diálogo nos conecta a um estado mental e emocional que está além das convenções sociais, dos condicionamentos familiares, ao mesmo tempo que os respeita, transforma e integra. Não é preciso combater o outro para dialogar e compartilhar significados.

O contexto do diálogo no conhecimento atual

Desde o início da Modernidade, a sociedade ocidental passou a estar mais presente nas relações causais e mecanicistas do que na conexão viva. Recentemente, essa brecha começou a ser muito ativamente preenchida, com múltiplas práticas sendo propostas e realizadas. Entre elas, está a retomada do diálogo em todos os níveis da organização social e do conhecimento social e psicológico.

Psicólogos, a começar por Freud, a partir do final do século XIX, e Jung, no início do século XX; filósofos, sociólogos e cientistas sociais: em todos os campos, é possível observar que o diálogo passa a ocupar posição central, compensando esse viés mecanicista, redutivo e causal da Modernidade, que apontamos.

O diálogo passou a ser objeto central de investigação com o trabalho do físico quântico David Bohm, ligado a J. Krishnamurti, o grande filósofo indiano. Bohm empreendeu profunda investigação, perguntando o que é a realidade — até mesmo a física. Percebeu que, como já era anunciado pela física quântica, para obter essa resposta seria preciso incluir no campo do conhecimento da Física o elemento humano e sua busca de significado. A realidade, propõe Bohm, seguindo Einstein, é composta por Energia, Matéria e Significado. A fórmula einsteiniana é: $E = Mc^2$, onde c é a velocidade da luz ao quadrado: a luz observando a si mesma...

Esse trabalho de Bohm e Krishnamurti deu origem a uma enxurrada de novas ideias e técnicas de comunicação e facilitação de grupos, em todos os lugares do mundo, que têm como lugar central o diálogo — tendo ou não esse nome, atribuindo ou não esse crédito ao processo. Mesmo no MIT, um famoso centro de estudos avançados e tecnologia em Massachusetts, e outras grandes universidades do mundo todo, há décadas, existem programas de desenvolvimento do diálogo para grupos, empresas, escolas, famílias e outras formas de conexão social.

Para quem quer trabalhar com o diálogo, sugerimos algumas leituras nas referências deste livro — o citado David Bohm em primeiro lugar, juntamente com Krishnamurti. Também indico textos de diversos autores que introduzem essas práticas de maneira mais aprofundada.

Sobre o diálogo como prática grupal: dicas práticas

O facilitador de Diálogo necessitará desenvolver e aprimorar seu próprio estilo de condução de grupos. Não há regras para amar, assim como não há regras para estabelecer o diálogo com alguém. Há algumas práticas coerentes com o que o diálogo propõe e evoca.

O grupo de Diálogo como idealizado por Bohm, originalmente, só utilizava um facilitador na primeira sessão, no máximo na segunda; a partir daí, o grupo se autoconduzia.

O *setting* é simples: sentam-se todos os participantes em um círculo e inicia-se a fala. Podem ser usados "objetos da fala" para assegurar que não haja interrupções e haja sempre a atenção focalizada em uma fala de alguém, sem superposições. Pode-se estipular um tempo limite para a fala de cada um. Pode-se pedir ao participante que, ao falar, dirija-se ao centro do grupo e não a alguém em específico. Pode-se pedir também que, após falar, espere que pelo menos quatro ou cinco pessoas possam fazê-lo antes de pedir novamente a palavra. Mas tudo isso depende das circunstâncias, do tema, do trabalho e do próprio estilo do facilitador.

O que é preciso assegurar, essencialmente, é:

- Que todos sejam incluídos — que sejam colocados, implícita e explicitamente, em situação de equanimidade no grupo;
- De modo bem amplo, que haja respeito sempre, e em primeiro lugar, pelos participantes;
- Que haja algum equilíbrio de tempo para as participações, de modo que todos aqueles que desejem possam expressar-se;
- Que as falas sejam sempre na primeira pessoa, mesmo que exageradamente — levando o participante a assumir responsabilidade pelo que diz, ao mesmo tempo que evita generalizações que levem a discussões ideológicas etc.;
- Que não haja interrupção quando alguém fala — à exceção dos pedidos de esclarecimento, pedidos para repetir o que foi dito porque quem ouve não compreendeu etc.;
- Que haja escuta ativa e empática;
- Que seja possível, sempre que necessário, examinar pressupostos implícitos nas falas dos participantes — sem coerção, sem assumir qualquer viés para chegar a qualquer conclusão.
- É importante, aqui, ressaltar a importância do silêncio. Ele deve ser aceito como parte fundamental do processo, sem que tentemos abreviá-lo, sem que fujamos dele quando apareça. Isso não é fácil, mas é no silêncio grupal que o participante e o grupo como um todo têm a oportunidade de ouvir mais profundamente a si mesmo e aos outros; é no silêncio que os rumos mais importantes aparecem e são assumidos pelo indivíduo e pelo grupo.

Silêncios atentos geram palavras autênticas,
que geram novamente silêncios atentos.
Silêncio e palavra geram uma circularidade rara e generosa.

Um convite

Nesses tempos em que a humanidade vem enfrentando desafios sem precedentes, a capacidade de focalização da energia dos grupos e de acolher o novo é de importância crucial. Isso é o que o diálogo faz. Coletividades com essas capacidades, que saibam dialogar, poderão realizar coisas inéditas; se a humanidade caminhar nessa direção, poderemos superar de maneira surpreendente até mesmo desafios que já damos por perdidos.

Esse processo integrativo começa no indivíduo, nos grupos a que pertence diretamente (familiares, trabalho, bairro), passando pelos grupos maiores e chegando à humanidade como um todo. Começar pequeno para cuidar do que é preciso cuidar, em cada indivíduo, grupo ou coletividade, e transbordar a integração obtida até onde for possível. Esse é nosso convite.

O poder integrativo do Diálogo é o que temos de mais profundo e eficaz para os próximos tempos e, para nós, na verdade, sempre, como seres humanos criadores de significado que somos.

Use e abuse do Diálogo. Crie seus grupos. Troque experiências, sem discuti-las, sem entrar no automatismo de concordar ou discordar de seus pares, examinando-as profundamente e com empatia. Assim, haverá sempre conexão. Conecte-se e cresça individualmente e em seus grupos. Busque o cimento social da coerência, do compartilhamento de significados.

DIALOGAR É CRESCER JUNTO.

Transformação de Conflitos

ANA PAULA PERON

> *Deus não está em mim ou em você.*
> *Deus está entre nós e se você caminhar*
> *na minha direção e eu na sua,*
> *o encontraremos*
>
> (Sabedoria Rabínica)

Cotidianamente, nossas relações estão repletas de mal-entendidos, frutos de interpretações, julgamentos, emoções não compreendidas e necessidades não atendidas. Evitamos conversas difíceis e importantes, nos distanciamos do exercício humano da convivência, da interdependência, e adentramos no cenário perigoso da escalada dos conflitos, que desencadeia dor, agressividade e violência.

Lidar positivamente (Figura 7) com conflitos significa olhar para eles com interesse e curiosidade, como uma oportunidade para lapidar relações trazendo à tona aquilo que tem o potencial para brilhar. É um convite a olhar para o outro não como adversário, mas como parceiro de conflito para escrever ou reescrever novos desfechos.

Relações realmente cooperativas ocorrem quando há o espaço emocionalmente seguro para divergências. A confiança brota e floresce se podemos discordar e, ainda assim, pertencer. Ela é fortalecida na medida em que as partes se percebem potentes sendo quem são, contribuindo e aprendendo.

Por que tendemos a fugir dos conflitos ou a sermos excessivamente combativos/ competitivos?

Nosso medo atávico de encarar os conflitos tem origem nas histórias e na maneira como as vivemos. Nós nos defendemos pelo temor de sermos dominados, abusados, violados, agredidos, ou de perdermos nossa autonomia e identidade.

Quando nos percebemos em perigo de ataque ou ameaça à sobrevivência, sendo ela real ou imaginária, produzimos respostas fisiológicas que visam a aumentar a probabilidade de sobrevivência. Fugir ou lutar são as respostas.

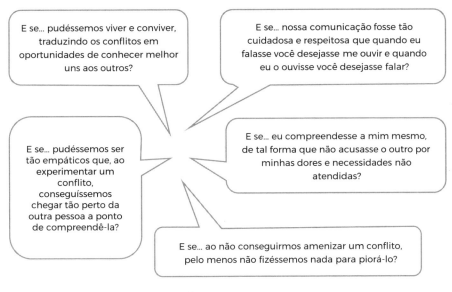

Figura 7 — E se...?

Caso nosso sistema interno não reconheça ser possível lutar ou fugir, podemos paralisar diante do conflito. Assim, traumas de rompimentos e violências ligados aos conflitos em nossa vida podem nos convidar a fugir ou mesmo a sermos altamente combativos nessas ocasiões.

É muito comum ouvirmos expressões como: "prefiro qualquer coisa a entrar em um conflito". E de outro lado: "Dou um boi para não entrar em briga e uma boiada para não sair dela".

A boa notícia é que pode ser diferente! O conflito como processo pode ter outro enredo. Sair do automatismo e das reações imediatas e "ir para a varanda", como nos convida o grande mediador William Ury (2015), e tomar uma outra perspectiva, ganhar espacialidade e tempo, com o objetivo de adquirir consciência para seguir um caminho que diminua o ardor do ambiente.

Aprender e viver conflitos positivamente demanda coragem, presença, escuta, interesse genuíno, curiosidade e consciência das emoções, elementos importantes para trilhar este caminho. Além, é claro, de consciência e decisão de transformar, aprendendo aos poucos sobre nós mesmos e sobre o outro. Aprendendo a fazer diferente.

Conflitos são uma crise na interação entre as pessoas por diferenças de percepções, entendimentos, pontos de vista, necessidades. Eles não são um problema em si. O que vai determinar se ele é bom ou ruim é a forma como se lida com eles.

O conflito se agrava à medida em que as pessoas se percebem sem espaço: de fala, expressão, compreensão, de poder, de ser, se emocionar, decidir. Esse espaço se dá pela qualidade da relação e da comunicação.

É como uma "febre", que indica que algo precisa ser tratado e transformado. É justamente a energia para a transformação. Fugir da febre não nos fará saudáveis.

Por que alguns conflitos acabam em violência?

Os conflitos são dinâmicos e vários autores escreveram sobre seus caminhos. Friedrich Glasl (1999) desenvolveu um precioso modelo para nos ajudar a distinguir com mais clareza como cada ação que adotamos contribui diretamente para a "Escalada ou Desescalada" dos conflitos.

Segundo seu modelo, são nove degraus, começando pelo *endurecimento* até terminar no degrau *juntos ao abismo*.

Os três primeiros degraus expõem que todo conflito nasce pequeno e focado em algum fato, ideia divergente, decisão diferente, ou perspectiva particular.

Daí evoluem para a construção do "eu estou certo e você está errado". Por meio de diálogo, escuta, empatia, ainda é possível para as partes construírem acordos sobre suas divergências, pois experimentam, em tempo, a possibilidade de ganhos mútuos.

Nos três próximos degraus, as pessoas atuam encarando seu interlocutor como um adversário, estabelecem uma relação de competição (o ganha-perde). Então, poderá haver um movimento crescente para as violências em suas várias formas.

Nesse cenário, diminui-se a capacidade de escuta, a fala perde qualidade, a visão ampliada também é reduzida, de modo que o foco fique na dor e no desejo de não a mitigar, para atingir quem aparentemente a provoque.

As possibilidades de entendimento vão diminuindo e, se nada for feito para reverter a tensão, se não for criado um espaço para a compreensão e para acordos, a Escalada segue seu curso.

O que era uma simples divergência sobre "o uso do controle remoto", por exemplo, vira uma briga sobre quem é cada um na relação, e não se falará mais do objeto "controle remoto", mas agora da pessoa que o utiliza. Acusações e desqualificações começam a surgir.

Os ataques pessoais se avolumam e acontece um bloqueio total da empatia, o fato que causou a discórdia já nem é lembrado e, agora, o primordial é desumanizar e rotular o oponente, transformando-o no grande problema.

Em geral, mais pessoas são envolvidas, fortalecendo e cristalizando posições do "nós contra eles", desmoralizando, polarizando e cada vez mais potencializando um padrão que Adam Kahane (2018) chama de *Síndrome da Inimização*, de modo que transforma quem não pensa como eu no inimigo que precisa ser vencido, e me transforma na vítima ou no herói, salvador da pátria.

Nos três últimos degraus, todos os interesses se direcionam unicamente a destruir o inimigo. E o pensamento que fundamenta as ações nessas fases é que não serão medidos esforços para aniquilá-lo: "Vou até as últimas consequências", "eu perco tudo, mas ele não fica com nada". *Juntos ao abismo* é o fim da linha.

Lamentavelmente, é possível observar esse fenômeno ocorrer nas relações mais próximas entre pais e filhos, casais que partem para um divórcio litigioso, irmãos, sócios, amigos de uma vida. Hoje, a comunicação exponencial em tempo real das redes sociais, tornou ainda mais devastador esse caminho.

Como mudar isso?

Começamos a mudar esse cenário, primeiramente, quando nos conscientizamos de que não desejamos que o conflito aumente e que corramos o risco de perder o controle sobre ele. Quando fazemos uma escolha por abordagens **pacificadoras**, mas não passivas.

Essa mudança de perspectiva pode levar a uma experiência que amplie, inclua, transcenda e flua para a possibilidade de colaboração, transformando a rivalidade em parceria na construção de soluções autocompositivas, que são aquelas construídas pelas próprias pessoas, sem necessidade de um terceiro tomando decisões por elas.

Tratar positivamente os conflitos demanda um novo conjunto de habilidades para as quais podemos nos empenhar: comprometer-se com meios pacíficos de solução de conflitos; engajar-se no autoconhecimento; ser um promotor da confiança; conviver com as diferenças; ouvir e compreender pontos de vista opostos; promover o diálogo construtivo; negociar colaborativamente; buscar pacientemente o consenso entre várias partes divergentes.

Transformar conflitos é promover mais do que sua simples solução, é uma abordagem que promove o cultivo e a nutrição das relações. Para Lederach (2012), o conflito pode ser compreendido como um catalisador do desenvolvimento humano.

A distinção entre abordagens de **resolução** (que aspiram terminar com o conflito) e **transformação de conflito** (que aspira uma relação continuada) não são propriamente excludentes (Quadro 6), e podem compor um processo de tratativas para os conflitos nas suas diferentes fases, como é possível observar no quadro comparativo abaixo (proposto por Lederach).

	RESOLUÇÃO DE CONFLITOS	**TRANSFORMAÇÃO DE CONFLITOS**
Pergunta-chave	Como terminar algo que não desejamos?	Como terminar algo destrutivo e construir algo que desejamos?
Foco	Centrado no conteúdo.	Centrado no relacionamento.
Propósito	Chegar a um acordo e uma solução para o problema que gerou a crise.	Promover processos de mudança construtiva, incluindo soluções imediatas, mas não se limitando a elas.
Desenvolvimento do processo	Inserido e construído na esfera imediata do relacionamento onde os sintomas de dissolução apareceram.	Vê o problema como oportunidade de resposta a sintomas nos quais os relacionamentos estão inseridos.
Estrutura temporal	O horizonte é o alívio, a curto prazo, da dor, ansiedade e dificuldades.	O horizonte das mudanças está nos médio e longo prazos, e o processo reage intencionalmente às crises, ao invés de ser dirigido por elas.
Visão do conflito	Vê a necessidade de desescalada do processo conflituoso.	Vê o conflito como uma ecologia provida de dinâmica relacional, a fim de buscar mudanças construtivas, tanto na escalada como na desescalada do conflito.

Quadro 6 — Diferenças entre Resolução de Conflitos e Transformação de Conflitos

Abordagens para resolução e/ou transformação de conflitos

*Não basta que exista a ausência da violência,
é necessária a presença de uma interação e inter-relação positiva
e dinâmica: o apoio mútuo, a confiança, a reciprocidade e a cooperação.*

Galtung

Felizmente, podemos contar com diferentes e extraordinários métodos, abordagens e técnicas para se trilhar o caminho da transformação de conflitos. Todos comprometidos com a substituição de uma cultura do litígio em uma cultura da construção de paz, lembrando que paz não significa ausência de conflito, mas a possibilidade de se construir uma convivência que abarque as diferenças. São um meio para que a conversa não se desvie para ataques mútuos e, ao contrário, facilite a criação de um campo de possibilidades de escuta profunda, compreensão empática e negociação colaborativa.

A Mediação de Conflitos é uma abordagem colaborativa para resolução e/ou transformação de conflitos, que pressupõe a presença de um mediador que apoie as partes.

O mediador facilita e cuida do processo da comunicação, da compreensão e dos acordos mútuos. Ele oferece espaço e caminho para que a conversa siga um curso de reconstrução das narrativas, que antes promoviam o distanciamento, para outra que promova aproximação, conexão, dissolvendo as barreiras de proteção que nos impedem de chegar mais perto do outro para construir pontes de entendimento e colaboração.

A Mediação pode se utilizar de diversas abordagens para facilitar as conversas, em especial as que facilitem a qualidade da comunicação, como a Comunicação Não-Violenta e o Diálogo. Aliás, dois dos Processos abraçados pela Pedagogia da Cooperação.

Para quem deseja apoiar pessoas a transformar seus conflitos, algumas sugestões podem ser valiosas: aceite este lugar se você conseguir se manter equilibrado em uma posição neutra; cuide de sua presença e se observe; inicie fazendo acordos de convivência; faça perguntas abertas para compreender melhor os pontos de vista; promova o diálogo aberto e a escuta ativa; investigue curiosamente e foque no que é essencial para cada lado — sentimentos e necessidades; não tome partido em nenhum momento e não dê conselhos ou opiniões pessoais; ajude as partes a criar muitas possibilidades de acordo; ajude as partes a escolher acordos que possam ser cumpridos.

Os conflitos são parte natural de nossas relações. Portanto, se não sabemos vivê-los, não sabemos nos relacionar integralmente. É importante, então, que nos dediquemos a aprender e viver positivamente nossos conflitos.

O conflito se transforma na medida em que as pessoas se setem seguras para se expressar. Transformar conflitos é um convite a cuidar desses espaços entre nós, permitindo que possamos ser quem somos e nos convidarmos a ser quem podemos ser, transferindo para o outro as mesmas possibilidades.

Open Space e World Café

ANA PAULA PERON

> *Ninguém sabe tudo, todas as pessoas sabem alguma coisa e todo o saber está na humanidade.*
>
> Pierre Levy

Open Space (OS) e *World Café* (WC)[50] são poderosas tecnologias sociais para envolver as pessoas em conversas importantes, baseadas na compreensão de que a conversa é um impulsionador em nossas vidas. Mais do que técnicas, elas são uma forma de compreender e interagir — ou coexistir —, a partir de nossa interdependência. Ambas as tecnologias atendem perfeitamente à Pedagogia da Cooperação em suas práticas, especialmente porque convidam a uma forma de encontro capaz de promover ações colaborativas.

OPEN SPACE (OS)

Criado por Harrison Owen (2003), é um espaço de conversações, trocas e aprendizados cocriado pelos próprios participantes, que por tudo se responsabilizam, desde a agenda até as entregas dos temas de seu interesse. Assim, atuam como protagonistas daquele espaço, refletindo honestamente, pensando criticamente e compartilhando abertamente suas ideias para um resultado, unindo o poder da auto-organização com conversações baseadas no **Diálogo** (metodologia que você encontrará também descrita neste livro).

Os fundamentos do *Open Space* são a **paixão** e a **responsabilidade**. Ele atende à aplicação voluntária de uma única lei: **a lei dos dois pés** que diz que onde não estiver nem contribuindo nem aprendendo, use seus dois pés e vá para outro lugar.

No *Open Space*, qualquer participante pode ser o anfitrião e é premissa que seja a pessoa mais apaixonada (interessada) pelo tema, que então se voluntaria para ser responsável por facilitar a sessão e registrar a essência do que está sendo discutido. Ao

---

[50] Fontes: Rede Open Space. Disponível em: www.openspaceworld.org e Rede World Café. Disponível em: www.theworldcafe.com. Acesso em: 04/11/2020.

final, também cabe a ela a entrega dos relatórios do encontro. Durante o processo, borboletas e abelhas são outros dois papéis que podem acontecer no OS. As borboletas vagueiam livres e podem até encontrar com outras borboletas formando outros grupos (não se fixam em qualquer tema). As abelhas também não se fixam, mas entram nos espaços de conversas e deixam seu pólen, dando uma ideia aqui e outra ali.

Os quatro princípios do *Open Space* são:

1. A hora que começar, começou.
2. Quem vier é quem deveria ter vindo.
3. O que acontecer é o melhor que poderia ter acontecido.
4. A hora que terminar, terminou.

O formato bastante simples do Open Space ajuda a criar uma estrutura mínima para que a liberdade e o caos façam emergir ideias, pensamentos e soluções. É um ambiente perfeito para que sejamos surpreendidos com resultados potencializados. E é uma excelente tecnologia para criação de projetos e resolução de problemas.

É indicado para situações nas quais haja: um problema real; diversidade e complexidade; desprendimento do resultado; senso de urgência; conflito efetivo ou potencial.

Como se dá a dinâmica?

- A partir de um tema central, de interesse de todos, os participantes são convidados a estabelecer subtemas sobre os quais desejariam manter conversas dentro de um assunto urgente, complexo e que desperte diversos pontos de vista;
- Formula-se uma agenda — a ser preenchida voluntariamente pelos anfitriões e seus temas — com os locais e horários disponíveis para conversar;
- Montada a agenda do evento, os anfitriões explicam do que se trata seu tema e convidam os interessados para estarem no local e horário agendados;
- Eventuais faltas de horários ou temas podem ser criativamente solucionadas para o bem comum;
- O *Open Space* começa com os participantes tomando ciência de toda a agenda e fazendo suas escolhas;
- As conversas podem durar de duas horas até vários dias.

Assim pode ser criado um OS, que é bastante livre. Além disso, outros inúmeros formatos podem ser criados a partir da liberdade e voluntariedade. Perguntas bem profundas podem ser respondidas e outras metodologias encadeadas com ele. O maior desafio aqui é que os facilitadores realmente se liberem do controle e se abram para a riqueza do que pode emergir.

WORLD CAFÉ

Juanita Brown e David Isaacs (2007) são os criadores e impulsionadores do *World Café* (WC), uma tecnologia conversacional baseada no encontro propositivo para um futuro emergente. Ambos desenvolvem trabalhos pelo mundo como colaboradores, parceiros e conselheiros em projetos com líderes sêniores, organizando fóruns inovadores para o diálogo estratégico. Nas palavras dos autores,

> Com base em um profundo entendimento dos sistemas vivos e dinâmicos organizacionais, o World Café propicia o diálogo sobre temas relevantes, o qual nos permite nos aproximar uns dos outros e nos reconhecer como seres interdependentes e explorar temas importantes, assim como descobrir caminhos viáveis e práticos para enfrentar juntos e com clara intencionalidade os direcionamentos que o contexto nos mostra (BROWN e ISAACS, 2007).

O propósito do WC é promover e provocar conversas significativas, que façam sentido e tenham valor para o coletivo, acolhendo os motivos e linguagens de todos, a partir da suposição de que toda a inteligência e criatividade para resolver até os mais difíceis desafios já estão nas pessoas que se reúnem em torno de suas questões relevantes. Seu pressuposto é buscar a mudança visando o bem comum. Essa tecnologia é apoiada pelo potencial da polinização cruzada de ideias na exploração de perguntas que nos projetem para o futuro que queremos e que possamos construí-lo juntos.

Sua base é o diálogo, compreendido como uma forma de fazer circular sentidos e significados com uma objetiva intenção de ampliar olhares para soluções, que se dá semeando o acolhimento das diferenças como insumo de aprendizagem e o reconhecimento das igualdades como oportunidades de conexão. Uma vez dado o contexto e o foco adequados, é possível acessar e usar esse conhecimento coletivo mais profundo sobre o que é mais importante.

O *World Café* surge do arquétipo de um café, no qual as pessoas se sentam e conversam abertamente por horas sem sequer perceber o tempo passar.

Primeiros passos:

1. **Esclareça o propósito**: Qual é a situação real, ou qual é a necessidade que torna essa conversa realmente importante?
2. **Defina os participantes**: Quem são as pessoas realmente impactadas por esse propósito? Quem é importante que se junte a essa conversa, a fim de colaborar com os objetivos? Quem mais poderia nos ajudar a ir além?
3. **Balize-se pelos princípios**: Integrar os *Sete Princípios* favorece uma dinâmica atraente e potente para o caminho das conversas significativas.

Princípios para hospedar conversas significativas

1. **Estabeleça o contexto** — Especifique a finalidade e a forma como o diálogo se dará.
2. **Crie um espaço acolhedor** — Assegure-se de que existe um espaço de boas-vindas e de segurança psicológica que estimule o conforto pessoal e respeito mútuo.
3. **Explore questões significativas** — Focalize a atenção coletiva sobre questões poderosas que atraiam o envolvimento colaborativo.
4. **Estimule a contribuição de todos** — Estimule a relação entre o eu e o nós, convidando à participação total e à mútua doação.
5. **Promova a polinização cruzada de ideias e conecte diferentes pontos de vista** — Enquanto as pessoas trocam percepções começam a surgir compreensões e entendimentos e novas ideias que ninguém teria sozinho. As rodadas de conversa permitem aprofundar em compreensões e percepções.
6. **Escutem juntos para descobrir padrões, percepções e questões mais profundas** — Escutar, escutar, escutar e interligar com significados mais profundos.
7. **Colha e compartilhe descobertas coletivas** — Tornar visível e dar unidade a toda ou a parte da produção das mesas. Pode ser feita de várias formas criativas e a "facilitação gráfica" é uma delas.

Como se dá a dinâmica?

O número de participantes pode ser entre doze e milhares de pessoas, e o *World Café* pode durar entre uma hora e meia até alguns dias, dependendo de seu objetivo, número de pessoas e questões a serem exploradas. Ele pode ser usado como a única intervenção ou fazer parte de conjuntos de outras tantas intervenções. O WC tem aplicabilidade específica para abrir e polinizar ideias. É adequado para atingir determinados objetivos, como é possível observar no quadro a seguir:

QUANDO NÃO USAR	QUANDO USAR
Quando deseja conduzir para uma resposta preconcebida.	Quando deseja compartilhar conhecimento, estimular pensamentos inovadores, explorar possibilidades.
Quando você só quer transmitir uma informação unidirecional.	Quando se deseja investigar as respostas para questões significativas para todo o grupo.
Quando o que você precisa é de planos de ação.	Quando se tem no mínimo 1h30 para o Café.
Quando você tem menos de 1h30.	Quando se tem no mínimo 12 pessoas para circular nas mesas.
Quando estiver lidando com uma situação muito explosiva.	
Quando tem um grupo menor que 12 pessoas.	

Quadro 7 — Quando usar e quando não usar a metodologia

Como fazer as perguntas?

A ideia é que sejam feitas perguntas legítimas, para as quais não tenhamos as respostas ainda. Em geral, a pergunta é bastante pensada e estudada por quem aplica a metodologia e se aprofunda em compreender a necessidade daquela comunidade. No entanto, nada impede que sejam feitas pelos próprios participantes, como por exemplo:

- Quais seriam as perguntas que, se pudéssemos responder, nos fariam avançar nos ambientes em que atuamos?
- Essa pergunta tem potencial para gerar esperança, imaginação, envolvimento, nova forma de pensar, ação criativa, ou tem potencial para ampliar o foco nos problemas passados e obstáculos?

Uma boa pergunta é: simples e clara, desafia o pensamento, gera energia e foco na investigação, levanta hipóteses e abre novas possibilidades.

Como fazer acontecer o *World Café*?

- Reunir as pessoas, idealmente em mesas de até cinco pessoas, com uma folha de *flipchart* sobre a mesa, além de canetas e lápis coloridos;
- Uma das pessoas assume o papel de **anfitrião**: que recebe as pessoas, acolhe, estimula, inclui, aprecia, ajuda a conectar as ideias aos riscos e rabiscos na toalha de papel, e é responsável por resumir a conversa para as pessoas que chegarão para a próxima rodada;
- Cada rodada leva em torno de 20 a 30 minutos. Dado este tempo, o facilitador avisa que as pessoas trocarão de mesas buscando novos parceiros de conversa. Ao chegarem à próxima mesa, são recebidos pelo anfitrião que faz um apanhado do que já foi dito, a partir das conexões das ideias representadas e rabiscadas na toalha de papel;
- Então, o anfitrião convida os novos integrantes da mesa para seguirem respondendo àquela mesma questão por mais 20 a 30 minutos;
- E mais uma rodada é proposta, sendo três rodadas da mesma questão;
- A colheita das ideias pode ser feita de muitas maneiras criativas e divertidas e é fundamental para o processo de criação, ampliação e polinização das ideias. Ter a possibilidade de facilitação gráfica é maravilhoso e traz beleza e poesia ao trabalho.

Dicas:

1. Realizar as três rodadas é fundamental para que o tema seja aprofundado e polinizado, de modo a que surja algo novo. *Você se lembra de uma propaganda de uma tal lâmina de barbear que dizia: A primeira faz tcham, a segunda faz tchum e a terceira faz tcham tcham tcham tcham! É exatamente isto!*;
2. Confiar no processo e não tentar controlar as pessoas e suas falas;
3. Ter mais de uma pergunta na manga. Às vezes, levamos uma pergunta maravilhosa e na hora percebemos que a pergunta não "cola" nas pessoas;
4. Para perceber esses movimentos, manter a presença e a conexão com a energia do grupo;
5. Comidinhas e bebidinhas são muito bem-vindas e ajudam na ambientação acolhedora.

Do ponto de vista da facilitação, pode-se dizer que o WC demanda um facilitador mais presente, atuante e atento às dinâmicas dos grupos para que possa, inclusive, mudar a pergunta, se for o caso. Já no Open Space, o facilitador deseja "desaparecer ou diluir-se" no meio do processo, de modo que o melhor aconteça sem diretividade alguma.

Olhando para as *Sete Práticas* da Pedagogia da Cooperação, o *World Café* é uma Metodologia Colaborativa e atende muito bem à prática das Soluções Compartilhadas ou mesmo das Inquietações. Enquanto o Open Space atende especialmente bem à fase de Projetos de Cooperação.

Os resultados concretos das metodologias colaborativas OS e WC passam pela interação e integração entre as pessoas, por uma abertura para ouvir e falar com o outro; pela possibilidade clara de ser ouvido com respeito; pela possibilidade de cocriar. Ao responder questões importantes para todos, os resultados apresentam inteligência muito além da inicial, com respostas e projetos de um horizonte muito ampliado e sistêmico ao estabelecer consensos facilitados pela experiência da troca e pela dinâmica e arquitetura que favorecem o desapego e a aprendizagem.

Como em qualquer tecnologia de conversação, para além dos resultados, esteja aberto e aberta a compreender que a magia da realização está no encontro entre as pessoas. Acreditar e apostar no processo é um ato de fé que nos afasta de nossos medos e nos permite avançar. Com coragem, presença e confiança, são muitas as possibilidades.

Investigação Apreciativa

HELOISA GAPPMAYER BISCAIA

A Investigação Apreciativa (IA)[51] nos convida a ver o mundo e a nós mesmos através de um olhar apreciativo e valoroso. Com ela, temos consciência de que linguagem, perguntas e histórias moldam nossos destinos. Neste texto, você descobrirá que a Investigação Apreciativa lança luz sobre os pontos fortes e os ativos existentes, ampliando nossa consciência sobre o que fazemos de melhor, individual e coletivamente.

Normalmente, diante de um desafio, começamos a analisá-lo pelo viés do problema. Com a IA colocamos o foco no que funciona e investigamos os "por quês" para algo ter dado tão certo. Um dos princípios fundamentais da IA é que "o que você estuda, cresce".

O que é a Investigação Apreciativa?

Uma metodologia da década de 80 desenvolvida na tese de doutoramento de David Cooperrider, sob a supervisão do professor Suresh Srivastva, na universidade CASE *Western Reserve University* em Cleveland, Ohio, EUA. Essa metodologia foi criada no campo da administração de empresas, voltada para o planejamento estratégico organizacional. Porém, ao longo dos anos ela vem sendo aplicada de diversas formas e em diferentes contextos e níveis. Ou seja, pode ser considerada tanto uma metodologia, quanto processo, abordagem e filosofia.

Gosto de começar compreendendo o nome, pois sua riqueza em significados nos traz boa parte da compreensão essencial sobre o que se trata a metodologia. Então vamos lá:

- **Investigação** é um convite à ação, que busca informações, fatos, dados, pistas. É procurar conscientemente por algo, através de observação e pesquisa; é uma atitude que amplia a visão e compreensão sobre o que é conhecido e comum para a melhor tomada de decisões. Requer

---

[51] Rede da Investigação Apreciativa. Disponível em: https://appreciativeinquiry.champlain.edu/. Acesso em: 04/11/2020.

persistência e foco, tendo um olhar gentil e generoso sobre as possibilidades que são investigadas, especialmente, através de perguntas e questões que importam.
- **Apreciativa** vem somar-se à investigação, atribuindo um foco sobre o que é bom e tem valor. Aqui delimitamos nossa busca e olhar para investigar de maneira consciente o que é digno de ser apreciado. Algo que nos traga algum sentido de prazer, de desfrute, que se conecte com emoções positivas e tenha significado para nós. Gosto de pensar que sua característica principal é: buscar aquilo que faça nosso coração bater, nossos olhos brilharem, pois quem olha, vivencia e aprecia, é que atribui valor a algo.

Desde que aprendi e venho praticando a Investigação Apreciativa há 15 anos, tenho fortalecido a compreensão de que, além de todos esses significados contidos em seu nome, existem ainda mais três palavras-conceito que contribuem para a essência de seu entendimento. São elas: positiva, inclusiva e participativa. O que quer dizer:

- **Positiva:** porque concentra a atenção naquilo que é bom, funciona e produz bons resultados, bons sentimentos, relacionamentos e pensamentos. No caso da IA, a apreciação traz também um convite a ir além do positivo, observando o que gere conexão que faça sentido e tenha valor.
- **Inclusiva:** por considerar e incluir todos como parte do processo. Todas as vozes importam e serão ouvidas. Mesmo em organizações onde diferentes níveis hierárquicos estejam presentes, todos são chamados a contribuir. Todas as ideias e pensamentos são bem-vindos e valem a pena como contribuição. Aqui utilizamos a lógica do "e" e não do "ou".
- **Participativa:** justamente porque inclui todos, cada um é convidado a participar e trazer seu ponto de vista, sua experiência e contribuição, para a cocriação e realização de sonhos coletivos e soluções comuns. Participação e colaboração são a chave para o sucesso da IA.

O conceito da metodologia é muito robusto e nos traz a segurança e sustentação necessárias para a utilizarmos em nossos desafios atuais, sejam eles organizacionais ou pessoais, dos mais simples aos mais complexos. E é essa uma das contribuições da IA para a Pedagogia da Cooperação que gosto de destacar, porque reconheço a importância desse olhar apreciativo inspirando cada uma das Práticas e fortalecendo ainda mais o desenvolvimento de relações e soluções colaborativas nos mais diversos contextos.

Como aplicar a Investigação Apreciativa?

A metodologia da Investigação Apreciativa tem uma forma muito prática de ser implementada e que traz resultados fantásticos que é o ciclo dos 5 Ds (Figura 8): *definition, discovery, dream, design, destiny.*[52]

Figura 8 — O Ciclo dos 5 Ds. (Ilustração criada por Appreciarte.)

---

52 Definição, descoberta, sonho, planejamento, destino, em tradução livre.

Vamos explorar e conhecer um pouco mais cada uma dessas etapas do ciclo?

Etapa 1 — **Definição** (*definition*): Sobre o que nos interessa focar? Decidir qual é o tema que mais importa e engajar o grupo para trabalharem juntos.

Sobre o que queremos colocar atenção? O que verdadeiramente nos interessa e queremos que cresça, se fortaleça e expanda ainda mais? Respondendo a esse tipo de perguntas, normalmente encontramos o tema com que queremos trabalhar. É importante que ele seja positivo, como: integração que surpreenda, inovação colaborativa, atendimentos extraordinários, pessoas competentes e empoderadas, famílias felizes. Além do tema positivo, também definimos aqui quem irá participar do processo, onde, quando e como será realizado e por quem será conduzido.

Etapa 2 — **Descoberta** (*discovery*): Qual foi o ponto alto? Descubram experiências de alto nível e identifiquem pontos fortes e capacidades que se somem ao "núcleo positivo".

Amo essa fase porque ela é entusiasmante! Descobrir o melhor nas situações, nas pessoas, nos processos, em nós mesmos, traz brilho aos olhos e dá para sentir a alegria e a energia que as pessoas reverberam ao encontrar os pontos fortes, levando vida e valor ao núcleo positivo. A descoberta é sempre sobre algo real, que foi vivido, experimentado de fato, não sobre uma invenção ou hipótese. Isso é importante porque nos traz a possibilidade de assumirmos que temos coisas maravilhosas já realizadas nem que seja algo que ouviu falar, mas que foi real. Conectar com esse melhor do que já existe é um trabalho e tanto, exige foco e perseverança em buscar, investigar e descobrir nas memórias, com olhar apreciativo, histórias relevantes e que façam sentido para cada participante.

Etapa 3 — **Sonho** (*dream*): O que mais é possível? Imaginem juntos: o que mais queremos?

Nessa etapa, o convite é para sonhar com o melhor que queremos que aconteça. A pergunta que nos guia é: como poderia ser ainda melhor? Sonhar é a permissão para se entregar e trazer o que mais gostaria de viver se milagres acontecessem. Descrever o que visualizamos em nosso melhor sonho a respeito do núcleo positivo, é contar uma história linda sobre nosso ideal imaginado. Quanto mais investigamos apreciativamente também dentro do sonho — sobre o que faz com que ele seja tão bem-sucedido, quais tecnologias são usadas, quais recursos temos disponíveis, de que forma as pessoas se tratam e se comunicam, quais ferramentas e práticas são utilizadas para garantir resultados extraordinários, como as pessoas se sentem etc. — melhor ele será. Escutar todos os sonhos e reunir tudo permite a construção de uma visão de futuro compartilhada, que fica como um norte a ser alcançado, para onde nos encaminharemos juntos.

Etapa 4 — **Design** *(planejamento)*: O que poderia e deveria ser? Cocriem o que pode ser feito para aumentar a capacidade do que deve ser feito.

Aqui devemos decidir uma série de passos a serem dados na direção da realização do sonho. O objetivo é garantir que ele se torne real e, para isso, é necessário planejar e decidir a sequência de ações que precisam acontecer. O que será feito, quando, por quem, com que recursos. É muito útil associar outros modelos de planejamento nessa fase. Uma boa recomendação seria criar uma sequência de ações e para cada uma delas preencher uma tabela com os *5 Ws e 2 Hs*: *what*/o que, *when*/quando, *why*/por que, *where*/onde, *who*/quem, *how*/como, *how much*/quanto custa. Dessa forma, ficariam combinadas as ações e os responsáveis, com prazos e custos. Como todo Plano de Ação, exige comprometimento e acompanhamento para que seja realizado e, portanto, uma dica acertada é combinar ações de monitoramento periódico.

Etapa 5 — **Destino** *(destiny):* O que sustenta e inspira? Comprometam-se com a exploração contínua do aprendizado, inovação e entrega de resultados.

Colocar o que foi planejado em prática e encontrar o destino é maravilhoso. Seria o sonho se tornando real e, para isso, é necessário criar condições e estruturas adequadas que permitam e garantam sua realização. Nessa etapa, pode ser necessário criar acordos e combinados; mudar estruturas, cargos, funções, ou criar novos também; redefinir alocação de recursos e prioridades; entre outros. Também pode ficar combinada uma ação para realizar um novo ciclo de 5Ds após determinado período, dando continuidade à Investigação Apreciativa e fortalecendo uma cultura positiva de crescimento e desenvolvimento, seja organizacional ou pessoal. Além disso, ainda é importante definir como os sucessos serão reconhecidos, valorizados, apreciados e celebrados, coletivamente.

Experimente na prática!

Um lugar interno mais inteiro e apreciativo do Ser me parece essencial para quem queira praticar, viver e disseminar a Pedagogia da Cooperação! Por isso, para colocar a Investigação Apreciativa em prática, recomendo fortemente que você experimente (Quadro 8) primeiro com você mesmo ou em pequenos grupos (família, grupo comunitário, equipe pequena), para sentir o poder de transformação da metodologia!

Outra sugestão, que faz muito sentido dentro da Pedagogia da Cooperação, é que para aplicar em grupos de 5 a 15 pessoas você experimente facilitar em dupla, ou seja, coopere com duas ou mais pessoas que tenham estudado para tal. Assim vocês podem trocar ideias, complementar e tornar a experiência prática de aplicação mais rica e bem-sucedida.

ALGUMAS PERGUNTAS PARA EXPERIMENTAR

- O que de melhor você pode extrair da situação atual?
- Qual foi o melhor momento que você viveu esse ano?
- Qual foi a experiência que viveu de maior felicidade em sua vida?
- Qual foi a última vez que você fez alguma coisa pela primeira vez e que fez você sorrir?
- Como habitar esse lugar apreciativo no dia a dia?
- O que de melhor você entrega para o mundo?
- O que o inspira hoje a criar um mundo melhor?
- O que o move para seu maior sonho?
- O que podemos realizar juntos?
- Imagina como aproveitar a IA para aplicar na família?

Quadro 8 — Perguntas Investigação Apreciativa

Desejo que você tenha gostado de conhecer um pouco sobre a Investigação Apreciativa e, mais do que isso, tenha se encantado para experimentá-la! Tenho escutado e lido relatos belíssimos de transformação na vida e nas organizações de quem a utiliza, então convido você a minimamente dar um primeiro passo possível para viver a IA.

Gratidão e apreciação mesmo nas pequenas coisas podem trazer o negativo para algo mais positivo, libertando emoções pesadas e tornando os momentos mais inspiradores. Como não poderia deixar de ser, me despeço agradecendo por compartilhar meu propósito de expandir a IA deixando esta pergunta: O que aconteceria em nossas relações se agíssemos, falássemos e perguntássemos a partir de um lugar de apreciação e alegria?

Dragon Dreaming

CAMBISES BISTRICKY ALVES

> *Um projeto nunca é algo confinado a um único indivíduo.*
> *É um processo de comprometimento, um diálogo profundo*
> *com o mundo externo, pode ser visto como a forma*
> *que o indivíduo se cura da separação,*
> *do medo, da alienação e da dominação.*
>
> Fichas Técnicas, Dragon Dreaming Brasil

Todo projeto começa com o sonho de um indivíduo. Porém, alguns acabam ficando presos apenas nesse estágio, seja porque o sonho não foi compartilhado com outras pessoas ou porque o sonhador até contou o sonho, mas o mesmo não deixou de ser apenas do sonhador original. Além disso, é muito diferente realizar seu sonho de realizar o sonho do outro — ou o sonho de todo um grupo.

Muitos projetos falham porque falta metodologia eficaz para realizá-los. Às vezes, até existem metodologias, mas... pessoas são pessoas e, quando reunidas em grupos, é bem possível que caiam em conflitos. Quantos projetos são idealizados por uns e realizados por outros? Além de criar duas realidades distintas, isso pode gerar competição desnecessária e críticas destrutivas, numa cultura de "ganha-perde", na qual, para um grupo ter sucesso, o outro deve fracassar.

A cultura do "ganha-ganha" só pode ser realizada se conseguirmos abrir mão do controle e assumir o risco de cooperar. É com base nisso que John e Vivienne[53] criaram o *Dragon Dreaming*[54] para ser uma metodologia de realização de projetos colaborativos, focada na eficácia, centrada na expansão da consciência individual, no senso comunitário, na inteligência coletiva e no serviço à Terra, minimizando nossos impactos negativos ao meio ambiente. Radicalmente centrado no "ganha-ganha", um projeto *Dragon Dreaming* é 30% prático (construção de projeto) e 70% focado no engajamento e manutenção dos relacionamentos entre pessoas durante o processo que se desenvolve em três níveis:

---

[53] John Croft e Vivienne Heloise Elanta são os criadores da metodologia em 1990 na Austrália. John é também cofundador da Fundação Gaia do Oeste da Austrália, e por isso *Dragon Dreaming* é fortemente inspirado no povo aborígene *Mandjilidjara Mardu* do Grande Deserto australiano.

[54] *Dragon Dreaming* Brasil. Disponível em: http://dragondreamingbr.org. Acesso em: 04/11/2020.

- **Gerar crescimento pessoal** — Toda transformação se inicia a partir de um único indivíduo que, centrado em seus valores e princípios, pode potencializar transformações positivas em seu entorno. Um projeto *Dragon* estimula o autoconhecimento e o crescimento pessoal, que são **aspectos essenciais para realizações coerentes e consistentes**.
- **Gerar senso de comunidade** — Uma comunidade de indivíduos protagonistas e unidos é a forma mais poderosa de transformação do mundo, um projeto *Dragon Dreaming* cultiva e dissemina conhecimentos que fortaleçam a cultura cooperativa.
- **Servir à Terra** — Cuidar da manutenção e da valorização da vida. Somos parte da natureza e seres interdependentes da grande teia planetária viva. Os projetos *Dragon Dreaming* inspiram estilos de vida sustentáveis, que mantenham e valorizem todos os seres vivos da Terra, e que promovam prosperidade material, mental e espiritual para o maior número possível de seres.

Normalmente as pessoas pensam em projetos como sendo alguma atividade especial, fora da vida normal e isso está longe da verdade. O projeto *Dragon Dreaming* é definido como qualquer ação planejada para se alcançar resultados específicos, dentro de um período. Essa definição engloba praticamente todas as ações humanas intencionais como sendo um projeto, o que, para mim, é bem verdadeiro.

Para que um projeto possa servir ao crescimento pessoal e coletivo são necessárias práticas que o sustentem, como a escuta profunda, uma poderosa ferramenta para promover uma relação colaborativa não só entre os seres humanos, mas também, entre nós e os outros animais, plantas e toda a natureza. Essa escuta profunda é feita tanto com os ouvidos quanto com os olhos e é classificada pelos aborígenes australianos em sete níveis.

Aqui, faço um paralelo com a sabedoria dos povos originários do Brasil, os tupis, que têm uma forma muito refinada de escuta (DUNKER e THEBAS, 2019), e que podemos destacar como mais uma fonte de inspiração para projetos colaborativos:

- **Ouvido esquerdo** (*Kat'Mie*): Escuta associada à energia feminina, tida como passiva, apreciativa ou sem filtros, no sentido de maior acolhimento e abertura, pois não seleciona ou dirige a fala do outro. É o ouvido de quem gosta de "assuntar";
- **Ouvido direito** (*WaK'Mie*): É um modo de escuta associada à energia masculina, como atitude propositiva, ativa e impulsionadora;
- **Ouvido terra**: Forma de escuta baseada no corpo e na receptividade global, mais tátil e concreta do que a praticada com os ouvidos. Percebe o ambiente com ênfase em suas pequenas diferenças;

- **Ouvido água**: É o saber ouvir dos pescadores de afetos, emoções e sentimentos. Flui como a água, ora formando cascatas, ora corredeiras intensas, ou ainda apresenta vagarosa morosidade até mesmo formando lagoas ou poças pantanosas;
- **Ouvido ar**: É a escuta reflexiva ou filosófica, encontrada nos curadores de alma. Disposta a acolher aquilo que é mais reflexivo ou argumentativo construindo cenários e futuros possíveis assim como histórias imprevistas;
- **Ouvido fogo**: É o ouvir intuitivo, ligado às narrativas imagéticas. É uma forma de escuta que convida para a ação, para a decisão, assim como para a solidariedade e comunidade entre as pessoas em torno de uma história ou de um sentido comum. Ela se faz valer de paisagens e cenários sonoros que aguçem a curiosidade em busca das possibilidades escondidas de uma determinada situação ou pessoa;
- **Todos os ouvidos integrados**: Escuta ampla e totalmente integrada, acessada por poucos, envolve coordenar os sucessivos movimentos cooperativos e competitivos, em um esforço simultâneo de acolher e transformar a situação pela ação conjunta dos participantes.

Um projeto é algo vivo, pulsante e por vezes é normal que em certos momentos pareça que esteja tudo "escuro" no grupo. Com muitos ruídos, barulho excessivo, a energia começa a ficar densa e estamos gastando mais do que deveríamos. Nesse momento, precisamos voltar à consciência da escuta e o PINAKARI é a prática indicada para isso. É um momento para acessar nossa consciência mais profunda, por um breve instante. Como uma **ilha de consciência**, uma pausa em tudo, um minuto de profunda conexão com o que nos cerca, de forma a acessar níveis mais sutis de estado mental, corporal e espiritual. E assim voltamos aonde paramos, sem precisar retomar nada, apenas continuamos de onde paramos, mais energizados, potentes e felizes. Provavelmente, se você estava em um bloqueio ou embate, tudo poderá parecer estranhamente diferente e fluido.

O *Dragon Dreaming* se desenvolve como uma mandala, seguindo uma lógica inspirada no que chamamos de "trilha encantada", caminhando por quatro quadrantes, intimamente, conectados: SONHAR — PLANEJAR — REALIZAR — CELEBRAR:

- O SONHAR é onde o projeto é iniciado, nasce no indivíduo e a partir dele se desenvolve.
- O PLANEJAR é onde o sonho começa a se transformar em ações planejadas para serem desenvolvidas pelo grupo.
- O REALIZAR é onde, uma vez sonhado e planejado, o projeto precisa de uma etapa para se materializar.

- E fechando esse ciclo, temos o CELEBRAR, que é onde, para além de festejar, reconhecemos todo o percurso do projeto, e todo o aprendizado como indivíduo, comunidade em nossa relação com o planeta.

A mandala do DD tem uma lógica de sentido anti-horário, que é a direção em que o projeto caminha, levando-o do indivíduo para o ambiente, e da teoria para a prática.

Em cada quadrante da mandala existem três práticas que nos convidam a caminhar por um fluxo suave, crescente e dinâmico, de avanços contínuos e tarefas conectadas, fazendo do projeto um verdadeiro jogo de colaboração, conforme demonstrado na Figura 9.

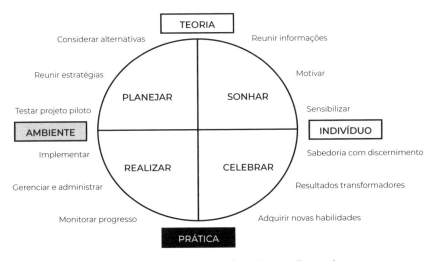

Figura 9   Mandala dos Sonhos *Dragon Dreaming*

A roda dos sonhos

Para iniciar o projeto, é importante que o sonho de um indivíduo se espalhe na comunidade: uma tarefa vital para o sucesso é sonhar o mesmo sonho. Para isso, a roda dos sonhos é uma prática que desenvolve o senso de comunidade de maneira muito colaborativa.

O primeiro passo é reunir o grupo que vai desenvolver o projeto. É muito importante todos estarem presentes e, uma vez feita a Roda dos Sonhos, o grupo vai seguir junto até o final. Em seguida, o idealizador original do sonho, que vai focalizar o ritual da Roda dos Sonhos, descreve de forma clara, objetiva e sincera qual o seu sonho, e todos escutam de forma acolhedora (escuta profunda). Se preciso, ao final da apresentação, podem fazer perguntas para esclarecer o sonho, de forma que fique muito claro para todos qual era o sonho inicial. O fluxo segue mantendo uma ordem contínua, na qual cada um dos participantes do projeto responde a pergunta do guardião do sonho, para que possam trazê-lo à consciência coletiva: "o que esse sonho precisa para ser 100% seu?", "O que esse projeto precisa ter para que depois você possa dizer que essa foi a melhor forma que você já investiu seu tempo?" ou "O que permitiria você poder dizer: Sim! Estou muito feliz porque trabalhei nesse projeto!". Aqui vai uma dica muito importante: não se trata de uma chuva de ideias, mas sim de uma forma de inclusão das pessoas para sonharmos juntos.

Finalmente, é hora de ler para todos o que o sonho precisa ter para ser da comunidade, e aqui temos um passo importante, que é escrever todos os sonhos, incluídos no sonho original, no passado, como se já tivessem sido realizados, e é nesse momento que o sonho morre no sonhador original e nasce na comunidade.

O *Karabirrdt*

Uma vez que o sonho já se tornou *como-um*, criamos uma linha cronológica de realização de tarefas, que chamamos de *Karabirrdt* ("Kara", termo aborígene para aranha, "birrdt", teia ou rede), partindo de um objetivo macro, para gerar tarefas necessárias para a realização do projeto. Escrevendo cada uma em um post-it colorido (para que possamos movimentar muitas vezes), as tarefas são colocadas em seu quadrante correspondente (Sonhar — Planejar — Realizar — Celebrar), ligando as tarefas entre si e criando uma ordem cronológica de realização, que vai dar fluxo ao projeto.

A Pedagogia da Cooperação e o *Dragon Dreaming*

Poderia, ainda, escrever muitas linhas sobre essa conexão, destacando que para a grande virada planetária precisamos contar com ferramentas que suportem nossas intenções de transformar as relações humanas em relações pautadas nos valores humanos verdadeiros e que fortaleçam nossa noção de interdependência enquanto coabitantes de Gaia, incluindo a própria Terra. Não basta ser uma metodologia ou outra, e não importa necessariamente o que cada metodologia seja capaz de produzir... O que importa mesmo é o poder que tenham de cooperar umas com as outras para contribuir com essa grande transformação.

Design Thinking

CUCA RIGHINI

Design Thinking[55], traduzido para o português, quer dizer o pensamento do *design*, ou ainda, o pensamento do projeto. Sem medo de eliminar o glamour da terminologia anglicizada, pretendo insistir nessa tradução, porque acredito que ela nos aproxima mais do entendimento dessa abordagem — muitas vezes entendida somente como metodologia — que tem se difundido em escolas, empresas e instituições, de todo o mundo, nas duas últimas décadas.

Duas perguntas instigantes emergem desse exercício: por que o pensamento projetual (*Design Thinking*) tem sido tão atraente e tão bem-sucedido na geração de produtos e serviços de alto valor no mercado e na resolução de problemas complexos, de natureza sistêmica, em áreas tão diversas e em contextos culturais tão variados? O que é projeto e porque o pensamento projetual pode ser tão poderoso?

Em suas aulas na Faculdade de Arquitetura e Urbanismo da Universidade de São Paulo, Umbertello Bulgarini, começava escrevendo na lousa, "projetar é construir no papel". Recentemente, percebi a importância das implicações desse conceito. Isso significa que no ato de criar há um ato anterior, que é também criação. Ou seja, projetar é também projetar o processo da criação: é metaprojetar. Em resumo, o pensamento do design é o pensamento criativo em ação, desde sua fase imaginativa, de vislumbrar aquilo que ainda não é — o futuro — até sua fase de realização e "materialização".

Embora a jornada criativa do design não tenha fórmula replicável com resultados previsíveis, visto que cada designer, ou grupo de designers, a concebe de forma única e peculiar, existem algumas características fundamentais que são comuns a todos: o processo mental e as estratégias usadas, o uso do desenho e da construção de modelos rápidos e métodos, emprestados da etnografia, para o entendimento profundo dos contextos culturais dos problemas.

Para sobreviver neste novo mundo, tão plural, conectado e mutante, apropriar-se de um processo de inovação eficaz é fundamental para qualquer organização ou negócio que pretenda se manter relevante, atuante e em conexão. A capacidade de

---

55 IDEO Disponível em: https://designthinking.ideo.com/. Acesso em: 04/11/2020.

nos reinventarmos coletivamente será essencial no enfrentamento dos desafios do futuro emergente. Acredito que o pensamento do design e do *metadesign* sejam o caminho para essa reinvenção intencional do mundo e de nós mesmos.

Mas se não existe um processo definido para o pensamento do design, como então aplicá-lo na prática?

As origens do design

Sabemos que a capacidade de criar e dar sentido a sua criação é inerente ao ser humano. Nossa vida cotidiana é circundada de objetos e ferramentas que nos ajudam a viver melhor. Tudo que existe, e que não foi criado pela natureza, foi criado pelo homem, artificialmente — palavra que tem em sua raiz nada mais que arte.

No mundo pré-industrial, todo o universo construído, do menor artefato doméstico às grandes edificações, era fruto da manufatura em oficinas de artesãos que dominavam as etapas de todo o processo produtivo, da compra da matéria-prima à comercialização do produto final. Com a Revolução Industrial, os ciclos de produção se tornaram mais complexos, fragmentados e passaram a ser realizados por máquinas. O processo criativo é então apartado do processo produtivo.

Embora a nascente produção industrial provesse bens de consumo a preços acessíveis para uma parcela maior da população, esses produtos, desprovidos de intencionalidade estética, não provocavam interesse ou mesmo entendimento por parte das pessoas. E é aí que aparece a primeira oportunidade de reintegrar as habilidades dos artistas ao processo de industrialização.

Assim, no início do século XX, nasce o design com o objetivo de reaproximar a arte da produção industrial, numa tentativa de dar significado e sentido às experiências humanas na interface com os produtos maquino faturados.

A primeira escola de design, a *Bauhaus*, surgiu na Alemanha, em 1919, com um currículo de ensino inovador, integrando arquitetura, escultura e pintura, com artes manuais e engenharia, a fim de sistematizar a relação entre a indústria e a arte e promover uma nova estética, moderna, voltada para o futuro, incorporando o desenvolvimento tecnológico e os avanços da ciência.

Por muitos anos, o design foi usado pela indústria apenas como uma estratégia de embelezamento de bens de consumo e, pelo marketing, como arma de sedução para alavancar vendas. Porém, o advento da digitalização no final dos anos 90 colocou o consumidor no centro das decisões de compra e demandou velocidade na criação de produtos e serviços com valor intrínseco e capazes de perenizar a relação com as marcas. Nesse contexto, as habilidades dos designers de traduzir, em navegabilidade, usabilidade e conexão, os aspectos intangíveis e pulsantes, das sensações, emoções e cognições humanas, passa a ser visto como uma valiosa contribuição.

Os processos mentais e as estratégias de criação — que equilibram pensamento visual e criativo, com o pensamento analítico e sintético — são percebidos como necessários também para aqueles que não têm a formação clássica do design. Como consequência, o pensamento do design passa a ser apropriado por profissionais, que mesmo não tendo a formação de designers, entendem o quanto esta forma de pensar e conceber as coisas pode ser útil em diferentes esferas empresariais e corporativas.

O modelo mental e o processo do design

Historicamente, o paradigma mental usado na resolução de problemas e geração de ideias nos contextos empresariais sempre transitou pelo binômio: tecnicamente possível e financeiramente viável. Não raramente deixando de fora o que fazia sentido para as pessoas. Os designers, por sua vez, ao iniciarem o processo de criação pelo entendimento das reais necessidades e motivações subjacentes das pessoas, focam em pesquisas de dados qualitativos ligados às emoções e à complexidade das relações socioculturais e sistêmicas do contexto onde estão inseridas, conseguindo, assim, mitigar riscos de investimento e ampliar as chances de êxito da iniciativa. Essa é a base do modelo mental do *Design Thinking* (Figura 10).

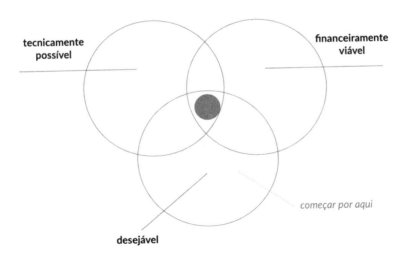

Figura 10 — Modelo Mental do Design (Ilustração criada por Cuca Righini.)

Em 2005, quando o reconhecimento do aporte de valor da aplicação do design em processos de inovação já era bem alto, o *Design Council*[56], na Inglaterra, conduziu uma pesquisa em 11 empresas líderes em seus segmentos, para explorar a possível existência de um processo único de criação, usado por designers, que pudesse ser comunicável e replicável para não-designers.

O estudo revelou, entre as muitas diferenças, inegáveis semelhanças de processos mentais, atitudes e estratégias. Dessa observação, emergiu um modelo que batizaram de **duplo diamante** (Figura 11).

O movimento mental proposto no duplo diamante se fundamenta em dois polos: problema (desafio) e resposta (criação e entrega), e visa a promover a utilização do pensamento sistêmico, crítico, intuitivo, criativo, sintético e analítico como forma de suscitar a emergência da inteligência e da criação coletiva.

O primeiro movimento abre um questionamento sobre o próprio desafio, através da pesquisa de campo (etnografia), e se apoia em três pontos fundamentais:

- **Empatia**, com o objetivo de identificar as reais necessidades das pessoas;
- **Colaboração**, dando espaço para a alavancagem da inteligência e da criatividade coletiva;
- **Experimentação**, em processos cíclicos de ajustes (iterações), que, gradualmente, forjam o resultado e a entrega.

O processo nunca é linear — é sempre evolutivo, iterativo e necessita de flexibilidade mental e da verificação da experimentação prática.

Em 2011, quatro alunos do curso da *D. School* em Stanford embarcaram no desafio de **construir uma incubadora de baixo custo para uso hospitalar** para o Concurso *Design That Matters,* com o tema pobreza extrema. A relevância do desafio se baseava nos dados alarmantes de mortes de bebês prematuros em regiões subdesenvolvidas, que mostravam que 75% das mortes poderiam ser evitadas com tratamento intensivo.

O processo se iniciou com um mergulho no campo. Foram ao Nepal para observar a rotina e o contexto sociocultural das pessoas. Na unidade neonatal do hospital de Katmandu, se depararam com incubadoras vazias e entenderam que o problema provavelmente estava nas condições locais onde as crianças nasciam e não na falta de incubadoras. Assim, resolveram ampliar a pesquisa.

Assim, se depararam então com três descobertas que os ajudaram a reformular completamente o desafio inicial: (1) a maioria dos bebês prematuros nascia na zona

---

[56] Fonte: https://www.designcouncil.org.uk/. Acesso em: 04/11/2020.

rural, (2) a maioria desses bebês dificilmente chegava a um hospital, porque os vilarejos ficavam a pelo menos 50 quilômetros de distância dos centros urbanos e (3) nem todos os bebês prematuros precisavam de uma unidade de tratamento intensivo, precisavam apenas estar aquecidos. Ficou claro então que incubadoras melhores não solucionariam o problema. Decidiram que tinham que criar uma solução transportável, barata, intuitiva, higienizável, culturalmente apropriada e que funcionasse sem eletricidade.

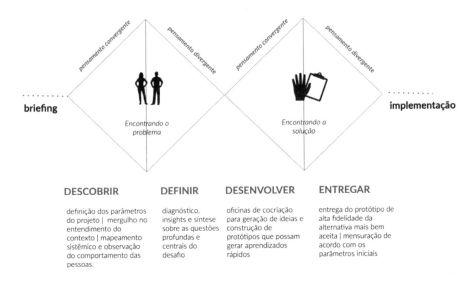

Figura 11 — O Duplo Diamante (Ilustração criada por Cuca Righini.)

Assim nasceu o *Embrace Infant Warmer*, um dispositivo de aquecimento de bebês, semelhante a um pequeno saco de dormir lavável, que funciona com uma placa de cera, aquecida por imersão em água quente.

Entre as fases de desenvolvimento e entrega, muitas versões foram testadas com bonecos, possibilitando observar a eficácia e a interação das mães com os protótipos. Após um ciclo de adaptações sucessivas, o produto chegou a sua versão final.

A primeira versão, lançada em novembro de 2012, beneficiou 2.000 bebês. Em dezembro de 2013, esse número chegou a 50.000. E assim nasceu a *Embrace Innovations*[57], empresa social sediada na Índia, que desenvolve tecnologias de assistência à saúde, focadas na redução de mortalidade infantil em mercados emergentes, e que já impactou mais de 300.000 bebês em 22 países.

---

57 Fonte: https://www.embraceinnovations.com/. Acesso em: 04/11/2020.

O caso do *Embrace Warmer* nos ajuda a entender de forma tangível **as quatro grandes mudanças** do pensamento do design:

1. **Centrar no humano (observação do contexto):** Entenderam o contexto sociocultural e as necessidades reais das pessoas, reformulando o desafio original (uma visão primordialmente técnica) para um novo desafio pautado no fator humano, trazido do campo.
2. **Questionar as questões (para entender o desafio real e impactar positivamente o sistema):** Questionaram se uma incubadora fazia sentido diante do que mapearam localmente.
3. **Construir para pensar (usar o pensamento visual e técnicas de prototipagem):** Construíram protótipos para aperfeiçoar a solução previamente concebida; e
4. **Iterar continuamente (tudo precisa ser testado e ajustado):** Iteraram (adaptaram) a solução a partir de testes com as famílias.

Conclusão

No contexto atual, em que as organizações e o desenvolvimento profissional são ainda pautados por um modelo de conhecimento fragmentado e mecanicista, o *design thinking* emerge como um caminho de resgate da integração dos saberes, da conexão entre arte e ciência e como algo disponível para todos, não só para designers de formação acadêmica.

A sistematização e a prática do design nos últimos 15 anos apontam para um processo de criação intencional, pautado em valores essenciais humanos — empatia, colaboração e experimentação — que promove a criação coletiva, viabilizando a inclusão, a diversidade e o pensamento sistêmico, mitigando, assim, os riscos dos pontos cegos e da marginalização de muitos em detrimento de poucos.

Nas palavras de David Kelly, fundador da IDEO[58],

> a grande contribuição do Design Thinking é que ele permite que as pessoas construam umas sobre as ideias das outras, permitindo que se chegue a um lugar ao qual uma mente apenas não é capaz de chegar. E, a maior dificuldade é conseguir gerar uma cultura de trabalho onde profissionais, de áreas diversas,

---

58 Fonte: https://www.ideo.com/post/design-kit. Acesso em: 04/11/2020.

trabalhando em grupo, consigam ser bons em construir uns sobre as ideias dos outros.

Essa me parece ser a maior conexão do design com a Pedagogia da Cooperação: a criação das capacidades, habilidades e competências para que grupos humanos consigam cooperar *DIVERdade* e criar, intencionalmente, o futuro que queremos.

O Jogo Oasis

CLARISSA MÜLLER E RODRIGO RUBIDO

Que bom que você veio saber um pouco sobre o Jogo Oasis!

Nas próximas páginas vamos contar para você a história do jogo, como ele surgiu e foi se desenvolvendo ao longo dos anos, e qual o passo a passo para jogá-lo.

Para começo de conversa o que é esse "oasis"?

O Jogo Oasis é uma ferramenta de apoio à mobilização cidadã para a realização de sonhos coletivos, ou seja, sonhos que são compartilhados por um grupo de pessoas, em especial por uma comunidade. Chegar a essa definição foi um longo processo, assim como a construção do jogo no formato que tem atualmente.

Senta que lá vem história!

O desenvolvimento da Filosofia Elos, na qual está baseado o jogo aconteceu em paralelo com o desenvolvimento de um grupo de estudantes de arquitetura e urbanismo que, em meados dos anos 90, na cidade de Santos, sonhavam em transformar o ensino e o fazer da profissão, incentivando uma relação mais próxima e dialógica entre quem planeja e quem vive os espaços da cidade.

O grupo recebeu o nome de *Reviver* e a revitalização do Museu de Pesca de Santos[59] foi o projeto que deu vazão a esses sonhos. Esse período trouxe tantos aprendizados para o grupo que, em 1999, cinco participantes criaram o curso *Guerreiros sem Armas*[60] e, um ano depois, fundaram o Instituto Elos[61]. Com a criação do curso, veio

---

[59] Nesse vídeo Mariana, Natasha e Rodrigo, integrantes do grupo *Reviver* e cofundadores do Instituto Elos, contam sobre essa experiência: https://www.youtube.com/watch?v=lCHH-UYB8_g. Acesso em: 04/11/2020.

[60] O *Guerreiros sem Armas* é um curso que reúne jovens de diferentes países que buscam transformação e querem ser parte dela, aprendendo na prática a Filosofia Elos e aplicação do Jogo Oasis. Aprendemos em interação com comunidades reais, aplicando o saber compartilhado como base para a construção dos sonhos comuns. Fonte: https://institutoelos.org/gsa/. Acesso em: 04/11/2020.

[61] O Instituto Elos é uma organização de educação social que fortalece a capacidade das pessoas e de comunidades de transformar sua realidade. Fonte: https://institutoelos.org/. Acesso em: 04/11/2020.

a estruturação de uma metodologia para que jovens aprendessem a mobilizar comunidades a partir da valorização dos recursos, talentos e saberes locais, da escuta dos sonhos comuns para a cocriação de projetos, e pôr fim à mobilização da energia coletiva para a materialização do que foi sonhado e projetado.

Porém, foi só em 2003, após Edgard Gouveia Jr., um dos cofundadores do Elos, cursar a Pós-graduação em Jogos Cooperativos, que veio a ideia de criar um jogo através do qual a metodologia do Elos pudesse ser vivenciada e com isso tornar toda a técnica e o processo desenvolvido uma prática popular. Nascia ali o Jogo Oasis.

A primeira comunidade que recebeu e vivenciou o jogo foi o bairro do Paquetá, em Santos-SP. Na ocasião, o sonho da comunidade foi transformar uma área, que estava abandonada e vivia cheia de lixo, em uma praça de lazer. Esse jogo gerou um impulso que dura até hoje e foi responsável por diversas conquistas, como uma padaria comunitária, um grupo de teatro e até o empreendimento de um conjunto habitacional.

> O principal aprendizado foi: é possível transformar nossos sonhos em realidade de forma prazerosa e cooperativa.

Essa crença na utopia (ou no que parece, à primeira vista, ser utópico), aliada a técnica e a um processo bem estruturado que gere resultados concretos, foi o que permitiu ao Jogo Oasis se tornar uma tecnologia social premiada pela Fundação Banco do Brasil em 2013 e ser uma ferramenta de mobilização comunitária que alcançou cerca de 300 comunidades do Brasil e mais uma centena mundo afora entre os anos 2000 e 2019.[62]

A estrutura do Jogo Oasis está organizada a partir do que hoje chamamos de Filosofia Elos. Cada fase do jogo propõe uma série de atividades que estimulam o autoconhecimento, a percepção das pessoas com quem estamos e do ambiente a nossa volta em um cenário de abundância com vistas a materializar um sonho coletivo de forma colaborativa.

Como se preparar para jogar

Antes de iniciar a aplicação do jogo com a vivência das sete etapas, é preciso definir o local de atuação e o grupo que vai jogar, e isso é muito variado: pode ser um bairro, uma empresa, uma escola, uma família.

---

[62] Embora o Oasis só tenha ganhado o formato de jogo em 2003, desde o final dos anos 1990 a metodologia já vinha sendo aplicada em diversas comunidades.

Para cada um desses "locais", o jogo vai proporcionar impactos diferentes. Porém, em todos eles, será vivenciado o processo de reconhecimento de belezas, talentos e sonhos individuais para a materialização de um sonho comum.

Em uma empresa pode-se perceber a melhora no clima organizacional e o desenvolvimento da habilidade de trabalhar em equipe. Em uma escola pode-se notar a melhora nas relações entre equipe docente, discentes e equipe de apoio, além do maior cuidado por parte da ala estudantil com os espaços coletivos da escola.

Em uma comunidade, o Oasis resgata a capacidade de realizar sonhos e desperta o reconhecimento de lideranças afetivas que muitas vezes fazem muito por residentes, mas acabam não tendo visibilidade.

Quanto ao grupo de pessoas, recomendamos sempre que tenha uma coordenação compartilhada entre duas ou três pessoas que já tenham participado de algum jogo ou Vivência Oasis[63], pois é uma forma de garantir que alguém com um pouco de experiência guiará o caminho.

Tudo pronto? Vamos começar!

Um aviso: embora tenhamos manuais do jogo[64] explicando cada um desses passos "tintim por tintim", como se dizia antigamente, não existe uma receita de bolo do Jogo Oasis. O contexto em que o jogo será aplicado e as características e talentos do grupo precisam ser levados em consideração. O que estamos apresentando aqui é o essencial, algumas atividades precisam realizar-se obrigatoriamente para que seja considerado um Jogo Oasis. Basicamente, o importante é que sejam cumpridas as sete etapas que descrevemos a seguir:

Primeira etapa: Busque a abundância

Tem por objetivo desenvolver três habilidades: percepção sensorial, olhar apreciativo e foco na abundância. A primeira atividade consiste de uma conhecida brincadeira de infância: a "cabra-cega". O objetivo é conhecer a comunidade a partir dos demais sentidos, olfato, tato, audição, paladar, impedindo que o olhar, muitas vezes contaminado pela cultura de escassez, nos impeça de reconhecer todas as

---

[63] Formação oferecida pela equipe do Instituto Elos na qual o Jogo Oasis é a ferramenta aplicada para promover o aprendizado de como realizar uma ação coletiva, ao mesmo tempo que promove a mobilização comunitária no local onde a atividade se desenrola.

[64] Com este link, você acessa o Jogo Oasis http://institutoelos.org/games/games/view/jogo-oasis e pode fazer seu cadastro para download dos manuais do jogo e demais materiais.

belezas e recursos que existem no local. Muitas vezes passeando de olhos vendados por uma favela, o que chama nossa atenção é som das crianças brincando, o cheiro de um feijão no fogo ou mesmo o canto de um passarinho. Isso nos desperta para a percepção das coisas boas, das belezas que estão presentes ali. Mas não paramos nisso, é preciso em seguida fazer um verdadeiro levantamento de recursos e talentos existentes na comunidade.

Segunda etapa: Escute os corações

Busca desenvolver as habilidades de escuta ativa, conexão afetiva e visão sistêmica. Nesse momento do jogo, as atividades têm por objetivo promover a construção e fortalecimento de vínculos, participantes buscam quem são as pessoas que produzem ou cultivam as belezas identificadas na etapa anterior. Se a beleza que você encontrou foi um jardim florido, volte e converse com a pessoa que cultiva esse jardim, ouça atentamente suas histórias. Um momento marcante dessa fase é a realização do "Show de Talentos", no qual cada pessoa compartilha algo que faz muito bem. Em 2015, durante o Show de Talentos no Morro do José Menino (Santos) a presença de Seu Charutinho, um dos moradores mais antigos da comunidade, comoveu todos os presentes. Ele nem precisou subir ao palco para ser aplaudido de pé, pois sua simpatia e generosidade — seus principais talentos — foram reconhecidas assim que ele chegou ao local do evento. Isso vai gerando um sentimento de orgulho e aumento da autoestima da comunidade, algo fundamental para que confiem que poderão protagonizar as transformações que vão sonhar na próxima etapa.

Terceira etapa: Sonhe grande e junto

Promove o desenvolvimento das habilidades de anfitriar, acreditar na utopia e conectar com o propósito. Aqui o desafio é encontrar a maior diversidade possível de pessoas da comunidade e descobrir qual o sonho delas para a comunidade. Para fechar a etapa, é preciso organizar um encontro comunitário no qual pessoas de todas as idades conversem sobre seus sonhos para a comunidade e definam com todo mundo junto qual o sonho comum mais genuíno que pode ser realizado em um mutirão de dois dias. É preciso ser algo significativo, possível, porém desafiador. Com esse sonho definido segue-se para a próxima etapa.

Quarta etapa: Cuide de si, da outra pessoa e do sonho comum

Busca exercitar as habilidades do zelo, planejamento e design. É o momento de fazer a fundamental maquete coletiva do sonho comum. Muitas pessoas podem sonhar com um parquinho, mas para algumas delas, ele precisa ter balanços; para outras, escorregador, e assim por diante. Por isso, os sonhos a serem realizados são decididos em uma maquete construída coletivamente, o que nem sempre é uma tarefa simples. É comum passarmos por situações em que expectativas e sonhos para os espaços são discordantes, especialmente quando se trata de local em que há convivência intergeracional.

Quinta etapa: Acredite, vá até o fim, seja espetacular

É o tão esperado momento do *mão na massa* para tornar real aquilo que foi sonhado e projetado nas etapas anteriores. Normalmente acontece um mutirão de dois dias em um final de semana. É a oportunidade para colocar em ação as habilidades de cooperação, autonomia e proatividade na materialização dos sonhos coletivos planejados na etapa anterior. Quem é de pintar, pinta; quem é "dedo verde" cuida dos plantios de hortas e jardins. Tem espaço e trabalho para todo mundo, mesmo! Se está sobrando gente, aumentamos o sonho para acolher todo mundo. Frequentemente se reúnem entre 100 e 300 pessoas. As crianças que são sempre as primeiras a chegar ficam curiosas com a dinâmica dos olhos vendados lá no início do jogo e começam a participar desde então e, muitas vezes, são ótimas mobilizadoras. É o momento em que a convivência se intensifica, quando o coletivo se fortalece na ação conjunta para a realização de um sonho que é seu e ao mesmo tempo de todos!

Sexta etapa: Divirta-se e celebre a conquista coletiva

É o momento de praticar o acolhimento, o compartilhar e o festejar. O primeiro passo é reconhecer e celebrar a contribuição de cada pessoa para que o sonho coletivo possa se materializar. Isso é feito em uma roda onde todas as realizações são nomeadas e as pessoas que protagonizaram cada ação são celebradas. Depois, cada comunidade festeja à sua própria maneira: roda de samba, de capoeira, apresentação de banda local, quitutes preparados por quem gosta de cozinhar e apresentações artísticas das mais diversas.

Sétima etapa: Hora de construir novos sonhos

Convida participantes do jogo, residentes, familiares, colegas de trabalho ou de escola, para exercitar as habilidades de pertencer, propagar e recomeçar. É realizado um encontro no qual a pergunta norteadora é: *considerando as belezas, talentos e sonhos que reconhecemos aqui e o poder realizador do coletivo que presenciamos durante o mutirão, o que queremos fazer daqui pra frente?*. O empurrãozinho que precisava para que as pessoas voltassem a sonhar e a acreditar em seus sonhos foi dado. Hoje temos notícias de empurrõezinhos cujo impulso já dura 20 anos.

Venha fazer parte!

O Jogo Oasis e a Pedagogia da Cooperação guardam uma relação muito próxima: o Jogo Oasis é um Jogo Cooperativo, desenvolvido para que um grupo de pessoas possa materializar sonhos coletivos de forma cooperativa, estimulando a *com-vivência* e o fortalecimento do sentido de *comum-unidade*.

Se você já participou de algum Jogo Oasis, esperamos que ao ler essas páginas tenha recordado sua experiência. Caso você ainda não conheça e tenha curiosidade de conhecer mais, vamos adorar contar com sua presença em um próximo jogo pelo Brasil ou no mundo.

MusiCooperação

RODOLPHO "DODÔ" MARTINS

Minha história com a cooperação começou quando eu tinha 18 anos. De lá para cá, tenho vivido profundos aprendizados e o desafio de praticar a cooperação em cada passo continua sendo cotidiano e significativo em minha vida. Desde meu primeiro contato com os Jogos Cooperativos, sabia que essa era parte de minha missão na Terra: promover e estimular a cooperação e com isso contribuir para um mundo mais pacífico, fraterno, solidário onde as pessoas possam ser quem são e se sentirem acolhidas, queridas, amadas por isso.

Tenho lembrança também de não ter muito material, informações e livros sobre o assunto. E que, portanto, se quiséssemos viver em um mundo mais cooperativo precisaríamos criar, transformar, construir novos jogos, situações, atividades e experiências para que esse universo colaborativo pudesse fazer parte de nossas vidas. Fui em frente dando aulas, realizando oficinas, cursos, palestras e vivências sobre esse assunto coerentemente ao cocriar essa história junto a outras pessoas.

Na música, meu primeiro instrumento de sopro foi o trombonito. Um instrumento de timbre robusto com altura de notas mediana, nem muito grave nem muito aguda, com uma sonoridade muito particular. No primeiro contato com o instrumento na banda da escola onde eu estudava, aprendi uma melodia linda que era encantadora por si só. Com a melodia decorada, fomos então juntar todos os instrumentos na banda de uma única vez. E foi neste momento que percebi, para meu espanto, que a melodia entoada pelo trombonito era uma segunda voz que se combinava com a melodia do trompete, do trombone, da flauta, da clarineta e da escaleta, tocada em consonância com o ritmo dos instrumentos percussivos. Um êxtase de celebração e emoção.

Foi durante essa experiência que me dei conta do sentido de *Comum-Unidade*!!! Sim, de que cada nota, cada sonoridade, cada pessoa, cada um de nós tem um papel fundamental na composição do todo. Percebi a beleza de ser quem eu era e de tocar aquele instrumento. Da riqueza na combinação de tantas formas diferentes de se manifestar. Do poder e da força que há quando somos capazes de criar campos harmônicos a partir da diversidade. E da importância de sermos diferentes para a construção de uma comunidade preparada para lidar com tantas adversidades com que vivemos cotidianamente.

Muitos anos depois, esses dois universos fariam parte de minha vida ativamente. Num primeiro momento, em caminhos paralelos e de formas distintas. Cada um deles trazia coisas diferentes para mim: sentimentos, emoções aprendizados e perspectivas. Até que no ano de 1995, após a clínica de Jogos Cooperativos, realizada no Centro de Práticas Esportivas da USP (Universidade de São Paulo), tive a iniciativa de juntar essas minhas paixões. Música e jogos cooperativos se fundiram pela primeira vez em uma breve experiência que chamei de MUSICOOPERAÇÃO. Assim, nasceu esse processo da Pedagogia da Cooperação que ao longo do tempo foi se tornando uma das metodologias dessa abordagem.

Com o nascimento do *MusiCooperação*, novas perspectivas se abriram e dentro de mim passei a entender a combinação dos dois assuntos. No entanto, não foi de imediato que esse processo se formalizou. Música e Jogos Cooperativos continuaram fazendo parte de minha vida profissional em trajetos separados. Tocar nos bares com minha banda me trazia mais retorno financeiro naquele momento e o sonho de ficar conhecido e ouvir minhas músicas nas principais rádios do país ainda era muito forte. Ao mesmo tempo, sentia uma alegria diferente quando jogava cooperativamente. Era apaixonante estar em colaboração, em espaços de acolhimento, escuta, compaixão e solidariedade. Ali eu podia ser quem eu era em minha essência, não precisava estar em busca de algum padrão externo. Em busca de algo que eu procurava fora de mim, uma referência que vinha do outro. Isso tudo era muito confuso porque os dois caminhos traziam coisas diferentes que me nutriam muito.

Gostava muito de tocar e de sentir a energia do público com nossas músicas. Gostava ainda mais da interação com as pessoas e de conhecer pessoas novas a cada nova apresentação. Porém, havia uma parte da história de que eu não gostava. Havia muita bebida e por conta da bebida eventualmente aconteciam brigas nos bares. Quando me deparava com essas situações me sentia corresponsável. E ficava me questionando o que eu poderia fazer de diferente para gerar diferentes tipos de relacionamento. Foi quando um dia inesquecível fez parte de minha jornada e definiu o destino desta metodologia: o dia 9/9/99!!!

Estávamos tocando e uma confusão na parte direita do bar começou a acontecer. Inicialmente uma discussão e depois uma briga. Não sabíamos o que fazer. Tentei falar algo no microfone para minimizar a situação e acabar com aquilo, mas não foi suficiente. Logo percebi uma nova confusão acontecendo no fundo do bar, mais uma discussão precedida de outra briga. E logo na sequência outra briga que não tinha relação com nenhuma das anteriores se iniciou em frente ao palco junto com outra do lado esquerdo do bar. Quando vi, o bar inteiro estava em guerra!! Cadeiras voando, garrafas quebrando, sangue por todo lado. Cenas muito horríveis que ainda hoje me trazem recordações assustadoras. A polícia chegou e controlou a situação, mas meu coração fica demasiado triste ao pensar naquele dia.

Gabriel, meu filho, era bem pequeno, tinha alguns meses de vida. Quando cheguei em casa, olhei para ele e lembrei de tudo que tinha acontecido. Caí numa profunda reflexão. "O que é isso que eu estou ajudando a construir? É esse o futuro que quero para mim e para meu filho? A música poderia contribuir com a criação de espaços mais pacíficos, colaborativos, felizes?".

A partir dali tudo começou a ficar mais claro. Passei a olhar a música como uma linguagem, uma prática, que poderia ser utilizada para construir contextos de cooperação nos quais as pessoas poderiam se olhar entre si gerando vínculos e relacionamentos mais saudáveis, amorosos e acolhedores. Comecei a entender o poder e a força da música com essa finalidade e desde então passei a transformar minha percepção e olhar, enxergando-a com um potencial incrível de transformação e não como um fim.

A partir desse momento também, a *MusiCooperação* começou a ganhar mais sentido, forma, propósito e contorno. Reuni todas as minhas experiências com música e atividades musicais que praticava em minhas oficinas, cursos, vivência e palestras e fui organizando essas informações. Com o tempo, fui olhando para todas elas e juntando-as em pequenos grupos. E com essa junção observei que havia também outros processos por trás delas. Passei a ver um universo gigantesco de possibilidades que a música oferecia e que poderia compor a nova metodologia.

Conforme fui mergulhando mais nessas observações e utilizando mais as atividades musicais em minhas práticas, fui percebendo onde e como essa nova forma de fazer música proporcionaria novas experiências para as pessoas, e como poderia se relacionar com a Pedagogia da Cooperação. Comecei a reconhecer, assim como na Pedagogia, quais eram os *Princípios, Processos, Procedimentos e Práticas* da nova metodologia.

No decorrer do caminho, conheci a Música Circular, uma forma de fazer música desenvolvida a partir dos sons gerados por nossos corpos na combinação com sons gerados pelos corpos de outras pessoas. Música Circular em si também já é uma abordagem que traz várias outras dentro dela como Percussão Corporal e Improvisação Vocal. E foi na Música Circular que a *MusiCooperação* encontrou um espaço de desenvolvimento na perspectiva circular.

Música Circular é uma metodologia extremamente simples porque não necessita de grandes recursos para acontecer. Aliás, o único recurso necessário é nosso corpo. E o som que ele é capaz de produzir na interação com o som que outros corpos produzam ao mesmo tempo. Como o próprio nome diz, é música feita em círculo e em grupo, junto com as pessoas. É o som da simplicidade, a música na criatividade, um profundo espaço de humanidade. Hoje, considero como um dos principais *Processos* do *MusiCooperação* porque consegue traduzir o propósito maior dessa metodologia.

Nesse momento, vi uma complexidade se organizando e iniciei uma sistematização de todas as informações. Reconheci inicialmente os *Processos* que davam base para a *MusiCooperação* e coloquei esses e outros aspectos da Pedagogia da Cooperação dentro de sua própria matriz.

Para esse ensaio, quero apresentar agora os *Processos* que sustentam esse programa. São eles: Música Circular, Música Orgânica, Danças Circulares, Jogos Musicais Cooperativos, Rituais Ancestrais. Como *Princípios* temos a TECLA:

- *T*ranscendência na capacidade de ir além das percepções corporais;
- *E*scuta que se manifesta através da empatia;
- *C*ircularidade que traz o sentido de estarmos no mesmo nível de importância;
- *L*iberdade que marca a espontaneidade do ser;
- *A*morosidade que acolhe o outro como parte de si mesmo.

Quanto aos *Procedimentos,* utiliza alguns da própria Pedagogia da Cooperação, como: partir da cultura do grupo e ir do mais simples ao mais complexo. Outros como composições e criações coletivas, combinando ritmos pessoais em compassos coletivos integram os destaques. Nas *Práticas,* recomendo iniciar por experiências sonoras simples, explorando coletivamente as partes do corpo e as sonoridades que assim podem ser produzidas. Após essas explorações, passamos a algumas experiências e combinações rítmicas com seus parceiros. Muitos Jogos Cooperativos musicais podem ajudar nessa etapa. Depois, exploramos interações vocais. Num primeiro momento, sem ritmos nem melodias elaboradas, apenas experimentos de timbres e diferentes alturas de notas. Indo do simples ao complexo, vamos aumentando pouco a pouco o nível de complexidade, agregando algumas melodias simples e gradualmente inserindo poucas interações com a criação de segundas vozes combinadas. E, na sequência, sugiro criar músicas e composições que possam ser realizadas coletivamente.

A *MusiCooperação* tomou grande impulso com a experiência no programa Escola da Família, realizado pelo governo do estado de São Paulo. Quando recebi o convite para apresentar os princípios do programa para cerca de 5.000 universitários, percebi que a música seria a linguagem mais poderosa para criar um ambiente de aprendizagem, reflexão e sobretudo de colaboração, através da criação de células musicais que se relacionem compondo uma grande sinfonia.

De todas as metodologias abordadas neste livro, provavelmente esta é uma das mais novas, uma das caçulinhas das Metodologias Colaborativas, e por isso ainda está em desenvolvimento. Por outro lado, ao mesmo tempo já vem demonstrando sua relevância no atual cenário, encantando pessoas, grupos, organizações, escolas e comunidades no Brasil e em diversos outros países.

A *MusiCooperação* é uma poderosa e sensível linguagem universal e que por ser assim, pode nos ajudar a *re-tocar* nossas atitudes de individualismo, exclusão e competição e elevá-las uma oitava acima, para o campo harmônico da solidariedade, inclusão e cooperação.

Desejo que suas experiências *MusiCooperativas* sejam de muita alegria e que possam gerar ainda mais ambientes de luz, vida e paz em sua vida e na Terra.

CooperArte

MARIA CLARA "CACÁ" BORGES E VITOR HUGO LIMA

Por que a arte?

Sabemos a importância da arte em nossas vidas: o ser humano é um ser simbólico, um ser de linguagens. Desde a pré-história, procurava se expressar através de imagens pintadas nas paredes das cavernas buscando representar sua realidade, apropriando-se como animal simbólico que é, segundo o filósofo alemão Ernst Cassirer[65].

O desejo do ser humano de compreender e de apropriar-se da realidade o leva a múltiplas tentativas de interpretação por meio de sua capacidade mental de simbolizar. De modo que somos capazes de elaborar símbolos e ordená-los, interpretando o mundo para além dessas linguagens.

Toda linguagem é um sistema de signos que servem como meio de expressão e comunicação. Quando se fala sobre linguagem, há um condicionamento cultural que nos leva a pensar apenas nas linguagens verbal, oral ou escrita. Porém, vivemos rodeados por sistemas de signos multifacetados que acabam por estimular todos os nossos sentidos, de modo que num processo de comunicação, somos capazes de identificar e diferenciar estímulos visuais, olfativos, táteis, gustativos e auditivos. A partir dessa compreensão, nasceu a *CooperArte*[66], uma conexão entre nossas experiências com Arte/Educação e a Pedagogia da Cooperação, que traz as linguagens artísticas — a linguagem cênica (o teatro, a dança), a linguagem musical (o ritmo, a harmonia), a linguagem visual (a pintura, a fotografia) e a linguagem literária (a oralidade, a literatura) — para promover uma aprendizagem significativa, por acreditarmos que elas são poderosas fontes para alcançar esse **Propósito**.

Em todas as vivências do *CooperArte*, partimos de provocações artísticas que busquem fruição das obras e que contemplem a experiência, a imaginação e a realização, a valorização das potências singulares e a reflexão sobre arte como objeto de conhecimento para uma cocriação que expresse a verdade do grupo a fim de chegar a uma aprendizagem e *ensinagem* cooperativa. Sem cópia, sem decoreba, mas interpretando o mundo através da cocriação de signos internos e externos, assimilando e acomodando novas possibilidades de compreensão de conceitos, processos e valores.

---

65 CASSIRER, Ernest. **Antropologia filosófica: ensaio sobre o homem**. São Paulo, Mestre Jou, 1977.
66 As educadoras Cecília Vaz e Regina Ramos vivenciaram o sonho e a cocriação do CooperArte junto conosco, no Trabalho de Conclusão de Curso da Pós-graduação em Pedagogia da Cooperação.

A linguagem literária é estabelecida aqui como trilha para a compreensão e vivência da empatia. A literatura nos faz refletir sobre nossa condição humana. Ao se ler um texto, cada um lê e gera uma interpretação nova e singular, focando em algum aspecto da obra que lhe toque mais afetivamente. O livro só se encerra quando o leitor preenche os significados que o autor lhe deixou como herança, para que essa obra seja apenas sua. Na literatura, o leitor/espectador encontra a liberdade para desenvolver uma inteligência criadora a partir de sua imaginação. **O encontro de seu subconsciente com o das personagens lhe permite ampliar seu repertório de significações acerca das sensações de catarse ou frustração. Isso permite que os processos cooperativos sejam mais empáticos, pois cada um compreenderá melhor cada ponto de vista que entre em conflito com o seu.**

Quando trabalhamos com arte, precisamos estar atentos à abertura do participante para o desenvolvimento de suas potencialidades artísticas. Enquanto uns podem estar mais dispostos, outros podem ter vivido experiências negativas no aprendizado da arte podendo inclusive apresentar dificuldades de explorar e comunicar suas ideias. Cabe ao facilitador abrir espaços para que se possa desvelar o que pensa, ampliando as percepções e leituras do mundo (FREIRE, 1996)[67], criando desafios estéticos e reflexivos. Em arte, não pode existir "certo" ou "errado". A interpretação da obra artística é sempre única e construída a partir das experiências e gostos de cada pessoa. Precisamos respeitar e maximizar todas as individualidades, na contramão do que fomos condicionados: sabotar o desenvolvimento de uma inteligência criadora propondo modelos repetidos, julgando e deslegitimando expressões amorfas.

A focalização do *CooperArte* deve estimular o grupo trazendo informações sobre as obras de arte previamente selecionadas, porém sem interpretações direcionadas. No processo de preparação, ela se transforma em uma curadoria, de modo que suas apreciações já estejam entrelaçadas aos processos. Deve-se ter um olhar cuidadoso propondo obras que contemplem artistas de origens diferentes, enriquecendo com olhares nacionais e estrangeiros, variando períodos históricos e valorizando os que também propõem ideias antissistêmicas, porque podem ter sido subjugados por uma história com foco em uma única arte, eurocêntrica e patriarcal. **Se estamos interessados em admirar a riqueza da diversidade do ser humano e da natureza, devemos atentar para que todas as vozes sejam ouvidas no processo.**

Deve-se atentar também ao fato de que a essência do primeiro momento é uma investigação simbólica sobre o que as obras eleitas pelo focalizador têm a dizer sobre cada indivíduo, o grupo, suas particularidades e projetos. Aqui, estamos

---

[67] FREIRE, Paulo. **Pedagogia da Autonomia — Saberes necessários à prática educativa**. São Paulo, Paz e Terra, 1996. 25ª. edição.

descobrindo o conectar, estamos fazendo *Com-Tato* com o grupo por intermédio do olhar sensível à arte. As impressões de cada um do grupo se misturam àquelas do focalizador, o que permite uma apresentação singular individual, pois surgirá sempre um olhar único que nascerá no momento do encontro.

Cada momento é sempre único já que cada indivíduo chega de forma diferente com necessidades distintas. Inspirados por experiências sensoriais, como nas obras de Lygia Clark[68], passamos de mão em mão um saco cheio de ar com uma pedra em cima, cuidando para não a derrubar. Como foi a experiência de cuidar? Foi leve como o ar ou pesada como a pedra? Dessa forma, estimulamos relações que olhem para as necessidades de todos e não apenas para os desejos de alguns. De modo que podemos estabelecer um *Com-Trato* de convivência que zele pela harmonia do grupo.

Em outra abordagem, sustentamos a ideia de que o ensino da arte deve despertar os sentidos, ser uma educação do *Sensível* com o objetivo de formar sujeitos mais plenos que enxerguem os objetos do mundo sem se restringir aos modos instrumentais e científicos. O olhar do artista nos fala sobre aquilo que culturalmente é difícil de se falar. Ao compartilhar *In-Quieta-Ações* próprias, ele nos estimula a sair do lugar comum, do comodismo. Cada indivíduo que vivencie as propostas do *CooperArte* torna-se um artista e tem espaço aberto para que suas inquietações sejam acolhidas e transformem o grupo.

O desafio de cooperar para criar uma "arte coletiva" é lançado ao grupo. É o momento propício para fortalecer *Alianças e Parcerias* através de propostas artísticas. Quando trabalhamos com os elementos das Artes Visuais, podemos trazer: linhas, pontos, formas, cores, dimensões, movimentos, profundidade; obras de um ou mais artistas, de um movimento ou temas. A proposta é que a criação seja coletiva. Ou seja, os participantes são estimulados a descobrir estratégias e trocar ideias, organizando propostas. Este é um dos momentos mais ricos do processo. Toda essa diversidade pode gerar conflitos que precisam ser mediados pelo próprio grupo, que é convidado a criar, propor, ceder, elaborar, até chegar a um resultado que agrade a cada um para que todos se sintam coautores da obra.

As vivências artísticas cooperativas permitem a cocriação de território comum para o grupo. Um espaço no qual as pessoas reúnam *Soluções Como-Uns* para as inquietações compartilhadas e para os conflitos que surjam, possibilitando que sejam mais harmoniosas do que em ambiente competitivo ou hierárquico. A experiência vivida é importante quando realmente faz sentido e se conecta a sensações, sentimentos e pensamentos, criando significados. Tal vivência é bem diferente de uma

---

68 Lygia Clark, pintora e escultora, cofundadora do movimento Arte Participativa.

simples informação que possa nos trazer conhecimentos, mas que não nos toca nem nos transforma. Tanto o processo de criação artística quanto o trabalho coletivo necessitam de dedicação para que frutifiquem. É preciso dedicar tempo à experiência. Ela se dá entre o conhecimento e a vivência humana, através dos sentidos, dos sentimentos e da reflexão. Por isso, é um saber subjetivo e particular porque cada sujeito, mesmo que em grupo, viverá a experiência de forma estritamente pessoal.

Muitas vezes, nos desanimamos quando os sonhos parecem não se concretizar. Pensamos que não podemos transformar o mundo por se tratar de uma realidade complexa. No entanto, quando compreendemos que também somos parte do todo, vivemos nossas experiências de forma única e pessoal e compreendemos que nossa visão é apenas uma dentro de uma grande *comum-unidade*, descobrimos a capacidade coletiva de *trans-formar* nossos espaços de *com-vivência*. O *CooperArte* floresce assim como estímulo para que os participantes progridam como multiplicadores de uma metodologia que realize *Projetos de Cooperação* através das artes integradas em seus espaços de convívio.

O *CooperArte* entende que todos os espaços são transdisciplinares do saber, da aprendizagem, não só a escola. Cocriamos num círculo de cultura (BARBOSA, 1998) um espaço político de transformação da *comum-unidade* e de celebração do *VenSer*. Nessas vivências, em que são desenvolvidas as habilidades cooperativas por meio da arte, cada pessoa acrescenta sua aprendizagem particular ao grupo, gerando aprendizagem grupal pela experiência de colaboração vivida em comum. O focalizador não tem respostas prontas. Portanto, seu papel é estimular conexões, promover reflexão e construir conhecimento coletivamente. Essa construção é singular daquele grupo pois é o somatório de cada individualidade que propiciará heterogeneidade e pluralidade aos resultados.

O acolhimento de todos e a valorização da diversidade faz da experiência do *CooperArte* algo que sempre será como da primeira vez, com possibilidade de leituras infinitas, de um jogo entre as certezas e as incertezas e que nos remeta ao olhar sensível e curioso de uma criança ao fazer arte com os amigos. Cada experiência vivida em *Arte/Educação* (DUARTE JUNIOR, 2001) pelo olhar da Pedagogia da Cooperação é uma experiência que nos desestabiliza da anestesia própria da vida moderna, buscando a estesia (FREIRE, 1982) que é se deleitar com o belo, com a arte. Assim, terminamos nos encantando como seres humanos pela beleza do estético, do ser, do pertencer a um grupo, nos colocando a serviço dele com tudo o que somos.

Para que isso aconteça, é necessário sensibilidade, desequilíbrio, quebra de paradigma, produção de sentido e novos territórios *como-uns*. Espaços onde todas as necessidades sejam atendidas para que todos possam despertar seu propósito, ser quem são, e para se colocarem a serviço da *comum-unidade* e do bem comum, a verdadeira educação para o *VenSer*.

Colocando os *Processos* na mochila...

Reconhecendo essas treze diversas e complementares Metodologias Colaborativas, preenchemos nossas mochilas com reflexões, conexões, inspirações e uma porção de ferramentas para fortalecer nossa confiança e a vontade para entrar em ação!

E tem mais! No final do livro, há uma lista de referências utilizadas e indicadas pelo próprio time de coautoria, para mergulhar em uma riquíssima fonte de conhecimento e experiência.

Mas não se apresse... tudo tem seu tempo e ainda temos outras surpresas!

No próximo capítulo, entraremos em contato com vários *Procedimentos*, que abordarão a importância do "como" utilizar cada um dos *Processos* apresentados, pois focalizar uma jornada de cooperação é mais que organizar a agenda, desenhar programação com várias atividades, imaginando usar diferentes metodologias para facilitar a realização dos objetivos pessoais e coletivos.

É preciso saber confiar na inteligência coletiva e na sensibilidade *comum-unitária* presentes na Pedagogia da Cooperação, tendo disposição para mudar completamente a rota sonhada para novas direções, e seguir por caminhos inesperados, a partir do que pode surgir do fluxo de cooperação emergente entre a gente.

Mochila conferida? Bora lá ver melhor o que são esses tais *Procedimentos*...

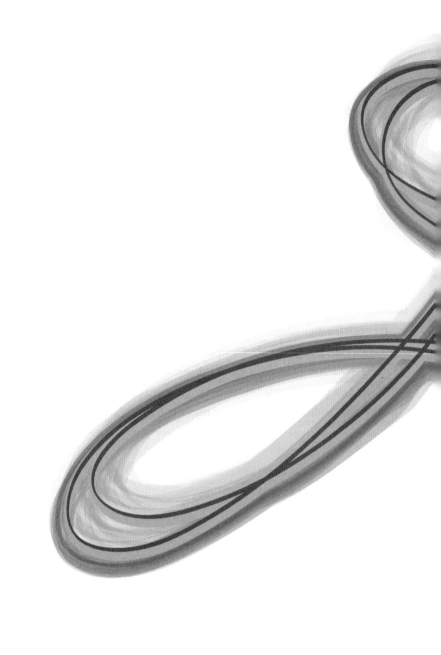

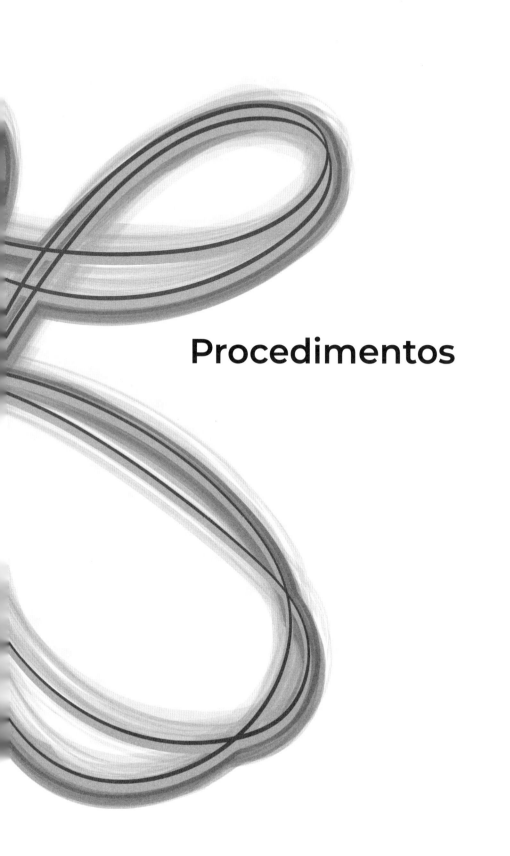

Procedimentos

Um jeito de fazer de jeitos diferentes

FÁBIO OTUZI BROTTO

*Menos tensão no planejamento
e mais atenção no que está acontecendo entre a gente.*

Que tal uma pequena revisão do que já foi compartilhado até aqui? Isso nos ajudará a seguir adiante nesta leitura-diálogo de um modo bem alinhado e em sinergia. E aí, o que você recorda? Fique à vontade, visite sua memória e encontre o que mais está presente nela de tudo o que foi tratado até este ponto... sem pressa nem pressão.

Conferindo, vimos que a abordagem da Pedagogia da Cooperação tem como *Propósito* promover o *VenSer*, isto é, contribuir para que cada pessoa possa *vir-a-ser* cada vez mais quem é plenamente e, ao mesmo tempo, colaborar para que todas as demais assim o sejam também.

Para caminhar na direção desse *Propósito*, nos guiamos pelos *Quatro Princípios*. Quais são eles? *Co-Existência, Com-Vivência, Cooperação e Comum-Unidade*. Que por sua vez, inspiram a utilização de um conjunto diversificado de metodologias colaborativas, que chamamos de *Processos*.

Foi até aqui que chegamos?

— *Acho que estamos esquecendo alguma coisa... lembrei! Vimos que as Quatro Pequenas Virtudes são as tutoras de toda a jornada, certo?!*

Excelente! Como é bom contar com sua colaboração para seguirmos adiante sem deixar nada para trás. Gratidão!!

Se o *Propósito* indica o "para quê"; os *Princípios* justificam o "por quê"; os *Processos* apresentam o "com que"; aqui os *Procedimentos* propõem "um jeito" de fazer, um "como fazer" de muitos jeitos diferentes, só para não fazer de qualquer jeito!

Agora, nosso próximo passo será conhecer alguns dos *Procedimentos* que podem servir como uma base didática para a utilização adequada dos *Processos* adotados para promover a Cultura da Cooperação e o desenvolvimento de *Comum-Unidades Colaborativas* em diferentes lugares e situações.

A *ensinagem* cooperativa

Ensinar-e-aprender a cooperar cooperando, praticando o que queremos aprender, com consciência do que estamos praticando, com quem, para quê e do jeito que praticamos. Essa é a maneira que escolhemos para *ensinaaprender* a cooperar. Convidamos as pessoas a "jogar", vivenciar, experimentar o sabor da prática, para, depois, refletir sobre ela, compartilhar os saberes apreendidos, descobertos e, a partir daí, tomar impulso para mudar a sua maneira de praticar, viver.

Afinal, não aprendemos quando acumulamos conhecimentos e experiências, mas quando mudamos o jeito de fazer o que fazemos.

A experiência pela experiência, a prática pela prática e o fazer pelo fazer tendem a apenas reproduzir e manter tudo como estava antes. Por isso, enfatizamos a importância da "**espiral da *ensinagem* cooperativa**" (Figura 12) como um dos *Procedimentos* essenciais da Pedagogia da Cooperação.

Figura 12 — A espiral da *Ensinagem* Cooperativa

Mestre-aprendiz

Todas as pessoas são mestres-aprendizes rumo ao *VenSer* para *SerVir*. Estamos *ensinaprendendo* o tempo todo e durante toda nossa caminhada compartilhada. Nos relacionamos horizontalmente, sem hierarquias entre quem sabe mais ou pratica de menos. Sendo assim, é bom lembrar que é importante:

- Criar e manter um ambiente de *coeducação*, contribuindo para o desabrochar da consciência de cooperação em cada pessoa, grupo, organização, comunidade e ecossistema.
- Valorizar sugestões sobre como solucionar problemas, harmonizar conflitos e realizar metas de jeitos diferentes e inovadores.
- Empoderar as pessoas para assumirem o protagonismo da experiência, convidando-as para focalizar atividades, trazendo seus talentos para enriquecer a jornada.
- Manter-se com abertura para aprender com os próprios erros. Esse é um ótimo exemplo de humildade e prontidão para coaprender, sempre.
- Arriscar, frequentemente, ser mais aprendiz do que mestre.
- Vulnerabilizar-se.

Ir para o vestiário

Se a música é feita de silêncio e som; se a respiração é feita de inspiração, pausa e expiração; se o jogo tem primeiro tempo, intervalo e segundo tempo; se na escola tem o recreio; e na empresa tem o momento do cafezinho; uma jornada de cooperação também é feita de muita movimentação e algumas paradinhas. É no silêncio-pausa-intervalo-recreio-cafezinho-paradinha que podemos deixar *re-pousar* na consciência todos os voos da experiência.

Então, sempre que for adequado, convidamos o grupo a:

- Sentar-se em círculo após uma atividade intensa para acalmar o corpo, serenar a mente, sacar o ensinamento e abrir espaço para o compartilhamento.
- Uma paradinha guiada pelo *Pinakari*[69], para nos colocar na ilha de nossas consciências e nos conectar com o oceano de nossa *co-existência*.

---

[69] Veja mais sobre essa prática no texto sobre o *Dragon Dreaming*, no capítulo de *Processos*.

- Reunir o grupo para ganhar clareza sobre as estratégias mais adequadas para lidar com os desafios que se anunciam.

Ir para o vestiário é sempre um convite a deixar a cena e respirar, criar um tempo para assentar a experiência, refletir individualmente ou coletivamente, deixar fluir a intuição e a criação, para então voltar para a ação mais plenamente presente (uma das *Pequenas Virtudes*). Pode durar um instante, talvez minutos, ou o tempo que for preciso para equalizar a dinâmica do grupo e calibrar o foco da jornada.

O círculo e o centro

Quando formamos um círculo, recuperamos o sentido de *Comum-Unidade*, pois na roda cada pessoa é valorizada; todas se veem e são vistas; não há quem esteja acima nem abaixo; nem dentro nem fora; e cada pessoa tem acesso livre e direto às outras e vice-versa, sem nenhum bloqueio ao encontro.

Ao compor um círculo, reconhecemos a existência de um centro, de algo que está *entre-nós*, que é comum a todas as pessoas, sem exceção. Nele, está aquilo que é essencial para o grupo, é o *fogo* que precisa ser mantido vivo no centro da roda. E, por ser assim, é cuidado pelo grupo, todo o tempo. Alguns toques e dicas:

- Estar em círculo sempre que possível: começar e terminar cada encontro, bloco ou mesmo atividades em círculo potencializa o sentido de grupo. E, quando possível, realizar também atividades em círculo.
- Convidar o grupo a cuidar do círculo: da forma, da distribuição das pessoas em torno do centro, mantendo o centro no centro e as pessoas sempre visíveis umas às outras.
- No centro, colocar algo familiar, que represente o grupo. Algo simples e maravilhoso que favoreça a conexão de cada pessoa com ele. Especialmente, nos primeiros encontros, a regra do "menos é mais" é muito bem-vinda. Algo como uma planta, flores, sementes ou similares representando elementos da natureza pode nos ajudar a lembrar de nossa conexão com o que é mais natural entre nós.
- Após alguns encontros e/ou interdependendo da natureza do grupo, sugestões e contribuições para a composição do centro são muito bem-vindas.
- Sendo adequado, convidamos alguém do grupo a ser a pessoa "Guardiã do Centro". Quando atuamos em uma série de encontros, propomos o revezamento desse papel, para incentivar ainda mais a autonomia e corresponsabilidade no grupo.

Mais do que um círculo e um centro físico, esse *Procedimento* contribui para o desenvolvimento de atitudes, comportamentos e modos de relacionamento circulares, isto é, que promovam atuação de modo colaborativo, inclusivo, respeitoso, generoso e pacífico, porque passamos a nos orientar mais pela consciência de ser "círculo-centro" do que pelo desenho do ambiente externo.

Ah, e como cuidamos do círculo e do centro no ambiente virtual? Que desafio! Vamos pensar? Que tal cuidar para que todas as pessoas se vejam e que cada uma seja vista quando falam? Mas e o centro? Esse lugar *como-um*, a essência do grupo, pode ser representado de outra forma? Como uma criação coletiva compartilhada, imagens, uma música-tema? Em uma de nossas experiências telepresenciais, convidamos cada pessoa para preparar seu próprio centro e apresentá-lo ao grupo. No encontro seguinte, desafiamos o grupo a reconhecer as conexões e elementos comuns entre todos os centros. E a partir disso, descobrimos uma forma de representar esse centro *como-um*. Esse é um jeito dentre muitos outros que podemos descobrir. Para onde sua criatividade o conduz? Vá com ela e volte para nos contar.

Começar e terminar junto

Nem sempre conseguimos propor uma experiência de cooperação mais robusta, complexa e impactante, mas começar e terminar junto é tão simples de fazer que cabe em qualquer lugar, situação e grupo. Dá aquela sensação de fazer parte de um time que se mantém firme diante dos maiores desafios e que celebra cada pequena conquista em comunhão. Ativa, também, aquela fidelidade a toda prova, a dos pactos de "sangue", coisas de uma cumplicidade deliciosa e poderosa!!! Então:

- Aconteça o que acontecer, começamos e terminamos com todo mundo junto!
- Pode ser através de uma história contada, de uma dança, de um jogo, um sinal combinado e até pelo silêncio compartilhado. Vale tudo, só não vale de qualquer jeito.
- Com o passar do tempo, que tal provocar o grupo para criar seu próprio jeito para começar e terminar junto?
- E quando uma pessoa não estiver no começo ou no fim do encontro, a incluímos assim que ela chegar e celebramos em conjunto quando for seu momento de sair!

Do + simples para o + complexo

Uma das dimensões da evolução mostra que ela ocorre de dentro para fora, do pequeno para o maior, do mais próximo para o mais distante, do individual para o coletivo, do micro para o macro, do mais simples para o mais complexo. Assim, aprendemos a andar para poder correr, aprendemos a falar para poder escrever, aprendemos a teclar para podermos navegar na internet. Ao mesmo tempo, há outra dimensão da evolução que se revela sistêmica, complexa, orgânica, fractal, caórdica: uma verdadeira *com-fusão*. E é nesse campo combinado de revoluções simples e complexas que encontramos a dinâmica da cooperação se desenvolvendo em cinco dimensões (Figura 13) interdependentemente conectadas:

Figura 13 — Cinco dimensões da prática da cooperação

Vale lembrar[70] que a palavra complexidade tem origem no latim[71] *complecti*, "rodear, abraçar", formado por *com*, "junto", mais *plectere*, "tecer, entrelaçar" e que portanto, para nós, simplicidade e complexidade tem a ver com o grau de interações e relações estabelecidas em cada contexto.

Desse modo, ao focalizarmos uma jornada de Pedagogia da Cooperação, procuramos criar condições favoráveis para que a prática da cooperação aconteça nessas cinco dimensões.

---

70 Ver o texto "Uma Abordagem Pedagógica Transdisciplinar", apresentado por Maria da Conceição da Silva Barros de Souza, no início desta obra.
71 Fonte: https://origemdapalavra.com.br/palavras/complexo/. Acesso em: 04/11/2020.

Levamos em conta que didaticamente é aconselhável iniciar propondo atividades mais simples, localizadas na dimensão pessoal, para a prática da cooperação consigo. Para, gradativamente e respeitando as possibilidades do momento, evoluirmos para atividades mais complexas, até as da dimensão planetária, onde exercitamos a cooperação com todo o ecossistema.

Síntese sobre síntese

A síntese é perceber onde e como o meu encontra o seu para criar o nosso. E se temos vários nossos, criar um que seja ainda mais nosso. Fazer síntese é colocar luz sobre a essência que conecta as criações. Esse pode ser um processo simples de conexão dos pensamentos, percepções, ideias e geração de uma solução emergente, mas também pode nos pedir por uma tomada de decisão colaborativa mais robusta.

Para além dos métodos convencionais de tomada de decisão (por autoridade hierárquica, unanimidade, votação, ranking etc.), aqui adotamos a produção de *síntese sobre síntese* como nossa maneira de incentivar a tomada de decisão colaborativa em cada uma das *Práticas* da Pedagogia da Cooperação. Falaremos mais a esse respeito ao longo do capítulo de apresentação das *Sete Práticas* e mais detalhadamente na *5ª Prática*.

Ainda podemos tomar decisões com inspiração na Sociocracia[72] e na Holocracia[73], em que não se resolve pelo voto, mas pela ausência de objeções importantes, pelo acordo de que o proposto é aceitável e digno de apoio ou "não boicote". Nesses sistemas, objeções precisam ser fundamentadas, para serem cuidadas e resolvidas, e as decisões podem ser progressivas, gerando oportunidade para a execução e revisão das decisões ao longo do processo.

Em síntese, **uma solução síntese é aquela que não é sua, nem minha, é aquela que nasce entre nós.**

E aí? Relembrar para reconectar

Você se reúne com colegas e começa a contar de uma viagem recente. Tente se colocar nessa situação. O que você conta? Contará sobre sua conexão com o lugar, os bons momentos, o que foi difícil, o que você aprendeu e os encontros que teve,

---

[72] Fonte: https://www.sociocracia.org.br/ e https://targetteal.com/pt/o2/comparativo/. Acesso em: 04/11/2020.
[73] Fonte: https://targetteal.com/pt/blog/holacracia-guia/. Acesso em: 04/11/2020.

entre outras boas lembranças, não é mesmo? Ao mesmo tempo, se alguém que viajou com você e viveu a mesma experiência, contar o que aconteceu, provavelmente, trará outras recordações, certo? E isso acontece porque cada pessoa revive a história de um jeito bem particular, a partir do que foi relevante para ela, concorda?

Após um intervalo de horas ou dias, recordar o que é relevante para o grupo é um caminho de reconexão das pessoas e com a jornada em si (o caminho percorrido, as decisões, as conquistas, as dificuldades, os ahás!, as dúvidas). Sem isso não se recomeça de onde havia parado e corremos o risco de tropeçar em alguma coisa a nossa frente. Então, que tal cuidar dessa reconexão propondo atividades cooperativas, como por exemplo:

- **E aí?**: eu conto o que lembro e passo a vez dizendo "E aí?" para alguém.
- **Foto Marcante**: eu me conecto com a imagem de um momento que me marcou, compartilho com o grupo explicando por que e passo a vez.
- **Um passeio pelo passado**: ao som de uma música agradável, e de braços dados com uma pessoa, compartilhamos o que foi significativo enquanto passeamos pelo local. Quando a música para, trocamos de dupla e seguimos compartilhando até que a música cesse.

Essas são formas de se retomar a conexão entre as pessoas, com o ambiente e o propósito que as reuniu, usufruindo do fato de que o que é relevante para o grupo naquele momento estará contido no que for lembrado.

Após pausas mais curtas também podemos recorrer ao "e aí?" para recordar e resgatar a presença, reaver sentido ou propósito comum ou ainda consolidar percepções ou aprendizados do grupo. O toque aqui é para cuidar dessa reconexão e reconhecer quanto de recordação o grupo precisa para voltar à conexão que já havia conquistado.

Dar e receber *lovebacks*

O *feedback* já tem lugar garantido nas relações, não é mesmo? Que tal darmos um passo adiante, oferecendo e recebendo algo mais? **O *loveback* cuida de honrar quem somos e o que entregamos às pessoas, ao grupo, à comunidade, ao mundo. De reconhecer as contribuições individuais e a soma que vem de cada presença, ideia, comportamento, competência, experiência, jeito de ser e agir.**

Dar e receber *lovebacks* é uma atitude que procuramos praticar em cada encontro que vivemos pelas trilhas da Pedagogia da Cooperação. Mesmo nos momentos mais agitados, diante das múltiplas tarefas, do pouco tempo para refletir e tendo o olhar mais voltado para resultados tangíveis, nos dedicamos a dizer para a outra pessoa "isso que você faz contribui para meu dia ser melhor", "seu jeito tranquilo traz uma estabilidade maravilhosa para o grupo", "a capacidade de trabalhar deste time foi determinante para o resultado que alcançamos".

A apreciação verdadeira é um potencializador da colaboração, capaz de mobilizar o melhor de cada pessoa e do grupo, gerando níveis elevados de engajamento colaborativo. Essa comunicação genuinamente colaborativa se dá a partir da combinação adequada entre conteúdo e forma. Uma comunicação verdadeira e amorosa conduz a maior abertura para acolher o que está sendo comunicado e gera aproximação e crescimento mútuo, conforme ilustra a Figura 14:

Figura 14 — Quatro tipos de comunicação

Para algumas pessoas, receber *lovebacks* pode ser mais desafiador do que dar. Isso porque há um costume em nossa cultura de rebatermos as apreciações, elogios com "não foi nada", "bondade sua", "imagina, o que é isso?". Tão importante quanto saber dar, é saber receber *lovebacks* como uma nutrição para fazer crescer em nós, particularmente, as sementes das *Quatro Pequenas Virtudes*: desapego, integridade, plena presença e abertura para compartilhar.

Ah, temos uma dica que nos ajuda a receber *lovebacks*. Uma dica muito antiga, bem simples e poderosa. Sempre que você receber uma apreciação verdadeira e amorosa, responda dizendo assim: "adorei que você notou, gratidão!".

Aproveitando a onda da primeira dica, também podemos propor momentos específicos para esse tipo de troca, como, por exemplo, no encerramento de uma atividade ou mesmo na celebração ao final de uma *Prática*. Há muitas maneiras para isso. Uma delas se baseia no Jogo Cooperativo "eu gosto de você porque...", em que uma pessoa escolhe outra para dizer algo que aprecia verdadeiramente nela, que agradece e segue fazendo o mesmo para outra pessoa, até que todas sejam contempladas ao menos uma vez.

Na Pedagogia da Cooperação, estimulamos esse dar e receber *lovebacks* a partir da própria focalização, que sendo feita dessa forma, sempre que possível, cria um campo afetivo e efetivo para que a experiência seja ainda mais verdadeira e amorosamente compartilhada.

Fala cooperação!

A linguagem é uma potente forma de comunicação ou de *des-comunicação*. Por isso, o **cuidado com a linguagem** se faz necessário para nos aproximar ainda mais da Cultura da Cooperação. Por exemplo, a linguagem da colaboração (Cultura de Paz) nos "convida a", ao invés de nos dar uma "ordem ou comando", como a linguagem da não-colaboração (Cultura de Violência). Enquanto um comando vira orientação, a discussão ou debate dão lugar ao diálogo. Dinâmicas competitivas são substituídas por atividades cooperativas, a brincadeira de "João Bobo" é recriada como "João Confiança". Procuramos valorizar a presença, a participação das demais pessoas, citando-as antes de nos citar. Evitamos palavras bélicas, escolhemos falas suaves e convidativas e as pronunciamos como se enviássemos uma carta cheia de saudade à uma pessoa querida (Quadro 9).

LINGUAGEM NÃO COLABORATIVA	LINGUAGEM COLABORATIVA
Ao meu comando, todo grupo tem que estar reunido.	Assim que ouvirem o sinal, reúnam-se o mais rápido possível.
Vamos debater e discutir o assunto?	Agora, que tal dialogar, conversar sobre esse tema?
Quem já brincou de "João Bobo"?	Vocês já jogaram o "João Confiança"?
A ordem é caminhar com mais atenção.	O convite agora é para caminhar com mais atenção.
Eu, Carlinha e Dani, estamos celebrando esta cocriação.	Carlinha, Dani e eu, estamos celebrando esta cocriação.

Quadro 9 — Linguagem Colaborativa

Honrar a produção do grupo

Honrar todas as produções ao longo da trilha, gerando uma percepção do quanto se produziu e ampliando a memória de cada pessoa frente ao encontro. Para isso, a focalização deve garantir registros tangíveis — cartazes, post-its, desenhos e qualquer artefato gerado — e os deixar arrumados e visíveis ao grupo.

Uma opção simples é organizar as produções em *flipchart* ou cartolina e fixá-los nas paredes na ordem em que foram gerados. No ambiente virtual, o acesso às produções pode ser compartilhado para além das fronteiras da Jornada, por meio de painéis online, por exemplo, e revisitado ao longo dela.

Esse é um tipo de recordar específico, no qual o grupo tem a oportunidade de perceber sua produtividade ao longo da jornada e se manter conectado a tudo que cocriou.

Metáforas, analogias e contação de histórias

Recursos que aproximam, que nos tocam a partir do sentir ou que estimulam nossa imaginação. Histórias de vida geram conexão, trazem o sentir para o que está sendo proposto e nos conduzem com leveza a lugares mais profundos.

Da imagem de um "grande quebra-cabeças", para ilustrar o *Princípio da Co-existência*, passando pela "lição do filtro de barro" que ativa uma das *Quatro Pequenas Virtudes,* indo até a realização do *"Sonho do Beto",* descubra a riqueza de possibilidades para a *ensinagem* cooperativa presente nas várias metáforas, analogias e histórias amplamente compartilhadas aqui no seio dessa Pedagogia da Cooperação. Crie outras, inclua as suas e as de outras tantas fontes de sabedoria que fluam a seu redor, e surpreenda-se com as lindas e incríveis reações de curiosidade e encantamento estampadas nas faces de sua *comum-unidade*.

Colocando os *Procedimentos* na mochila...

Aqui, completamos mais um trecho dessa nossa aventura pelos caminhos da Pedagogia da Cooperação e, com isso, abrimos a mochila uma vez mais para colocar o conjunto de *Procedimentos* que irá se unir aos *Processos, Princípios, Propósito* com suas *Quatro Pequenas Virtudes* e todas as outras inspirações que se apresentaram para nós, desde o momento que você disse sim para esta jornada.

E por falar em "sim", que tal enveredar pelo universo de luz, cor e sombra da *Focalização Colaborativa*? Sua companhia não só é bem-vinda como necessária, pois sem sua presença não há universo possível. Feche bem sua mochila, ajeite-a nas costas e vamos lá!

Focalização Colaborativa

CARLA ALBUQUERQUE E FÁBIO OTUZI BROTTO

Vale tudo, só não vale de qualquer jeito.

Outro dia, conversando com um amigo — Endre Kiraly[74] — ouvimos dele uma metáfora bem interessante:

> *Imaginem-se entrando num quarto escuro, totalmente escuro. Vocês entram para buscar algo muito importante e que está ali, em algum lugar. De repente, vocês tocam em uma coisa no chão, percebem que é comprida e que se mexeu... vocês recuam. Depois, seguem em frente, aí sentem que a coisa é meio mole, meio dura... se assustam. Será uma cobra? O que vocês fazem? Saem correndo de medo? Ou vão à luta, custe o que custar? — Mas e se a coisa me picar? — E se não for nada disso... pode ser só um pedaço de pau, um pano enrolado... Bem, não dá para ficar a vida toda nesse dilema, né? Qual é?!!! O tempo passa e a paralisia fica... até que, alguém entra no quarto... e acende a luz!!! Com a luz iluminando o quarto, vocês podem enxergar claramente a situação e aí, sim, tomarem uma decisão apropriada para, então, "ativa-mente", partirem para uma boa e consciente "trans-forma-ação"!*

A luz acesa no quarto escuro é como a focalização de um processo de cooperação. Iluminar a situação para que cada pessoa descubra seu próprio caminho, dê seus passos e siga na direção de sua própria transformação se mantendo aberta para colaborar com outras pessoas, que assim como ela, estão no infinito caminho de seu eterno reencontro.

Enquanto especialistas da Pedagogia da Cooperação, nossa tarefa é criar e manter um ambiente de cooperação, suficientemente, favorável para o desabrochar da consciência de *Comum-Unidade* em cada pessoa, em cada grupo, em cada organização e em toda e qualquer situação.

---

[74] ENDRE KIRALY atuou como facilitador de processos de expansão da consciência e foi companheiro de longas caminhadas pela praia do Campeche, em Florianópolis-SC. Suas palavras tinham a suavidade da areia branca e a força das ondas que quebram sem cessar, inspirando disrupções na mente acomodada e alargando os horizontes de nossas jornadas de descobertas para além-mar e para sempre repousadas no infinito universo do amar.

Luz, cor e sombra: vivenciando a Focalização Colaborativa

Em duplas, uma pessoa atrás da outra, nos movimentarmos ao som de uma música seguindo a seguinte orientação: a pessoa que está na frente é a LUZ e faz o movimento que desejar, a outra é SOMBRA e seguirá a LUZ repetindo seus movimentos, sem tocá-la. Depois, invertem-se as posições e os papéis. Em seguida, em quarteto, em fila, a pessoa que está na frente, continua sendo LUZ e as demais três pessoas serão SOMBRA, seguem se movimentando como na fase anterior. A qualquer momento a LUZ poderá decidir virar SOMBRA (indo para o final da fila) e a pessoa SOMBRA que estivava na segunda posição da fila passa a ser LUZ. Na próxima fase, a segunda pessoa do quarteto passará a ser a COR e poderá decidir torna-se LUZ, também, saindo da formação. Então, a terceira pessoa (SOMBRA) decide se continua seguindo a LUZ original ou se passa a seguir a COR (aquela pessoa que saiu da formação e tornou-se LUZ). A quarta pessoa (SOMBRA) segue a decisão da terceira pessoa (SOMBRA). A pessoa LUZ (que nesse ponto do jogo, são duas) que ficar sem SOMBRA, vai para o final da fila. Ao final, todos os papéis ganham autonomia para escolher quem serão e seguir quem desejarem seguir, se desejarem.

"Luz, Cor e Sombra" é uma atividade cooperativa que apresenta muito bem os três aspectos da *Focalização Colaborativa*:

- **Focalização Ativa** (Luz): Exercida pela pessoa que está mantendo contato direto com o grupo, propondo a atividade, facilitando os diálogos, costurando as descobertas, celebrando cada passo, e demais ações envolvendo o grupo. É a pessoa de referência para o grupo no momento.
- **Focalização Intuitiva** (Cor): Exercida pela pessoa que está dando suporte à *Focalização Ativa*, compartilhando com ela toques, lembretes a respeito da programação de atividades, sugerindo uma mudança de rota levando em conta suas sensações, percepções e intuições relacionadas às pessoas, ao grupo e ao ambiente. Cuida dos materiais, equipamentos e recursos necessários. Sua interação direta é com a *Focalização Ativa* (Luz) e com a *Focalização Apoiativa* (Sombra). Somente atua com o grupo quando em sinergia com a *Focalização Ativa* surgir uma oportunidade para isso.
- **Focalização Apoiativa** (Sombra): Exercida pela pessoa que observa e registra o processo e a produção do grupo em todas as suas dimensões: atitudes, comportamentos, sentimentos, sensações, expressões, comentários mais relevantes, fatos percebidos etc. E disponibiliza essas observações e registros, incluindo suas análises e sugestões, para a *Focalização Intuitiva* e, se for preciso, diretamente para a *Focalização Ativa*.

Esses três aspectos da *Focalização Colaborativa*, assim como a luz, cor e sombra, são interdependentes e holisticamente integrados. Em cada um deles, estão contidos os demais. O exercício dessa focalização é como uma dança de complementariedade e alternância desses aspectos, que acontece em sintonia com as necessidades e condições do momento, para oferecer ao grupo focalizado a melhor experiência de cooperação possível.

— *Então, se são três aspectos significa que a focalização tem que acontecer sempre em trio?*

Sim e não. Sim, porque esse trio (Ativa-Intuitiva-Apoiativa) são aspectos inseparáveis da *Focalização Colaborativa* em sua forma plena. Não, porque, como aspectos, eles podem estar presentes em uma focalização solo, em dupla, trios e até em uma focalização comunitária. Do que é importante se lembrar? De manter viva a consciência da presença desses aspectos em toda e qualquer prática da *Focalização Colaborativa*.

Perceba que na Pedagogia da Cooperação o propósito de felicidade e produtividade também é uma busca empreendida pelas pessoas que atuam exercendo a *Focalização Colaborativa*, a fim de assim melhor servir ao grupo.

Por isso, especialmente quando focalizamos em equipe, organizamos o exercício desses aspectos de maneira circular. Isto é, alternando a *Focalização Ativa, Intuitiva e Apoiativa*. Essa dança equilibra o fluxo de dedicação ao grupo, mantém a harmonia e sinergia no time de focalização e resulta em uma experiência de cooperação produtivamente feliz e felizmente produtiva.

Focalizando em 1, 2, 3 e... Já!

Lembrando que em sua mochila já há uma porção de dicas e toques colhidos ali nos *Procedimentos*, nossa intenção aqui é compartilhar com você um pouco dos muitos jeitos que temos para praticar a *Focalização Colaborativa*.

Para nós, **o propósito da** *Focalização Colaborativa* é servir à realização do propósito do grupo. Nosso papel é apresentar o caminho das *Sete Práticas* e ajudar o grupo a percorrê-lo, mantendo o foco da experiência na direção de seu próprio centro.

Até porque, como já destacamos, o grupo tem toda a água para sua sede. **Confiamos que a sabedoria** (conhecimento + experiência) **está no grupo** e que do grupo emerge a inteligência coletiva necessária para cocriar o que ele precisa e na forma e no momento mais apropriado. A *Focalização Colaborativa* apenas ajuda o grupo a acessar sua própria fonte de sabedoria. Portanto, um de nossos principais exercícios é desapegar de nossas ideias pré-concebidas a respeito do que é melhor para o grupo e nos colocar com integridade, plenamente presentes e com suficiente abertura para *SerVir verdadeiramente* ao grupo e permitir que ele protagonize sua própria jornada de transformação.

A *Ensinagem* **Cooperativa** e a postura de **Mestre-Aprendiz**, são dois *Procedimentos* importantes para lembrar. Convidar o grupo para aprender praticando com consciência e incentivar todas as pessoas a manterem a atitude Mestre-Aprendiz é uma das tarefas mais essenciais da *Focalização Colaborativa*.

Ao **deixar o grupo fluir para o que de fato é relevante** para ele, confiamos na capacidade do grupo de filtrar o que é relevante para gerar produtividade com felicidade para cada pessoa e para toda a *comum-unidade*.

Siga firme, flexível e **confie na trilha**! Confie no time de Focalização, no grupo, em si, nas escolhas que faz a cada instante e, muito especialmente, confie no caminho das *Sete Práticas*. Quando parecer que vai desandar, que o tempo não será suficiente ou que a atividade não rendeu, lembre-se de que cada grupo tem a experiência que ele cocria. O grupo tem seu ritmo e chegará aonde precisa chegar, a atividade funcionará como tem que funcionar para esse grupo e para nós. Aquilo que parecia um trem descarrilhado pode ser o anúncio de uma nova rota, a rota desbravada pelo próprio grupo.

Nós nos despreparamos do esperado e **abraçamos o inesperado,** com jogo de cintura e gratidão! Sabendo que o grupo flui para o que é relevante, nos mantemos firmemente no caminho dado pela Pedagogia da Cooperação para estarmos totalmente flexíveis diante das novas demandas e possibilidades indicadas pelo grupo. Trocamos uma atividade planejada por outra mais adequada, apertarmos mais o passo, ou diminuímos o ritmo ou, até mesmo, pedimos um tempo para reunir o time de Focalização para uma verificação rápida a respeito do próximo passo a ser dado.

Se uma luz contrária vem em nossa direção, baixamos o farol, olhamos na direção do coração e abraçamos o inesperado como se fosse uma parceria há muito esperada. E quando as "zebras" pintarem?! Confiamos na cooperação e chamamos o grupo para ajudar a descobrir qual a lição que "elas" estão trazendo para fortalecer ainda mais a nossa *comum-união*!

E para a **focalização virtual**, alguma dica específica? Basicamente tudo que já compartilhamos, e ainda o que compartilharemos até o final dessa caminhada pode ser adaptado para o mundo de nossas relações digitais no mundo virtual:

- Use e abuse das interações em pequenos grupos com salinhas simultâneas[75] para gerar conexão e maior oportunidade de comunicação entre todas as pessoas.
- Câmeras abertas ajudam a manter a turma bem ligada.
- Aproveitamos ao máximo o "chat", incluindo seu uso nas atividades para "dar espaço a todas as vozes" (essa é uma oportunidade de garantir a inclusão e a participação ativa).
- Microfone no modo silencioso quando não se está falando é um combinado importante para promover a escuta e a fala com qualidade.
- A movimentação do corpo continua sendo importante para manter a presença no virtual também. Fazer pausas combinadas mediante a necessidade do grupo, diminuir a duração das atividades de diálogo no grande grupo e aumentar a das atividades em que trabalham em pequenos grupos simultaneamente.
- Desenhos e outras expressões artísticas continuam fazendo parte da cooperação nessa situação, via utilização de ferramentas *online* ou um simples arquivo editado em conjunto na nuvem[76]. E, claro, segue valendo muito o convite para escrever, desenhar, pintar e tudo mais que o corpo puder expressar "à moda antiga", pondo no papel mesmo e apresentando para a turma na telinha, como se fosse uma linda galeria de arte virtual para compartilhar a criatividade manual.
- Convidar o corpo a uma automassagem, alongamentos, expressões corporais, mímica, teatralização etc.

Ah, tem uma coisa aqui que funciona muito bem! Sabe quando pedimos por uma produção coletiva (característica da *5ª Prática*), feita simultaneamente e de forma orgânica, como um desenho coletivo, organização e síntese de ideias num mural, por exemplo? Se por acaso um pequeno caos se instalar, respirar fundo e resistir àquela vontade de organizar tudo para pôr ordem na casa pode resultar em uma produção maravilhosa, quase divina. Afinal, é por conta do caos e cosmos que somos pessoas (per)feitas, não é mesmo?

Bem, você já sabe muito sobre isso tudo. Nós aqui é que estamos aprendendo a compartilhar aquilo que estamos descobrindo em nosso caminhar, caminhando

---

[75] Para encontros virtuais de treinamento e webinários: *Zoom, Webex, Meet (Google)*.
[76] O *Google Drive* permite o. Acesso e edição simultânea de arquivos de texto, planilhas e apresentações. Aplicativos como Mural, Miro, *Jamboard (Google)* são ferramentas para a criação de painéis diversos com interação simultânea. Para atividades colaborativas, há também o *Mindmeister* (mapa mental), *Qiqochat (Open Space), Trello e Asana (planejamento), Doodle (definição de agenda) Loomio* (tomada de decisão), *Slack, Telegram, WhatsApp e Workplace* (comunicação e convívio).

com você. Antes de tudo, gratidão pela *paz-ciência*. E sabendo da velocidade das mudanças em curso nestes tempos de acelerações tecnológicas, deixaremos somente mais alguns pontos de verificação que têm nos ajudado a atuar na *Focalização Colaborativa* no antes, durante e depois de cada encontro:

Planejando a jornada, mas não muito:

- Definir o time de Focalização, lembrando dos três aspectos: *Ativo-Intuitivo-Apoiativo*. Levar em consideração se será uma Focalização solo ou compartilhada.
- Conectar-se com o propósito: do grupo, da Pedagogia da Cooperação, da *Focalização Colaborativa* e com seu propósito pessoal.
- Desenhar a programação geral da jornada, levando em conta o caminho das *Sete Práticas* (que você verá em detalhes já no próximo capítulo), definindo os *Processos* e atividades cooperativas a serem utilizados em cada uma delas.
- Organizar a utilização do tempo, materiais, equipamentos, espaço físico e recursos didáticos.
- Criar uma trilha flexível para atender à demanda do grupo, o que pode se traduzir em definir as atividades principais, quais deverão ser priorizadas em cada *Prática*, e reunir outras atividades complementares para a abertura e fechamento de cada sessão.
- Combinar os papéis da focalização de acordo com os talentos e vontades de cada pessoa. A alternância de papéis (*ativa, apoiativa e intuitiva*) ajuda a manter nossa atenção e leveza para bem *SerVir* ao grupo e ao mesmo tempo desfrutar dos aprendizados que a experiência de focalização oferece.

Preparando o ambiente para receber e acolher o grupo:

- Se o encontro for físico, preparar o espaço como se você fosse receber em casa pessoas muito especiais e que ao chegarem se sentirão tão acolhidas que nunca mais desejarão partir. É como dizia um velho e bom amigo, eu preparo minha casa como se fosse sua para que quando você chegue, tenha a sensação de ainda não ter saído dela.
- Se o encontro for virtual, tudo o que fizermos deve ser como se fosse para acolher as pessoas no ambiente presencial, incluindo alguns outros "mimos", como diz outra amiga queridíssima: uma boa conexão com a

Internet, a sala de encontro aberta, aplicativos, arquivos e demais materiais prontos para o uso, time de focalização visível e audível.
- Preparar-se para receber o grupo. Conectar-se com a jornada e estar presente. Reserve alguns minutos para ficar em silêncio, rever o que irá fazer, conversar com seus pares. Cuide da conexão entre o time de focalização.

Durante a jornada:

- Acolha cada pessoa como se fosse uma grande amizade há muito esperada.
- Apresente o time de Focalização e se for somente você, apresente-se como o "time" que você compõe.
- Cuide para ver e estar visível para todas as pessoas. Mantendo-se na roda e falando para o centro, para o pulsar do grupo, garantindo a equidade.
- Convide as pessoas à corresponsabilidade. Ter diferentes pessoas do grupo na cofocalização do tempo, do clima do grupo, da memória, do lanche e do centro pode ser uma ótima forma de compartilhar o cuidado com a pontualidade, o atendimento ao cronograma, a leveza do ambiente, a presença do grupo, suas produções, o pulsar do círculo e do centro etc.
- Valorize cada gesto de cooperação, antes durante e depois de cada encontro.
- Centre a atenção no caminho das *Sete Práticas*, que o resultado virá, seja lá qual for, será aquele que formos capazes de alcançar em cooperação.
- Sustente um clima de desafio confortável, de boas expectativas pelo que pode ser vivido no presente. Lembra do "+ simples para o + complexo"? Esse *Procedimento* pode manter o grupo entusiasmado na medida certa.
- E não se esqueça de verificar, de tempos em tempos, se a experiência está sendo ou foi DIVER. Aliás, você conhece os *Indicadores de Cooperatividade DIVER*? Mais adiante, você encontrará quase tudo sobre eles, confira!

Após a jornada:

- Dar fluxo aos eventuais desdobramentos da jornada.
- Celebrar, agradecer e liberar o papel da focalização.
- Tomar um tempo de repouso e recolhimento.
- No devido tempo, colocar-se à disposição para *SerVir* novamente.

Colocando a *Focalização Colaborativa* na mochila...

Revendo agora essa partilha a respeito do exercício da *Focalização Colaborativa* do que você se dá conta? Há alguma coisa que tenha chamado mais sua atenção?

Para nós, fica muito presente que o exercício da *Focalização Colaborativa* é um constante convite para dar vez ao tempo da experiência (representado na mitologia grega por *Kairós*, deus do tempo oportuno) cuidando do tempo cronológico (representado na mitologia grega por *Cronos*, senhor do tempo, tempo este que tudo devora). Ou melhor, fazer do tempo finito que temos na jornada, um momento para viver significativamente cada experiência para que possamos nos conduzir a um campo de infinitos ensinamentos, que permanecerão ressoando em cada pessoa e no grupo, para além desse tempo cronológico. Sabe aquela sensação de que permanecemos ali por uma eternidade; aquela surpresa de ter ido tão fundo tão rápido; de se perceber tempos depois recordando esses momentos e tendo surpreendentes *"ahás"*? Isso é *Kairós* em íntima cooperação com *Cronos,* nos preparando para a verdadeira aventura que começa agora!

Práticas

As Sete Práticas

FÁBIO OTUZI BROTTO

*Não queremos segurança,
nem fazemos loucura,
queremos mesmo é uma boa aventura!*

Opa! Gratidão por nos acompanhar até aqui. Sua presença faz a diferença, aliás, sem ela, que diferença faria esta Pedagogia da Cooperação? Sem você, realmente, ela não existiria!

E já que estamos coexistindo aqui fazendo com que tudo o mais coexista também, vamos nos preparar para seguir em frente lembrando de tudo o que viemos colocando na mochila até aqui. Confira se estão bem presentes com você, os *Princípios*, *Processos* e *Procedimentos*, porque agora, sob a guiança do *Propósito* e com a inspiração das *Quatro Pequenas Virtudes*, chegou a hora de nos aventurarmos pelas trilhas das *Sete Práticas* da Pedagogia da Cooperação (Figura15).

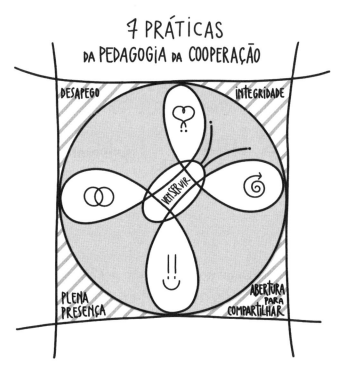

Figura 15 — Mandala das *Sete Práticas*.

É por meio dessas *Práticas* que efetivamente cocriamos o ambiente favorável para o desenvolvimento de relacionamentos para solucionar problemas, transformar conflitos, alcançar metas e realizar objetivos, conciliando produtividade com felicidade, em empresas, escolas, governos, ONGs, comunidades, famílias e em nosso próprio processo de descoberta e transformação pessoal.

Vale *recordar para reconectar* que cada uma das *Práticas* ativa, em particular, uma das *Competências Colaborativas R2* (Figura 16).

```
As 7 PRÁTICAS e 7 Competências

⊞    COM-TATO                conectar
◯    COM-TRATO               cuidar
♀    IN-QUIETA-AÇÕES         compartilhar
⚭    ALIANÇAS E PARCERIAS    com-fiar
‖    SOLUÇÕES COMO-UNS       co-criar
◎    PROJETOS DE COOPERAÇÃO  cultivar
⚜    CELEBRAR O VENSER       celebrar
```

Figura 16 — As *Sete Práticas* e as *Sete Competências R2*

E que é o exercício desse conjunto de *Competências Colaborativas de Relacionamento e de Rendimento (Competências R2)* que dinamiza o *potencial de cooperatividade* existente nas relações estabelecidas entre pessoas, grupos, organizações, comunidades, nações, em todo e qualquer ecossistema.

— *Mas, e de onde surgiram essas Competências R2?*

Nasceram do encontro daquilo que observamos na prática com inúmeros grupos focalizados pela Pedagogia da Cooperação, com o estudo de outras experiências e referências, como por exemplo, as indicadas pela *Base Nacional Curricular Comum* — BNCC, proposta pelo MEC (2018); as mencionadas como *Habilidades para o Século XXI*, apontadas pelo Fórum Econômico Mundial (2018); e aquelas que foram propostas pelo programa de *Educação para a Cidadania Global*, pela UNESCO (2015).

Do exame dessas referências, percebemos dois conjuntos de competências (Quadro 10): 1. Competências não-cognitivas, socioemocionais ou *"soft skills"*. 2. Competências cognitivas, intelectuais ou *"hard skills"*.

	COMPETÊNCIAS Não-cognitivas • Socioemocionais • Soft Skills	COMPETÊNCIAS Cognitivas • Intelectuais • Hard Skills
Base Nacional Comum Curricular BNCC MEC, Brasil, 2018	Comunicação Empatia e cooperação Autoconhecimento e autocuidado Autonomia Senso estético	Conhecimento Pensamento científico, crítico e criativo Argumentação Cultura digital Autogestão
Habilidades para o Sec. XXI Fórum Econômico Mundial 2018	Comunicação e colaboração. Consciência social e cultural Liderança, adaptabilidade, persistência e resiliência. Iniciativa e curiosidade	Leitura, interpretação e numeração. Letramento científico, digital, financeiro, cívico e cultural. Pensamento crítico e resolução de conflitos. Criatividade
Educação para a Cidadania Global UNESCO 2015	Aptidões para networking Habilidades de comunicação Resolução de conflitos Empatia global Interação com pessoas de diferentes contextos Sentimento de solidariedade e respeito pela diversidade. Agir de forma colaborativa e responsável para soluções globais para desafios globais. Reconhecer o potencial de uma identidade comum que transcende as diferenças individuais e culturais – Humanidade Comum.	Pensar de forma crítica, sistêmica e criativa Habilidades de raciocínio Resolução de problemas Múltiplas perspectivas Conhecimento de questões globais e valores universais Interconectividade Conceito de sustentabilidade Habilidades de tomada de decisão

Quadro 10 — Dois conjuntos de competências

Bem, depois da ousadia, um atrevimento. Partindo dessa organização geral, relacionamos as competências com os *Saberes* associados a cada uma das *Sete Práticas*, o que resultou no que estamos chamando de *Competências Colaborativas de Relacionamento e Rendimento (R2)* da Pedagogia da Cooperação (Figura 17).

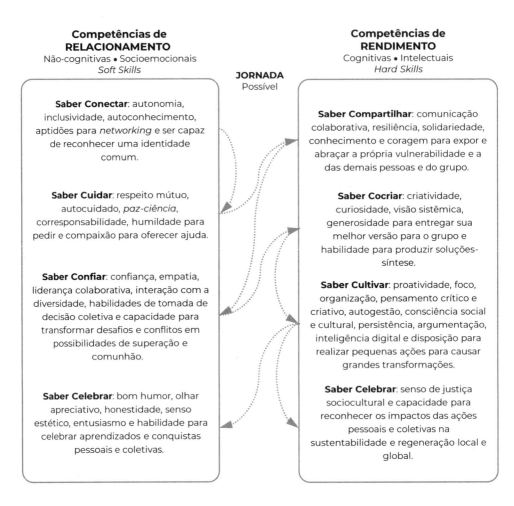

Figura 17 — *Competências Colaborativas R2* da Pedagogia da Cooperação

Nossa, como voam as palavras quando abrimos as janelas e portas de nossa curiosidade! Que esse passeio pelas entrelinhas das Competências R2, nos impulsione de vez para trazer toda nossa Plena Presença para esse momento, nesse ponto de partida para, não partidos, iniciarmos a caminhada pelas *Sete Práticas*.

— *Espera aí, espera um pouco! O que vamos encontrar na trilha? Quais são as paisagens mais importantes? Temos que prestar atenção em algo particular? Algo para se preocupar? Aonde isso nos levará? Quem cuidará da segurança? Vai dar tudo certo? Você garante?*

A aventura já começou!

VEM!!!

1ª PRÁTICA

Fazer *Com-Tato*

FÁBIO OTUZI BROTTO

No ponto de encontro

Nossa caminhada pela trilha das *Sete Práticas* rumo a *Comum-Unidade do SerVir*, começa aqui, reunindo a turma no dia, hora e local combinado, nesse campo largo, aberto, sob a brisa fresca do dia ainda amanhecendo. Cada pessoa vai chegando a seu tempo, de seu jeito e trazendo na mochila somente o essencial. Nesse lugar de reunião, todo o mundo é bem-vindo e a sensação de estar no lugar certo, na hora certa, com as pessoas certas, para viver algo incerto, que só juntos podemos viver, se faz presente.

Essa é a atmosfera da *1ª Prática* da Pedagogia da Cooperação que cria um ambiente favorável para o *Fazer Com-Tato* consigo, com a turma e com toda a comunidade (*do + simples para o + complexo*, lembra?). É um convite para o aprender a *InterSer* com pessoas diferentes, chegando de lugares distintos, vivendo momentos particulares, com expectativas diversas e que se encontram em torno de um propósito comum: *VenSer* para poder *SerVir* ao bem comum.

Compreendendo a *Prática*

Para algo feito a muitas mãos dar certo, é necessário *saber se conectar*. Não basta reunir a turma. É preciso que as pessoas estejam de fato, conectadas. Isso se faz com muita conversa, uma boa disposição para se relacionar e interesse genuíno em ir além das diferenças e descobrir *quem somos quando nos unimos uns aos outros*.

A imagem que pode ilustrar essa jornada de descoberta é a de um *quebra-cabeças*. Você sabe que todo quebra-cabeças é composto por peças bem diferentes e que cada uma tem seu lugar certo, não é? Da menorzinha à mais colorida, todas elas são importantes. O que acontece caso alguma delas se perca, ou seja deixada de lado? O jogo não se completa, certo? Assim é conosco. Somos peças distintas e inteiramente interdependentes, coexistentes. Cada pessoa é diferente, única e singular. Somos essenciais na empresa, na escola, no bairro, condomínio, em casa, na rua, em qualquer canto do mundo. Por isso, o seu lugar, o meu e o de cada pessoa, está reservado. Eu não consigo ocupar o seu lugar e nem você pode ocupar o lugar de qualquer outra pessoa. Estamos destinados a nosso próprio lugar e a *fazer Com-Tato*, nos *conectarmos* em rede para que o grande quebra-cabeças *HumaUnidade*, se complete.

E o que impede, dificulta, bloqueia, trava nossas conexões para a colaboração? Separatividade, fragmentação, distanciamento e julgamento. Precisamos eliminar a sensação de separação e quebrar o distanciamento. Essa quebra deve acontecer na relação entre as pessoas e com a gente mesmo, pois muitas vezes nos desconectamos de nossa própria verdade. Ao rompermos os laços com nossa *comum-unidade*, nos esquecemos de nossa singularidade e nos distanciamos das pessoas.

E o que pode evitar esse bloqueio ou destravar esse fluxo natural de nossas conexões? Simplesmente, lembrar-se que a vida é pura poesia, como há muito nos inspira Fernando Pessoa: pois *tudo que existe, existe talvez porque outra coisa existe. Nada é, tudo coexiste (2006)*. Assim podemos declarar, entre nós, de mim para você e de você para mim, frequente e abundantemente que eu sou quem sou, porque sou com você!

Focalizando a *Prática*

O principal objetivo dessa *Prática* é promover o contato, a aproximação e a integração entre as pessoas. Reunir a turma para começar juntos oferecendo um ponto de partida acolhedor, inclusivo, atraente, empático e que desperte a curiosidade necessária para sair do piloto automático das autodefinições, preconceitos, julgamentos para se colocar no presente e desejar seguir caminhando em conjunto.

Com-Passo

Antes, relembre-se um pouco das inspirações apresentadas lá no capítulo dos *Princípios* a respeito do campo de conexões e relações no qual *co-existimos, com-vivemos e cooperamos em comum-unidade,* porque é desse ponto de encontro que partimos para, passo a passo, criar um ambiente favorável para *Fazer Com-Tato*:

1. Criar um ambiente de acolhimento, harmonizando o espaço em todos os níveis, organizando recursos e materiais como se estivesse preparando sua sala de visitas para bem receber pessoas conhecidas e desconhecidas.
2. Dar boas-vindas com leveza e simplicidade para que cada pessoa se sinta respeitada e esperada.
3. Convidar todo o grupo para uma atividade possível. Algo que seja familiar, mas não tanto que seja "mais do mesmo". Utilizando uma contação de histórias, Dança Circular, Jogo Cooperativo, um momento de silêncio consciente, ou outro recurso que seja apropriado, encoraje o grupo, desde o começo, a aprender praticando o que queiram aprender e desenvolver. *Ensinagem cooperativa*, lembra?
4. Abrir espaço para breves partilhas a partir de como se sentem e em que estado se encontram nesse início de jornada ("eu estou assim") com menos foco em quem são, suas credenciais ou no que fazem ("eu sou isso ou aquilo"). O nome e uma palavra que represente um sentimento ou sensação, que comece com a inicial do próprio nome, pode ser um bom jeito de começar: "Fábio — Fluidez."
5. Promover atividades indo do + *simples para o* + *complexo*. Isto é, em pares, trios, quartetos, até envolver o grupo como um todo para descobrirem afinidades, diferenças e complementariedades entre si.
6. Propor a produção de algo que represente as conexões pessoais e coletivas percebidas nesse *ponto de encontro*.
7. Terminar colhendo *lovebacks* e celebrando a teia de conexões, tecida no encontro.

Atividades Indicadas

Para isso, propomos atividades colaborativas simples e de curta duração, leves, descontraídas e que sejam possíveis para toda a turma, com contatos moderados e ao mesmo tempo, incentivadores de aproximações gradativas.

Dentre os diversos *Processos* apresentados aqui nesta obra, tem sido frequente a utilização de Jogos Cooperativos, Danças Circulares, Investigação Apreciativa, *MusiCooperação*, *CooperArte* e Diálogo para facilitar tais *Práticas*. Este conjunto de metodologias colaborativas oferece uma combinação de recursos que equilibram descontração, simplicidade, bom humor, foco na apreciação, respeito às diferenças e curiosidade. Elementos importantes para a instalação de um clima de "que bom estar aqui com você!".

Produção do grupo

Como produto dessa *Prática*, colhemos as características marcantes, comuns e diversas, como se fosse um tipo de RG grupal, uma Logomarca Coletiva ou uma Cola Comunitária, que pode indicar um bom nível de conexão e uma forte sensação de pertencimento, suficientes para se sentirem encorajados para adentrarem na trilha rumo ao centro da *Comum-Unidade do SerVir*. Experimentamos diferentes formatos para materializar essa produção do grupo: carta de apresentação coletiva; nuvem de palavras; composição artística; mosaico com imagens, desenhos, cores produzidas individual e coletivamente, ou um *crachá 4 cantos* como este (Figura 18) produzido por uma das equipes de gestão de uma cooperativa de crédito localizada no sul do Brasil.

Como nos sentimos quando fracassamos?
Tristes; com frustração; desconfortáveis; buscamos recolhimento; incapazes.

O que gostaríamos de aprender?
A ter paciência; confiar mais; tocar um instrumento; saber aproveitar o "mundo novo".

Nome do Grupo + Virtude
SUPER EQUIPE
Sensibilidade estonteante

O que temos para ensinar?
Música; conhecimentos profissionais; a ter garra; como ser espontânea; viver com mais equilíbrio.

Quando conquistamos algo nos sentimos...
Livres; felizes; vivas; motivadas; querendo mais; realizados.

Figura 18 — Crachá dos 4 cantos.

Indicadores de efetividade

Sabendo que em toda experiência de cooperação é importante conciliar produtividade com felicidade, observamos se durante a *Prática* ocorreram, por exemplo:

- Declarações do tipo: "Ah! Agora sim, estamos todo mundo junto!" ou "Somos um só time".
- Interações entre pessoas que antes se mantinham mais à distância.
- Mudanças na postura corporal: braços descruzados, rosto descontraído, comunicação mantendo olhos nos olhos.
- Conversas entusiasmadas e mesmo aquelas "ao pé do ouvido" durante os intervalos.
- Chegadas em grupo antes da hora combinada e partidas sem pressa após o término do encontro.

Toques e dicas:

- Manter durante todo o tempo um ambiente de acolhimento e valorização das diferenças.
- Evitar comparações do tipo: vamos ver quem faz melhor/mais rápido etc.
- Utilizar poucos recursos materiais e focar mais na interação interpessoal como recurso essencial.
- Ser apreciativo na medida certa, reconhecendo pequenos e simples gestos de *Com-Tato* e conexão.
- Incentivar a manifestação de diferentes "vozes" durante o encontro.

Resumo da *Prática*

Fazer Com-Tato é um lugar aonde queremos chegar logo e de onde não queremos mais partir. É um momento de reunião, reencontro e, especialmente, de conexão com o propósito. Não só com o meu, não somente com o seu, mas, com o propósito que nos reuniu, aqui-e-agora.

Aqui (Quadro 11), encontramos alguns dos elementos-chave dessa *Prática* e que podem servir como um bom lembrete para exercitar o **saber se conectar** em cada passo dessa e de muitas outras jornadas de cooperação.

1ª PRÁTICA	OBJETIVO	PRODUTO	TIPO DE ATIVIDADE	TOQUES E DICAS
FAZER COM-TATO COMPETÊNCIA **Saber CONECTAR** DECLARAÇÃO *Sigamos em Com-Tato* IMAGEM **Ponto de Encontro** SÍMBOLO ⊟	**PERGUNTA** Quem somos nós quando nos unimos a outras pessoas? **OBJETIVO** Promover o contato, aproximação e integração. Reunir a turma para começar. Ser um ponto de partida acolhedor, atraente e que desperte a curiosidade e a vontade de continuar.	**CONTEÚDO** Características gerais do grupo percebidas no início da jornada: Qualidade/Atributo pessoal; Primeiras sensações e posturas; De onde vem? Como está chegando? **FORMATO** Crachá coletivo; Carta de apresentação pessoal; Nuvem de palavras e outros similares.	Simples e de curta duração. Leves e descontraídas. Atividades que sejam possíveis para toda a turma, sem exceção. Contato físico moderado e ao mesmo tempo, valorizado. **METODOLOGIAS INDICADAS** Jogos Cooperativos, Danças Circulares, Diálogo e MusiCooperação, CooperArte, Investigação Apreciativa e outras.	Manter um ambiente de acolhimento e valorização das diferenças. Evitar comparações do tipo: vamos ver quem faz melhor/mais rápido etc. Utilizar poucos recursos materiais e focar mais na interação pessoal como recurso essencial.

Quadro 11 — Resumo da 1ª Prática: *Com-Tato*

Prazer de casa

O que podemos fazer, a partir de nós mesmos, para colocar em ação este saber e fazê-lo se conectar em nosso dia a dia? Que tal você produzir seu *crachá 4 cantos* com informações, elementos, cores e imagens que melhor representem sua presença aqui, neste momento?

E quem sabe, mostrando para quem está com você por aí, uma potente rede de conexões colaborativas poderá ser ativada, hein?

Qual é o sonho que ainda não sonhou?

Nunca pensou em fazer que um dia fará.

Seu Nome
+ Virtude com a inicial do seu nome

O que faz muito bem e gosta muito de fazer?

Um pesadelo ...

SIGAMOS EM *COM-TATO*

2ª PRÁTICA

Estabelecer *Com-Trato*

FÁBIO OTUZI BROTTO

Embaixo da grande árvore

Agora que já nos reunimos no início da trilha, fizemos *Com-Tato* e ativamos nossas conexões no campo largo do ponto de encontro, que tal reconhecer quais os cuidados que precisamos ter com a gente mesmo, com cada pessoa e com o *inteiro-ambiente* para que possamos empreender a jornada de uma maneira saudável e sustentável para cada pessoa e para todo mundo, sem exceção?

— *Ótima pedida! Podemos nos sentar ali, embaixo daquela grande e frondosa árvore?*

À sombra dela, refrescamos o corpo e serenamos a mente para falar e ouvir ativa e empaticamente sobre os pedidos e ofertas que poderão nos ajudar a encarar colaborativamente os desafios esperados e, especialmente, os inesperados e, ao mesmo tempo, a manter presente a sensação de bem-estar pessoal e coletivo ao longo da caminhada.

Afinal, como uma jornada de cooperação necessita da minha e da sua presença, é importante que, durante o tempo que estivermos aqui, fazendo o que só conjuntamente podemos fazer, você e eu nos sintamos muito bem e estejamos de bem. Até porque, como diz a canção, "quando a gente gosta, é claro que a gente cuida"[77].

Compreendendo a *Prática*

O principal ato desta *2ª Prática* é dar colo às necessidades pessoais e coletivas e compreender o que deve ser feito para que o ser-e-estar coletivamente seja uma experiência agradável e produtiva.

Dar colo é saber cuidar, proteger, zelar, minimizar o sofrimento, regenerar o entusiasmo diante das ameaças e intempéries. É um lugar de segurança e conforto. É um refúgio para o qual sempre podemos voltar antes de alçar voos mais altos,

---

[77] *Sozinho*, composição de Peninha e interpretada por Caetano Veloso, entre outros.

arriscados. Um porto seguro que nos arremessa para um ponto futuro, levando entre as asas abertas a certeza de que há amparo e encorajamento a cada sopro suave e constante, que nos remeta ao profundo cuidado. Fazer pedidos para nosso bem-estar traz clareza a respeito do que é preciso cuidar. Ilumina nossas necessidades — das mais simples e superficiais, às mais complexas e profundas, aos olhos de cada participante para que possamos nos **eco-empatizar**[78]. Isto é, ao invés de me colocar em seu lugar e vice-versa, sermos capazes de **nos colocarmos no lugar COM a outra pessoa**. Não no meu lugar, nem no seu lugar, e sim, em um lugar *como-um*, naquele ponto de encontro coexistente entre você e eu, onde podemos realmente nos *eco-empatizar*. Desse lugar, podemos perceber, para além de cada pedido isolado, a *re-clama-ação* (o pedido essencial recorrente) comum: receber cuidado e poder bem cuidar também!

Sim! Porque para um *Com-Trato* ser efetivamente cooperativo não basta colher os pedidos e reconhecer as necessidades. É preciso saber oferecer, se colocar à disposição, por meio de ações, fazeres, que possam ajudar a realizar os pedidos que fizemos.

Pedidos e ofertas tornam nossos acordos de convivência um efetivo e potente manifesto do potencial de cooperação *co-existente* no meio da gente. Lembram-nos que se o *Com-Tato* nos ajuda a entender nossas conexões e a fazer delas um laço forte, o *Com-Trato* nos ajuda a definir a qualidade de nossos relacionamentos, pela qual somos 100% corresponsáveis.

Essa dupla competência — saber pedir e poder oferecer, tem o poder de desativar o medo do abandono e a culpa de ter abandonado, bloqueadores impiedosos que congelam o fluxo da cooperação e enfraquecem toda e qualquer relação.

Livres do medo e da culpa, regeneramos a capacidade de investigar apreciativamente nossas necessidades e possibilidades como recursos que compartilhamos para saber cuidar e receber cuidado.

Assim, nos corresponsabilizando pelo *Com-Trato* que estabelecemos coletivamente sob a sombra da Grande Árvore, nos aprontamos para seguir adiante porque podemos contar conosco para cuidar de todo mundo!

---

[78] *Eco-empatizar* é um termo criado por Fábio Otuzi Brotto para atualizar, sob a lente da Pedagogia da Cooperação, a ideia de empatia.

Focalizando a *Prática*

Estabelecer acordos de convivência e cooperação para que cada pessoa e todo o grupo tenha conhecimento dos cuidados necessários e recursos existentes para promover e sustentar uma sensação de bem-estar pessoal e coletivo durante toda a jornada é o objetivo desta *Prática*.

Com-passo

É comum, inicialmente, que os pedidos apontem para necessidades básicas (tempo para repouso; cafezinho; ligar o ar-condicionado, fechar as janelas etc.) e que são muito bem-vindos. Aliás, temos tido experiências bem inusitadas (em um grupo de dirigentes do setor judiciário, um dos pedidos foi "acarajé", prazerosamente atendido, diga-se de passagem) e que sempre nos desafiam a honrá-los.

Aqui, vale lembrar do efeito "cebola" (eu sei, isso frequentemente nos faz chorar), aquele que desvela gradativamente camadas de necessidades mais sensíveis, nos aproximando do núcleo de necessidades humanas essenciais: reconhecimento, aceitação e amor. Ah, veja mais sobre isso lá em *Processos*, particularmente, no Diálogo, Transformação de Conflitos e CNV, respire fundo e siga estes passos:

1. Despertar vivencialmente a capacidade de falar e ouvir ativa e empaticamente.
2. Em duplas, compartilhar os pedidos para o bem-estar pessoal: **Do que você precisa para se sentir bem aqui, com a gente, durante toda esta nossa jornada?**
3. Depois, cada dupla se une a outras duas para compartilhar seus pedidos e encontrar um pedido comum: Se fosse possível fazer somente um pedido para o bem-estar comum, qual fariam e que não fosse qualquer um dos que vocês já pediram? Cada pequeno grupo registra em uma frase seu pedido comum: "nosso pedido para o bem-estar pessoal e coletivo é..."
4. Colher os pedidos de cada grupo e registrar em um painel coletivo para facilitar a visualização e acesso ao longo da jornada.
5. Do mesmo modo, fluem as ofertas: Que ações você pode realizar durante nosso jornada para atender os pedidos feitos até aqui?

6. No começo, mais genéricas, abstratas (harmonia, leveza, paciência etc.), mais como desejos do que ações propriamente ditas. Acolhemos e, em seguida, convidamos para trazerem uma atitude:
   - O que você se compromete fazer para trazer mais harmonia para o ambiente? "Ah, quando alguma tensão se instalar, convidarei o grupo para fazer um breve silêncio e respirar junto" (o *Pinakari* do *Dragon Dreaming*, lembra?);
   - De que maneira você atuará para que o clima seja mais leve? "Sim, na abertura e no fechamento de cada sessão, cantaremos juntos!";
   - Para que haja paciência, o que você poderá fazer? "Hum, esperarei que 3 pessoas falem antes de falar novamente".
   - Focar na oferta de ações nos ajuda a perceber a nossa capacidade de amar, o que pode ser uma necessidade ainda mais forte do que a de receber amor. Sabendo que uma não existe sem a outra, convide o grupo para dar os próximos passos na direção das ofertas.
   - Propor a cada pequeno grupo reconhecer o que se tem para oferecer: "e se tudo o que precisamos para atender esses pedidos, já estivesse entre nós?" "Qual é a oferta, o super-poder de seu pequeno grupo para ajudar a realizar todos os nossos pedidos?" "E como e em que momentos esse super-poder vai se manifestar durante o encontro?" Registar a oferta: "nosso 'super-poder' para ajudar a realizar nossos pedidos é...".
7. Compartilhar "super-poderes" e registrar ao lado dos pedidos.
8. Celebrar toda a experiência assinando lúdica e cooperativamente o *Com-Trato*.

Atividades indicadas

Para que esse campo de cuidado amoroso se estabeleça, é adequado oferecer atividades inclusivas, descontraídas e que estimulem a comunicação aberta e empática (escuta ativa e fala apreciativa), onde todos os "pedidos" e "ofertas" sejam bem-vindos e aceitos sem julgamento. Nesse sentido, cabem muito bem aqui Diálogo, Comunicação Não-Violenta, Aprendizagem Cooperativa, Jogos Cooperativos e Investigação Apreciativa, dentre outros *Processos* que facilitam o exercício da cumplicidade tão marcante nessa etapa da jornada.

Produção do grupo

A entrega final dessa *Prática* é o conjunto de pedidos e ofertas apresentadas pelo grupo, preferencialmente, contendo palavras-chave e ilustrações que permitam uma visualização objetiva e ao mesmo tempo criativa do combinado. Algo que seja prazeroso de realizar e útil para o bem-estar comum. Pode ser na forma de cartaz, manifesto, uma carta de intenções e outras de acordo com cada grupo e situação, como por exemplo este *Com-Trato* (Figura 19) estabelecido pela turma de uma de nossas oficinas telepresenciais de *Design de Relações Colaborativas*.

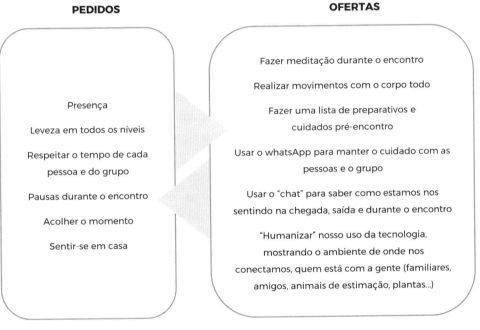

Figura 19 — Pedidos e Ofertas

Indicadores de Efetividade

Sendo uma das marcas do *Com-Trato* o exercício da *liberdade com responsabilidade*, procuramos observar a manifestação dos seguintes aspectos, entre outros:

- A maior parte dos "pedidos" sendo atendidos ao longo da jornada.
- Manifestações espontâneas do tipo: "olha lá, gente, isso está no nosso *Com--Trato*!"; "Que tal incluir no *Com-Trato* esse ponto que surgiu agora?".

- Realização da maioria das "ofertas" e de outras que surjam no decorrer da jornada.
- Uma sensação de bem-estar pessoal e coletivo presente a cada momento verificada por um dos instrumentos apresentados no capítulo *DIVER — Indicadores de Cooperatividade*. Calma, logo você chegará lá.

Toques e dicas

- Tão importante quanto os "pedidos" e as "ofertas" em si é valorizar a pessoa que faz o pedido e traz a oferta. No fundo, é ela (e não suas necessidades) que está pedindo para ser reconhecida e atendida.
- Verificar, de tempos em tempos, o andamento do *Com-Trato* e atualizá-lo na medida da vontade do grupo em fazê-lo ao longo da jornada.
- Incluir e valorizar todos os "pedidos", sem julgamento de certo e errado, bom e mau, serve e não serve, mesmo aqueles que pareçam "não ter nada a ver".
- Pedir ajuda para alguém (do grupo) registrar (palavras-chave, imagens, cores e formas divertidas) os "pedidos" e as "ofertas" em um painel e fixá-lo em local visível, ou disponibilizá-lo em ambiente virtual, para servir como "memória" para todo grupo.

Resumo da *Prática*

Estabelecer Com-Trato é estar no ninho e, ao mesmo tempo, dando colo. Estar em estado de acolhimento solidário. Por isso, nos movemos da reunião do *Com-Tato* e chegamos aqui ao *Com-Trato* (Quadro 12) que é selado pela palavra *comum-união*.

O mais básico aqui é não deixar alguém isolado, ninguém para trás, nenhuma pessoa a menos. Oferecer acolhimento, escutar com atenção e falar de forma genuína deixa claro que todo mundo importa, desperta a autoconfiança, desenvolve a coesão do grupo e promove o **saber cuidar**.

2ª PRÁTICA	OBJETIVO	PRODUTO	TIPO DE ATIVIDADE	TOQUES E DICAS
ESTABELECER COM-TRATO COMPETÊNCIA **Saber CUIDAR** DECLARAÇÃO **Conta Comigo!** IMAGEM **Grande Árvore** SÍMBOLO ⭕	**PERGUNTA INSPIRADORA** Quais são os cuidados que precisamos ter e as ofertas que podemos fazer para conviver bem aqui, durante o tempo que estivermos neste coletivo? **OBJETIVO** Estabelecer *Acordos de Cooperação* para conhecer os cuidados necessários e recursos existentes para promover o bem-estar pessoal e coletivo.	**CONTEÚDO** Conjunto de pedidos e ofertas para cuidar do bem-estar pessoal e coletivo. **FORMATO** Cartaz, manifesto, carta de intenções ou similar.	Inclusivas e descontraídas, que estimulem o compartilhar, a comunicação genuína, o diálogo aberto e empático, aceitação e o não julgamento. **METODOLOGIAS INDICADAS** Diálogo, CNV, Aprendizagem Cooperativa, Jogos Cooperativos e Investigação Apreciativa.	Inclua e valorize todos os "pedidos" e "ofertas", sem julgamento de certo e errado, bom e mau, mesmo aqueles que parecem "não ter nada a ver". Tão importante como os "pedidos" e as "ofertas" em si, é valorizar a pessoa que faz o pedido e traz a oferta. É ela que está pedindo para ser reconhecida e atendida.

Quadro 12 — Resumo da 2ª Prática: *Com-Trato*

Prazer de Casa

Neste momento, me lembro do colo fofinho, aconchegante e sempre disponível de minha bisavó Rosa. Um *Com-Trato* que nunca foi dito, nem assinado. Só sentido, selado com o gostinho de quero mais, que só a saudade sabe ser verdade. Ela era uma portuguesa baixinha, com olhos azuis apertadinhos e que miravam profundo na gente, tocavam o coração e retocavam cada um de meus medos e angústias, transformando-os em uma sensação de paz, alegria e em uma vontade enorme de nunca mais sair dali. Ainda sinto o cheirinho das roupas dela... me sinto cuidado, aninhado, amado.

Talvez, aconteça assim também com você, com tantos de nós, do jeito que cabe ser em cada colo em que nos encontramos. Que *Com-Tratos* você pode atualizar em sua vida neste momento? Com quem e em que lugar? Neste instante, quais são seus pedidos e ofertas para selarmos esse nosso acordo de cooperação?

Do que você precisa para se sentir bem ao longo dessa nossa jornada?

E o que você pode oferecer e fazer para cuidar de nosso bem-estar?

CONTA COMIGO!

3ª PRÁTICA

Compartilhar *In-Quieta-Ações*

FÁBIO OTUZI BROTTO

Diante da porteira

Estando em conexão e sabendo cuidar do bem-estar comum, nos encontramos agora a um passo da entrada da trilha e é aqui que reconhecemos o chamado para confirmar se realmente estamos com disposição para ingressar no caminho da cooperação, abrindo a porteira das *In-Quieta-Ações* para deixar fluir tudo aquilo que está dentro da gente (in), que ninguém vê (quieta) e que se não for colocado para fora (ação), implode. É como um vulcão de curiosidades prestes a entrar em erupção. É aquele impulso natural que dá à vida a necessária motivação para nascer.

— *Como assim?*
— *É deixar você saber do que eu não sei, do que não sou capaz, daquilo que tenho dúvidas e incertezas. É deixar você saber que eu preciso de você!!*

Somente assim, diante da fragilidade exposta entre nós, é que podemos reconhecer genuinamente a necessidade de cooperação. Se eu acreditar e fizer você acreditar também que sou capaz de fazer tudo, que sei de tudo e dou conta de qualquer coisa sozinho, para que será necessário cooperar?

Muitos de nós aprendemos (e ensinamos) a ter que dar conta de tudo, a saber sobre tudo, a ser capaz de encarar qualquer desafio, sem temor. Mas, por amor, quem de nós conseguiu se tornar mesmo esse super-(não)humano?

Até porque a humanidade é um estado de *InterSer* em constante coevolução, circulando entre possibilidades e impossibilidades, forças e fraquezas, medos e coragens, dores e alegrias, dúvidas e certezas, sonhos e pesadelos, horrores e amores, buscando reencontrar seu próprio centro, o *ponto de mútua-ação*[79] que supera toda divisão, desfaz a polarização e regenera nossa *comum-união*.

---

[79] Brincando com "O ponto de mutação" de Fritjof Capra, Cultrix, 2012, sugerindo ludicamente, uma atualização para "o ponto de mútua-ação", para entender as transformações como consequência de nossas relações.

— Mas, e o que queremos descobrir em conjunto?

Este é o desafio proposto aqui, diante da porteira na entrada da trilha rumo ao centro da *Comum-Unidade do SerVir*: escancarar nossa própria vulnerabilidade para acessar de fato nossa real humanidade!

Compreendendo a *Prática*

Saber *Compartilhar In-Quieta-Ações* acende a curiosidade quase que insaciável pelo sabor do não-saber. É ter disposição para compartilhar novas perguntas, muito mais do que desejar afirmar as velhas e já conhecidas respostas.

A ideia é divergir, estimular o maior volume de questões a respeito do que queremos conhecer em grupo. Tendemos à convergência — propor respostas certas para resolver rápido, chegar logo à meta final — e, por isso, é importante desativar o hábito de responder automaticamente sempre que uma pergunta é feita, de sair correndo para chegar primeiro à meta, de logo abafar o conflito ou abreviar o sonho porque não há tempo a perder com essas distrações.

Por diferentes motivos e sistematicamente não temos recebido estímulos para fazer perguntas inquietantes. Em casa, na escola, no trabalho, na roda de amigos, na política, no meio da rua, aprendemos a ter que responder rápido, certo e melhor do que outras pessoas para alcançarmos recompensas — como um bônus salarial, um ponto na média, um afago especial, uma estrelinha no caderno, um *like* nas redes sociais — e seguirmos prensados nos moldes convencionais.

Para ativar essa nossa habilidade de fazer perguntas que realmente importam, transformamos a conhecida *tempestade de ideias (brainstorming)* em um *vulcão de In-Quieta-Ações* ou, como diria Hal Gregersen (2018), em uma *rajada de perguntas (question burst)*. Temos vontades, desejos, medos, questionamentos, perguntas, dúvidas, que queremos ver atendidos, respondidos, sanados. Fazer parte de um grupo genuinamente colaborativo permite compartilhar essas inquietações como uma forma de nos reconhecer na mesma busca. Eu não sei, você também não. Que bom! Saberemos a partir de nossa ação coletiva!

Contudo, um pequeno, constante e atento esforço é necessário para manter o caminho desimpedido desses possíveis **inibidores-bloqueadores da colaboração:**

- **Arrogância:** acreditar que tenho as respostas e tudo mais o que é preciso para dar conta do problema. Percepção de superioridade que me leva a desdenhar das perguntas (tolas) dos demais participantes.

- **Preguiça social:** hábito de aproveitar-se das contribuições de outras pessoas e deixar de participar ativamente.
- **Ansiedade social:** medo do julgamento alheio das próprias ideias. Percepção de inferioridade que reprime o compartilhamento.

Para desativar esses inibidores-bloqueadores, é preciso que cada pessoa se sinta livre e à vontade para se mostrar vulnerável. Daí, a importância do *Com-Tato* (saber se conectar) e do *Com-Trato* (saber cuidar) para a criação do ambiente apropriado para essa abertura à vulnerabilidade, nutrindo a sensação de conexão e nos cuidando para que nos sintamos suficientemente em segurança para compartilharmos livremente nossas inseguranças, incertezas, dúvidas, perguntas e *In-Quieta-Ações*.

Ao admitir que não sabemos tudo e que realmente precisamos de nós mesmos, unimos nossas interrogações face a face (como um só coração), reconfiguramos o desenho de nossas relações, nos reconhecemos no centro do *não-saber-sozinho* e nos abrimos para o compartilhar genuíno.

Saber compartilhar perguntas e reconhecer as mais quentes, relevantes é, portanto, a competência ativada nesta *3ª Prática* e que pode trazer a paciência e o discernimento necessários para cultivá-las adequadamente como se fossem pequenas sementes, agora, plantadas no já preparado terreno fértil de nossas conexões bem cuidadas.

Focalizando a *Prática*

Nosso objetivo aqui é colher as perguntas, dúvidas e incertezas mais inquietantemente quentes a respeito do tema/foco do grupo.

O tema/foco do grupo

Humm... e como chegamos ao "tema" gerador das perguntas? Ele é o *Propósito* da Pedagogia da Cooperação? Quem o define: o grupo, a liderança ou é papel da focalização? Em que momento ele surge? É uma pergunta também? Quais devem ser suas características fundamentais? Temos alguns exemplos?

O tema/foco do grupo é diferente do *Propósito* da Pedagogia da Cooperação e ao mesmo tempo é inspirado por ele. Se o propósito da abordagem é *criar um ambiente de relações colaborativas para que cada pessoa e grupo possam VenSer quem são para poder Servir ao bem comum*, o tema/foco a ser trabalhado passa a representar o *VenSer*, ou seja, o objetivo a ser alcançado pelo grupo ali reunido. Por exemplo:

- No programa que realizamos com a Secretaria de Meio Ambiente de um dos municípios do estado de Goiás o tema/foco definido foi: "+ Cooperação na Secretaria"[80].
- Em uma das unidades do SENAC-SP, o tema/foco foi: "A liderança e a colaboração em nossa equipe"[81].
- "A felicidade no ambiente da frente de caixa" foi o tema/foco colocado por um grupo de colaboradores de uma das maiores cooperativas de Santa Catarina (SCHWATZ e KREUCH, 2017).
- Na aplicação de um dos Trabalhos de Conclusão de Curso da Pós-graduação em Pedagogia da Cooperação e Metodologias Colaborativas, envolvendo um grupo de familiares, o tema/foco proposto foi: "Nossas Relações Familiares"[82].

De maneira geral, o tema/foco do grupo é definido previamente no diálogo com a gestão, liderança, representantes do grupo, e confirmado pela focalização, conforme a percepção que se tem do grupo ao longo das duas primeiras *Práticas*. É a partir dele que todas as experiências do grupo se desenvolverão e é em direção a ele que todas as descobertas nos levarão.

Ao mesmo tempo, quando não houver a possibilidade de encontros e/ou sondagens preliminares, com alguma representação do grupo, e existindo condições de "tempo e temperatura" adequadas, buscamos descobrir o tema/foco envolvendo diretamente todo o grupo logo no início desta *3ª Prática*. Por ser um caminho mais complexo, é recomendável eleger dentre os *Processos* indicados nesta obra, aquele que melhor possa servir a essa descoberta, como por exemplo, o *Círculo dos Sonhos* do *Dragon Dreaming* que foi utilizado para desvelar o tema/foco "desenvolvimento do turismo comunitário e sustentável", sonhado por uma comunidade ribeirinha no interior da Amazônia[83].

De toda forma, o tema/foco deve ser apresentado ao grupo por meio de uma frase afirmativa, simples, direta e suficientemente aberta para acolher toda e qualquer *In-Quieta-Ação* latente no grupo e refinadamente "quente" para mobilizar o interesse de cada participante.

---

[80] Ver caso "Secretaria de Meio Ambiente & Produtividade com Cooperação" no capítulo Boas Práticas.
[81] Ver Caso "EQUIPE RECÉM-FORMADA & Comunicação com Cooperação" no capítulo Boas Práticas.
[82] Ver caso "TE-SER-SENDO AMOR. A Pedagogia da Cooperação e as nossas relações familiares", no capítulo Boas Práticas.
[83] Ver caso "AMAZÔNIA & Turismo Sustentável", no capítulo Boas Práticas.

As *perguntas-quentes*

Agora, atenção, vale qualquer pergunta, só não vale perguntar de qualquer jeito! Que tipo de pergunta consideramos ser a mais poderosa para fazer acender a chama da cooperação, muitas vezes, adormecida *in-quieta-mente* nas pessoas e grupos?

Para nós, uma pergunta-quente, poderosa e impactante é aquela que[84]:

- Faz pensar e convida à reflexão e à busca de um significado mais profundo.
- Estimula a curiosidade e a criatividade.
- Convida à exploração, introspecção e ampliação de possibilidades.
- Altera todo o pensamento e comportamento que ocorra posteriormente.
- Ajuda a se mover para frente.

São, portanto, perguntas mais abertas do que fechadas, mais curtas do que longas, mais simples do que mais complexas e mais inspiradas pelo *como, por que, para que, o que, quem, quando, onde* e *qual...* do que por perguntas que levem a respostas tipo sim, não e talvez.

Para nós, todos os tipos de perguntas são sempre bem-vindos. Ressaltamos que este conjunto de conhecimentos e experiências serve como um recurso para a focalização ajudar o grupo a compartilhar aquelas *In-Quieta-Ações* poderosas o bastante para engajar o grupo em torno delas.

Com-passo

Então, a partir do tema/foco colocado, os próximos passos para facilitar a exploração e descoberta das *perguntas-quentes* são:

1. Aquecer a habilidade de fazer perguntas, sem dar respostas, oferecendo atividades que ajudem a desativar o hábito de responder rapidamente, tentando acertar para receber o reconhecimento de "melhor desempenho do grupo".
2. Em pequenos grupos, propor a "rajada de perguntas" sobre o tema/foco proposto. Cada grupo registra todas as perguntas conforme são compartilhadas. Quais são as perguntas, inquietações, incertezas, dúvidas que

---

[84] Boris R. Drizin, Diretor da Timing Desenvolvimento Empresarial. Mestre e Doutor em Administração pela EAESP/FGV. Disponível em: http://www.timingdesenvolvimento.com.br/site/category/publicacoes/artigos/todos-artigos/. Acesso em: 04/11/2020.

temos a respeito desse tema? Quanto mais perguntas, melhor! Não há pergunta certa ou errada, nem necessidade de explicar, justificar ou argumentar. Queremos fazer uma grande, farta e abundante colheita de só perguntas, sem preocupação alguma com as respostas.

3. Promover um rodízio de modo a fazer chegar as perguntas de um grupo a outro. Por exemplo: o grupo B recebe as perguntas do grupo A; o grupo C recebe as perguntas do grupo B; e o grupo A recebe as perguntas do grupo C.
4. Cada grupo, agora diante de um novo conjunto de perguntas, escolhe e marca as 3 perguntas que mais chamaram atenção.
5. Novo rodízio.
6. Diante das 3 perguntas escolhidas pelo grupo anterior, o grupo agora, escolhe uma, a pergunta mais quente. Aquela que tem o potencial de mobilizar toda a inteligência, sensibilidade e potencial de realização coletiva.
7. Compartilhar a pergunta-quente de cada grupo e impressões, sensações, novas percepções a respeito de toda a experiência do *compartilhar In--Quieta-Ações*.

Atividades indicadas

Se no *Fazer Com-Tato* as atividades são simples, leves e de aproximação; no *Estabelecer Com-Trato* elas devem estimular a comunicação genuína, o diálogo aberto e empático. Aqui as atividades são provocativas, instigadoras e despertam a curiosidade e a habilidade de fazer e receber perguntas sem uma preocupação com as respostas. Uma delas, frequentemente utilizada é o jogo *Só Perguntas*, baseado na criação do grupo de humor e improviso *Os Improváveis*[85].

E para fazer só perguntas precisamos ativar, especialmente, a terceira *Pequena Virtude* da Pedagogia da Cooperação, a *Plena Presença*, que combina a *escuta ativa* com o *falar compassivo* para poder manter uma relação de genuína colaboração onde o que está em jogo, para além do conteúdo das perguntas, é o exercício da competência do *saber compartilhar*.

Entram em campo nesta *Prática* alguns dos *Processos* mais vigorosos para facilitar a comunicação colaborativa: Diálogo, *Design Thinking*, Oasis, Comunicação Não-Violenta, Investigação Apreciativa, Aprendizagem Cooperativa e Jogos Cooperativos.

---

[85] Disponível em: https://www.youtube.com/watch?v=Cb9eFdtevRk. Acesso em: 04/11/2020.

Essas metodologias colaborativas além de criar o clima apropriado para que cada pessoa se sinta encorajada e suficientemente segura para expor sua vulnerabilidade, favorecem a produção de conteúdo valioso — as perguntas-quentes — que pautará o restante da jornada.

Produção do grupo

A entrega de um conjunto de quatro a oito perguntas-quentes (pode variar de acordo com o tamanho do grupo), a respeito do tema/foco do encontro, é o produto esperado para este ponto da trilha, como por exemplo, as perguntas-quentes que foram definidas pelo grupo de Coordenadores da EcoCâmara[86] para o tema do fortalecimento do grupo de coordenadores de áreas:

- De que maneira é possível atingir um "lugar" de coesão desse grupo tão heterogêneo?
- Como melhorar a efetividade da Ecocâmara em relação à comunicação, visão sistêmica, conceituação e construção?
- Como formar novas gerações de coordenadores temáticos?
- Quando a intermediação do Escritório Verde é necessária?
- Como este trabalho pode contribuir com nossos objetivos setoriais em termos práticos?

Perguntas compartilhadas, sementes plantadas!

A partir desse momento, é importante deixar as perguntas-quentes se acalmarem como se fossem pequenas sementes que, uma vez colocadas na terra, aguardam o momento certo para começar a germinar. Mais adiante, quando nos encontrarmos na *5ª Prática*, voltaremos a elas para cocriar soluções a partir de todo o potencial de nossa inteligência coletiva e de nossas competências colaborativas que serão ativadas, daqui a pouquinho, na *4ª Prática*.

Indicadores de Efetividade

Sendo uma prática representada pela figura de duas interrogações face a face, simbolizando o coração, um dos indicadores mais, literalmente, efetivos é de fato

---

[86] Comitê responsável pela gestão socioambiental da Câmara dos Deputados, em Brasília. Ver caso "Ecocâmara & Mobilidade e confiança no processo apesar da burocracia" no capítulo Boas Práticas.

a elevação da temperatura emocional do grupo conforme progride o compartilhamento das *In-Quieta-Ações* mais quentes.

Ao observar conversas acaloradas a partir das perguntas colocadas na roda, celebre (internamente)! É um bom sinal. Sinal de *In-Quieta-Ações* pulsantes!!! Sustente sua confiança na sabedoria do grupo e na inteligência da abordagem, pois é desse fogo que precisamos para acordar a motivação pessoal e coletiva para ousar ingressar, DIVER*dade* nas trilhas da Pedagogia da Cooperação.

Outras pistas podem ser observadas também:

- A vontade de continuar produzindo perguntas mesmo depois de você insistir para parar, dizendo que o tempo já terminou.
- O desejo de seguir com mais perguntas, além das escolhidas, pode indicar o entusiasmo do grupo diante da oportunidade de tratá-las.
- Impulsos frequentes para responder as perguntas, mesmo estando no momento de só fazer perguntas, ao mesmo tempo que pode demonstrar a forte influência do padrão pergunta-resposta, podem sinalizar o interesse despertado por elas.

Também temos visto diferentes grupos adotarem, após a jornada, o conjunto de *In-Quieta-Ações* compartilhadas como se fosse um grande mapa estratégico de perguntas inspiradoras a indicar as próximas atenções e cooperações para minimizar futuras tensões e alavancar incríveis realizações.

Vale a pena reforçar essa iniciativa ou mesmo recomendá-la como uma possibilidade de otimização da produção do grupo.

Toques e Dicas

Além das dicas acima já inquietantemente adiantadas, destacamos aqui mais algumas:

- Manter o foco na produção de perguntas, sem preocupação alguma com respostas, nem com a seleção de "boas" perguntas.
- Considerar que cada pergunta é como se fosse um fractal refletindo as demais. Cada pergunta inclui todas as outras. É como um "fio da meada" onde, puxando-se uma, todas as outras vêm juntas.
- Observar o surgimento e os efeitos no grupo de perguntas tóxicas que são formuladas agressivamente, colocando as pessoas em situação embaraçosa,

lançando dúvidas justificadas sobre outras ideias ou cultivando a cultura do medo. Se for preciso, ajudar o grupo a investigar a ocorrência de perguntas tóxicas, pode ser uma das perguntas-quentes.
- Lembrar que toda brincadeira tem um fundo de verdade. Por isso, brincamos para poder acessar a verdade que está lá guardadinha no mais profundo de nossas *In-Quieta-Ações*.
- Fortalecer para o grupo a importância de esperar o tempo necessário (até a *5ª Prática*) para acessarmos as respostas, trazermos as soluções. Cada pergunta, tal qual uma semente, traz em si a própria resposta que se desvelará no devido momento. Por isso, sem pressa nem pressão, deixamos as perguntas-sementes descansarem na *terra-mente*, até que seja a hora de acordarem para germinar na terra *nova-mente*, cada um de seus frutos-respostas.
- Confiar na jornada e na sabedoria do grupo. Legitime as perguntas-quentes escolhidas. Para nós, na focalização, podem parecer repetitivas, superficiais, utópicas, profundas demais, improdutivas, que "não vão render" etc. Porém, nosso papel é *SerVir* ao grupo, honrando toda e qualquer das manifestações que emerjam da cooperação genuinamente ali presente.

Durante e ao final desta *3ª Prática*, bem como, em todas as demais *Práticas*, perceba as oportunidades para fazer breves, suaves e precisas checagens emocionais, perguntando algo parecido com:

- Como você se sente?
- Do que você está se dando conta?
- Há algo no nosso *Com-Trato* que possa atender você no momento?
- O que está mudando em você?

Essas e outras perguntas semelhantes são importantes porque as emoções afetam a energia criativa e o objetivo do exercício não é só suscitar novas perguntas relevantes, mas também fornecer estímulo emocional que aumentará a disposição do grupo para acompanhá-las[87], descobrir as soluções nelas contidas e para transformá-las em frutíferos *Projetos de Cooperação,* quando nos reunirmos lá na 5ª e 6ª Prática.

---

87 Boris R. Drizin, Diretor da Timing Desenvolvimento Empresarial. Mestre e Doutor em Administração pela EAESP/FGV. Disponível em: http://www.timingdesenvolvimento.com.br/site/category/publicacoes/artigos/todos-artigos/. Acesso em: 04/11/2020.

Resumo da *Prática*

Saber *Compartilhar In-Quieta-Ações* (Quadro 13) é a chave que abre o cadeado da porteira que dá acesso às demais trilhas das *Sete Práticas* e conduz-nos ao centro da *Comum-Unidade do SerVir*. Abrir-se à própria vulnerabilidade e abraçar a vulnerabilidade de outrem, declarando reciprocamente "eu preciso de você", faz acertar o passo e nos ajuda a seguir caminhando por entre as perguntas-quentes que descobrimos coletivamente.

3ª PRÁTICA	OBJETIVO	PRODUTO	TIPO DE ATIVIDADE	TOQUES E DICAS
COMPARTILHAR IN-QUIETA-AÇÕES COMPETÊNCIA **Saber COMPARTILHAR** DECLARAÇÃO ***Eu preciso de você!*** IMAGEM **Na porteira** SÍMBOLO	**PERGUNTA INSPIRADORA** O que queremos descobrir em grupo? **OBJETIVO** Compartilhar perguntas, dúvidas, inquietações e incertezas sobre o tema/foco do encontro. **TEMA/FOCO** Suficientemente aberto para acolher toda e qualquer *in-quieta-ação* e refinadamente preciso para mobilizar cada participante.	**CONTEÚDO** Conjunto de 4 a 8 perguntas quentes (variando de acordo com o tamanho do grupo) a respeito do tema/foco do encontro. **FORMATO** Cartaz ou similar.	Provocativas, instigadoras e que despertem a curiosidade e a habilidade de fazer e receber perguntas sem preocupação com as respostas. **METODOLOGIAS INDICADAS** Aprendizagem Cooperativa, Jogos Cooperativos, Investigação Apreciativa, *Design Thinking*, Oasis e Diálogo.	Manter o foco na produção de perguntas, sem preocupação alguma com respostas, nem com a seleção de "boas" perguntas. Cada pergunta é como se fosse um fractal refletindo todas as demais. Cada pergunta inclui todas as outras. É como um "fio de meada" onde puxando-se uma, todas as demais vêm juntas. Confiar na jornada e na sabedoria do grupo.

Quadro 13 — Resumo da 3ª Prática: *In-Quieta-Ações*

Prazer de casa

De um jeito lúdico (leve, descontraído e genuíno), deixando nossas fragilidades, dúvidas, incertezas e incapacidades à mostra, abrimos um caminho para o reencontro "búdico" (sereno, consciente e compassivo) com nossas potencialidades de cooperação genuína.

Reconecte-se com seu crachá, relembre seus pedidos e ofertas para estar bem, onde e com quem você estiver, e agora deixe o calor de suas *In-Quieta-Ações* vir à tona e, quando se sentir à vontade, compartilhe:

Que tema mais apaixona você neste momento?	Quais são suas perguntas-quentes sobre esse seu tema-apaixonante?

EU PRECISO DE VOCÊ!

4ª PRÁTICA

Fortalecer Alianças e Parcerias

FÁBIO OTUZI BROTTO

No rio das fortes correntezas

Assim como "não há você sem mim e eu não existo sem você"[88], não há cooperação sem confiança e não há confiança sem cooperação!

É com essa consciência que adentramos na trilha da *4ª Prática*, trazendo na mochila boas conexões, pedidos, ofertas e um conjunto vigoroso de perguntas-quentes como recursos para encarar os desafios que surgem no caminho — pontes quebradas, correntezas perigosas, descidas escorregadias, subidas íngremes, mal-estar súbito e, especialmente, aquelas imprevisíveis, incontroláveis e inevitáveis correntezas da insegurança, medo, desconfiança e desesperança que de uma hora para outra, quando menos se espera, aparecem, abalam a convivência e fragilizam a cooperação.

Você sabe e eu também, que não é possível deter o furor das fortes correntezas, não temos força para combatê-las, nem velocidade suficiente para escapar delas. Qualquer tentativa desse tipo conduz invariavelmente ao esgotamento, afogamento e morte.

— *Então, não há nada que se possa fazer?*
— *Não, a não ser arriscar fazer nada daquilo que normalmente se faz: lutar, fugir ou desistir.*
— *E então, qual é a opção?*

Desativar a visão equivocada que nos faz enxergar as situações, a natureza e a outra pessoa como ameaças, adversárias e concorrentes. E reativar a compreensão de que todas são possibilidades para o contínuo aprender a *com-fiar* (tecer em conjunto) nossas relações de aliança e parceria para regenerar nossa *comum-unidade* com a vida.

Portanto, se as fortes correntezas são inevitáveis, é possível escolher entre as diferentes maneiras de nos relacionar com elas.

---

88 *Eu não existo sem você*. Composição de Vinicius de Moraes e Antônio Carlos Jobim.

E a opção oferecida aqui pela *4ª Prática* da *Pedagogia da Cooperação* é reconhecer que o principal recurso que temos a nossa disposição para lidar com toda e qualquer situação, não está em mim, nem em você, está no *entre-nós*. Nesse espaço que criamos quando nos encontramos colaborativamente e que potencializa nossas *Competências Colaborativas de Relacionamento e de Rendimento (R2)* para lidar com desafios, solucionar problemas, transformar conflitos, cumprir metas e realizar objetivos conciliando produtividade com felicidade.

Compreendendo a *Prática*

Puxa vida, lembrei agora do Capitão Planeta[89], o super-herói que surge após a combinação dos poderes dos cinco *Protetores*: terra, fogo, vento, água e coração que individualmente não conseguem encarar os super-vilões que destroem a natureza. Caramba, uma legião de super-heróis e heroínas coletivos pintando aqui na minha memória... A Liga da Justiça, As Meninas Super-Poderosas, Os Vingadores, *Power Rangers*, A Turma da Mônica... Você lembra de outros coletivos como esses?

— *Ué, mas e o que eles têm a ver com essa nossa com-versa-ação?!*

Esses grupos representam a atualização do mito do herói, outrora um super-herói individual, um salvador da pátria, no qual depositávamos todas as nossas esperanças; e que, agora, surge como um coletivo de heróis e heroínas que aprende a combinar seus super-poderes para dar conta de situações que nenhum deles sozinho, por mais incrível, divino ou inteligente que fosse, daria conta sozinho.

Se por um lado cultuar o mito do *selfmade man*[90], bloqueia a cooperação, por outro, já estamos destravando o fluxo da inteligência coletiva, da consciência de grupo, da convivência *di-ver-gente*, da cooperação *com-ver-gente* e do regenerar a *co-mum-unidade* no meio da gente.

De gente como a gente, que embora vivendo tempos difíceis, de muita polaridade (na política, por exemplo), pandemias, redes sociais e seus cancelamentos, aumento das desigualdades sociais, entre outros tantos abismos, está engendrando outra realidade, com menos idealizações e mais ritos de realizações. Sem o anseio imaturo pela utopia de um mundo ideal, nem com a cansada resignação diante de um mundo normal. Apenas, gente simples e maravilhosamente real, cooperando

---

89 Fonte: https://pt.wikipedia.org/wiki/Capit%C3%A3o_Planeta. Acesso em: 04/11/2020.
90 Livremente traduzido para "homem feito por si mesmo", que remete ao individualismo.

em transformações no mundo real, lidando com desafios reais e cocriando soluções realmente benéficas para todo o mundo.

— Mas, então, quem são esses novos "Simplesmente Maravilhosos Seres Humanos" e onde estão?

Estão no meio de nós. E se *o nós, é feito D'Eus*[91], quem são senão você, eu e cada uma das pessoas que estão aqui, neste momento? Pessoas *como-uns* que colocam suas *Competências Colaborativas R2* a serviço do bem-estar de cada pessoa e de todo mundo. Contudo, particularmente, é aqui, nesta *4ª Prática*, que são dinamicamente potencializadas na medida em que desafiamos o grupo a superar as mais fortes e imprevisíveis correntezas do grande rio da *com-fiança*.

Focalizando a *Prática*

Estamos no coração da trilha. É aqui que encorajamos cada pessoa e todo o grupo a se lançarem no fogo regenerativo da confiança. Confiança é a competência-síntese, ou a meta-competência, ou ainda a competência das competências. É por ela que podemos transformar o "chumbo" da separatividade, individualismo, competição, exclusão e violência, no "ouro" da comunidade, solidariedade, cooperação, inclusão e paz.

— *É aqui que descobrimos o que nos fortalece e nos torna como-um?! O que transmuta fraquezas, incapacidades e limites individuais em forças e capacidades coletivas ilimitadas? E é nesse campo de profunda confiança no poder compartilhado que lapidamos a joia de nossas competências de relacionamento e rendimento?*

Sim, é neste lugar do **saber confiar** que temos a possibilidade de viver essa alquimia tendo como recurso o exercício das *Competências Colaborativas R2* para fortalecer e/ou regenerar as relações de aliança e parceria com você, com os pares, com o grupo e com toda a comunidade presente.

Só não há garantia de que vai acontecer exatamente assim.

---

[91] Como nos lembraram Lena e Gisela no capítulo do *Princípio da Com-Vivência*.

Com-passo

Como sabemos, uma experiência de cooperação genuína tende a ser bem diferente do jeito que planejamos, resultando em impactos que jamais sonhamos. E é para caminhar por esse campo de incertezas, imprevisibilidades e improbabilidades, que desenhamos um passo a passo confiando que "tudo é possível se for (im)possível para todo mundo!".

1. Selecionar metodologias e atividades colaborativas que promovam o exercício de competências colaborativas associadas às necessidades observadas no conjunto de perguntas-quentes.
2. Propor atividades cooperativas preliminares para ativar gradualmente o potencial de realização do grupo.
3. Desafiar o grupo para realizar uma tarefa de alta complexidade e impossível de ser realizada se não for pela cooperação de todo mundo.
4. Sustentar a confiança na sabedoria do grupo para encontrar as estratégias cooperativas mais adequadas para superar o desafio e manter todo o grupo unido.
5. Facilitar o compartilhamento focando no mapeamento das *Competências Colaborativas* exercitadas durante o desafio.
6. Registrar e fixar o *Mapa de Competências Colaborativas* em local visível para o grupo, ou no caso do telepresencial, disponibilizar esse material e garantir fácil acesso.
7. Celebrar a superação pessoal e coletiva.

Atividades indicadas

A experiência convivida nesta *4ª Prática* é uma verdadeira prova de fogo, também para a focalização que é levada a se manter no olho do furacão para poder sustentar, durante o tempo que for necessário, a partir de seu próprio centro, a desestabilização causada na dinâmica do grupo pelas correntezas de alta intensidade que se instalam quando o desafiamos em um tipo peculiar de atividades: lúdicas, altamente desafiadoras, leves, profundas, caórdicas, cardíacas (que mobilizem a coragem de agir com o coração) e impossíveis de se realizar se não pela cooperação entre todas as pessoas presentes.

Um conjunto de atividades proporcionadas pelos Jogos Cooperativos, Danças Circulares, Transformação de Conflitos, Oasis, *MusiCooperação*, entre outras metodologias colaborativas citadas no capítulo dos *Processos*.

Sabendo que "quando se é cooperativo, até um pedregulho é um mestre"[92], confiamos que cada atividade proposta e momento vivido nesta trilha de cooperação, está recheado de ensinamentos. Nosso papel é ajudar as pessoas e grupos a se manterem *plenamente presentes* para tomar consciência de sua própria experiência e compartilhar suas descobertas. É um convite permanente para uma *ensinagem cooperativa* (lembra desse *Procedimento*?) a cada passo, mapeando descobertas, aprendizados e mudanças ao longo da jornada.

- Quais sensações e emoções foram vividas no começo, meio e final da atividade?
- O que fizemos que nos ajudou a realizar o desafio? E o que fizemos que atrapalhou?
- Se fossemos realizar novamente, o que faríamos diferente?
- Do que estamos nos dando conta agora?
- Qual foi a principal sacada? Se tivéssemos uma "dica de ouro", um "pulo do gato" para compartilhar, qual seria?
- Quais as competências (de relacionamento e de rendimento) exercitadas durante a atividade?
- O que mudou em sua relação com o grupo? E na relação consigo?
- Qual foi o momento mais tenso e como lidamos com ele?
- Que relações podem ser feitas com o cotidiano pessoal, social e profissional?
- Se você pudesse estampar uma manchete ou fazer uma postagem sobre esta experiência nas redes sociais, qual seria ela?
- Se essa atividade fosse um mestre, quais os ensinamentos que ela teria trazido?

Produção do grupo

Essas e outras perguntas favorecem o compartilhar após a experiência e trazem à consciência a percepção do desenvolvimento das *Competências R2*, como podemos observar no mapeamento (Quadro 14) feito após a vivência de um conjunto de desafios cooperativos proposto para um grupo de jovens que buscava criar um senso de comunidade entre eles (GONTAD et al., 2018).

---

92 Autoria não identificada.

COMPETÊNCIAS DE RELACIONAMENTO

Autonomia (Saber conectar): o grupo teve que encontrar as estratégias sozinho e executá-las por conta própria.

Respeito Mútuo (Saber cuidar): foi essencial e muito exercitado na medida em que estratégias diferentes eram propostas e o desejo de conseguir realizar a tarefa deixava os ânimos mais acirrados.

Confiança (Saber confiar): exercitada de várias maneiras diferentes e simultâneas, por exemplo os participantes vendados tinham que confiar "cegamente" nas pessoas que os guiavam.

Empatia (Saber confiar): foi importante para que o grupo conseguisse compreender as dificuldades, necessidades, percepções e sugestões uns dos outros durante o processo, inclusive quando participantes com os braços cansados tinham que trocar de papel no jogo.

Inclusividade (Saber conectar): foi muito exercitada nos momentos em que os participantes buscavam incluir as ideias e sugestões uns dos outros numa estratégia comum.

COMPETÊNCIAS DE RENDIMENTO

Proatividade (Saber cultivar): ao longo do jogo diferentes participantes exercitaram de diferentes formas a proatividade, abraçando o papel de liderança, assumindo a responsabilidade por tarefas específicas etc.

Resiliência (Saber compartilhar): a atividade foi longa e teve momentos de frustração, desconforto, dúvida e insegurança, a resiliência permitiu que superassem esses momentos chegando ao objetivo comum e sentindo-se recompensados pela jornada.

Criatividade (Saber cocriar): os jovens mostraram uma criatividade natural criando soluções inesperadas para dificuldades do jogo, a troca de papel foi um exemplo disso.

Organização (Saber cultivar): foi bonito vê-los exercitando essa habilidade, criando ordem na fala para que não falassem todos juntos.

Quadro 14   Mapeamento de *Competências R2*

Em outra aplicação da Pedagogia da Cooperação, realizada com um grupo de mediadoras e mediadores do **Sescoop** — Serviço Nacional de Aprendizagem do Cooperativismo[93], após a realização dos desafios para fortalecer alianças e parcerias, o grupo foi convidado a mapear e compartilhar suas sensações, sentimentos, percepções e aprendizados (Quadro 15).

---

93   Ver caso "SESCOOP & Criação com Apreciação", no capítulo de Boas Práticas.

VIVÊNCIA NAS ATIVIDADES	APRENDIZADOS GERADOS	QUESTÕES SOBRE O PROCESSO
• Tive insegurança de ir e deixar alguém para trás. •**O experimento fez a gente se aproximar mais.** • Houve um despertar individual para a coletividade. • A solidariedade foi o ponto alto. • Pude ver a força da cooperação • Estar aberta e ver que isso é recíproco traz um bem-estar. • **Confio na maturidade do grupo para realizar o que precisa ser realizado.** • Foi bom ver todos envolvidos para completar a tarefa. • O que vivemos pode ajudar no curso de moderador. • **Podemos viver a cooperação em todos os âmbitos.**	• É necessário controlar a ansiedade e respeitar limites e condições do outro. • Preciso ter respeito pelo espaço do outro. • É preciso entender os sinais não verbais do outro. • **Partimos do individual para o coletivo.** • É preciso confiar para ter sucesso. • Cooperação é comportamento. • Quando a gente prática, aprendemos com outros estímulos. • Você não precisa dizer "venha cooperar", pois as pessoas percebem e vão. • **A gente se preocupou em cuidar primeiro dos mais vulneráveis.** • No comando da coreografia musical, vi o quanto o silêncio fala.	• Houve uma sequência lógica entre as atividades. Está sendo diferente para mim. • Tudo o que a gente faz pode agregar valor ao nosso desenvolvimento. • **O que se aprende aqui, levaremos para a vida.** • Estamos aqui fazendo terapia. • Tenho valorizado o fazer. • Como lidar com a resistência? • E quando há alguém que não quer participar? • Para acontecer a cooperação precisa que todos participem do mesmo jeito? • **Falar de cooperação é mais fácil que vivenciar?**

Quadro 15 — Mapeamento de aprendizados e competências colaborativas.

Dessa riquíssima coleta, podemos extrair diferentes informações que conduzem à observação do desenvolvimento das *Competências R2*:

- Saber conectar: "O experimento fez a gente se aproximar mais."
- Saber cuidar: "A gente se preocupou em cuidar primeiro dos mais vulneráveis."
- Saber compartilhar: "Partimos do individual para o coletivo."
- Saber confiar: "Confio na maturidade do grupo para realizar o que precisa ser realizado."
- Saber cocriar: "Podemos viver a cooperação em todos os âmbitos."
- Saber cultivar: "O que se aprende aqui, levaremos para a vida."
- Saber celebrar: "Falar de cooperação é mais fácil do que vivenciar?"

Indicadores de Efetividade

É comum verificar no transcorrer desta *Prática*, uma maior ocorrência de atitudes e comportamentos de ajuda e colaboração espontâneas, tais como:

- Guardar materiais e manter o local harmonizado, antes, durante e depois da atividade.
- Dar apoio para que colegas realizem uma nova prática ou solucionem um problema.
- Participar de pequenos grupos diferentes dos habituais.
- Assumir responsabilidade diante de algum impasse.
- Fazer pedidos coletivamente antes feitos de maneira individual e isolada.
- Demonstrações de maior autonomia do grupo em relação a focalização.
- Maior coesão grupal e vitalização do sentido de *comum-unidade*.
- Crescimento do grau de autonomia e corresponsabilização levando o grupo a assumir maior protagonismo em sua própria jornada.

Em resumo, devemos estar preparados para, a partir daqui, desenvolvermos uma relação ainda mais horizontal com o grupo, onde as alianças e parcerias fortalecidas nos conduzirão a níveis de cooperação ainda mais desafiadores e encantadores.

Toques e dicas

- Incluir atividades cooperativas bem desafiadoras, que estimulem o aperfeiçoamento das *Competências R2* e conduzam o grupo para um novo nível de cooperação e confiança.
- Buscar inspiração nas *perguntas-quentes* para eleger o conjunto de desafios e atividades mais apropriadas para o desenvolvimento do grupo, por exemplo: Diante de perguntas sobre "como podemos confiar mais no colega que trabalha comigo?", propor desafios cooperativos que promovam confiança. Para perguntas como "de que maneira posso me comunicar colaborativamente com meu diretor?", oferecer atividades cooperativas focando em Comunicação Não-Violenta, Diálogo e Liderança Colaborativa.
- Observar se o *Com-Trato* estabelecido pelo grupo está sendo honrado durante a atividade. Pode ser útil lembrar desses acordos de convivência e cooperação, particularmente, quando o grupo estiver envolvido pelas "fortes correntezas" dos acontecimentos inesperados.

- Ajudar o grupo a colocar luz sobre o que bloqueia, bem como, sobre os recursos que possuem para desimpedir o fluxo da cooperação.

Resumo da *Prática*

Fortalecer Alianças e Parcerias (Quadro 16) é, como dizia minha avó Maria, mexer com fogo!!! Tanto pode queimar, quanto pode transformar. E é esse o risco que precisamos aceitar para podermos alquimizar o adversário em solidário, o inimigo em aliado, o concorrente em parceiro, a ilusão de separatividade em consciência de *comum-unidade*. O que não é pouca coisa, não é mesmo?

Por essa razão, esta *Prática* está localizada bem no meio do caminho, como um rito de passagem, pessoal e coletivo, e que forjado pelo fogo da confiança nos impulsiona para o próximo ciclo de *Práticas*, nos vendo como pessoas parceiras de uma mesma jornada de autodescoberta e mútua transformação.

4ª PRÁTICA	OBJETIVO	PRODUTO	TIPO DE ATIVIDADE	TOQUES E DICAS
FORTALECER ALIANÇAS E PARCERIAS COMPETÊNCIA **Saber CONFIAR** DECLARAÇÃO **Pode confiar** IMAGEM **Fortes Correntezas** SÍMBOLO ⭘⭘	**PERGUNTA INSPIRADORA** O que nos fortalece e nos torna *como-um*?! **OBJETIVO** Desenvolver as *Competências R2* para regenerar e/ou fortalecer as relações de aliança e parceria.	**CONTEÚDO** Mapa de Competências R2. **FORMATO** Cartaz ou similar.	Desafiadoras, intensas, lúdicas e (im)possíveis de se realizar individualmente ou competitivamente. **METODOLOGIAS INDICADAS** Jogos Cooperativos, Danças Circulares, Comunicação Não Violenta, Transformação de Conflitos, MusiCooperação e Oasis.	Buscar inspiração nas *In-Quieta-Ações* compartilhadas pelo grupo, por exemplo: Diante de *In-Quieta-Ações* sobre "como podemos confiar mais nas pessoas que trabalham comigo? Propor atividades cooperativas focando na confiança. Incluir atividades cooperativas que estimulem o aperfeiçoamento das *Competências R2*.

Quadro 16 — Resumo da 4ª Prática: Alianças e Parcerias

Prazer de Casa

Que tal reforçar sua aliança e parceria com você, aqui-agora-sempre-todo dia? Pergunte para algumas pessoas, próximas ou não, quais competências colaborativas elas reconhecem em você. Quais reações elas notam quando você se vê diante de grandes desafios? Depois, complete a lista com suas próprias percepções e celebre…

	Quais são suas Competências de Relacionamento mais vigorosas?	**E as Competências de Rendimento?**	**Quando "as fortes correntezas" aparecem, em que/quem você confia?**
Percebidas pelas outras pessoas			
Percebidas por você			
Percebidas em comum (pessoas + você)			

… realizando este *prazer de casa* bônus!!

- Ligue agora para uma pessoa e deixe-a saber o quanto ela é importante para você. Compartilhe momentos convividos que fortaleceram a aliança, a parceria e a confiança. Celebre a parceria!

PODE CONFIAR!!!

5ª PRÁTICA

Reunir *Soluções Como-Uns*

FÁBIO OTUZI BROTTO

No conselho da floresta

Muros caídos, pontes rompidas, objetos quebrados, alguns machucados, muitos aprendizados, *Competências R2* ativadas, a confiança em alta e todo mundo junto. Quando as águas turbulentas do grande rio de fortes correntezas passam, uma calmaria se instala. Uma boa hora para dar uma paradinha, respirar junto, rever a caminhada e verificar os recursos que trazemos na mochila, antes de seguirmos adiante:

- Lá do *Com-Tato*, trazemos o *saber conectar* para nos lembrar que *InterSomos*.
- Desde o *Com-Trato*, temos praticado o *saber cuidar* do bem-estar pessoal e coletivo.
- Abrimos o coração ali nas *In-Quieta-Ações* para *saber compartilhar* nossas perguntas-quentes, depositadas na terra fértil de nossa vulnerabilidade.
- E justamente quando menos esperávamos, fomos arrastados pelas águas do rio das fortes correntezas, que ativaram nossas *Competências R2* para *sabermos confiar* na beleza e no poder de nossas *Alianças e Parcerias*.

Uau! Uma mochila carregada de recursos preciosos para agora, nesta *5ª Prática*, podermos nos reunir no grande círculo do *Conselho da Floresta* onde descobriremos as *Soluções Como-Uns* para cada uma de nossas *perguntas-quentes*. É aqui que poderemos acessar toda a abundância de possibilidades que existem no acervo de nossa Inteligência Coletiva. Afinal, parafraseando Pierre Lévy[94], "ninguém sabe tudo, cada pessoa sabe alguma coisa e todo o saber está na *comum-unidade!*"

---

[94] Pensador tunisiano, autor da obra "Inteligência Coletiva: por uma antropologia do ciberespaço". São Paulo: Loyola, 1998. No original, "ninguém sabe tudo, cada pessoa sabe alguma coisa e todo o saber está na humanidade".

Compreendendo a *Prática*

— *Espere um pouco. Se o grupo tem todos os recursos para suas necessidades, por que então deixamos de responder as perguntas lá atrás, quando foram feitas? Para que fortalecer "Alianças e Parcerias" se já somos um grupo? Poderíamos ter encurtado o caminho e economizado tempo e energia, não é?*

>O caminho reto nem sempre é o mais correto.
>O caminho curto nem sempre é o mais justo.
>O caminho rápido nem sempre é o mais sábio.
>Todo caminho pode ser caminhado de algum jeito,
>só não vale ser de qualquer jeito.

Veja bem, o caminhar proposto pela Pedagogia da Cooperação é uma maneira de nos ajudar a chegar a um lugar aonde só podemos chegar se chegarmos desse jeito, coletivamente. Portanto, para além da capacidade e quantidade de nossas relações, devemos considerar a qualidade e a maneira como essas relações acontecem especialmente em situações de alta complexidade e grande imprevisibilidade.

Daí, a importância das quatro primeiras *Práticas* como uma preparação e calibragem de todo o ecossistema de relacionamentos para ativar o potencial da inteligência coletiva nele coexistente.

Todo esse cuidado com a preparação do campo de relacionamentos diminui a frequência de manifestação de comportamentos e atitudes que bloqueiam o fluxo da inteligência coletiva e inibem a colaboração.

Particularmente, nesta *5ª Prática*, pode aparecer disputa de poder e julgamentos de certo e errado, bom e mau, melhores e piores, com o objetivo de saber quem tem a melhor resposta, quem consegue argumentar melhor para ganhar a discussão, ou ainda, aquela que trará a solução final. Essa dinâmica eleva, desnecessariamente, o nível de tensão competitiva, reduz drasticamente a disposição para contribuir e, principalmente, rebaixa a produtividade, a qualidade do resultado e o índice de felicidade. Afinal, se como diz o ditado "ninguém entrega o ouro ao bandido", nos vendo jogando contra, como oponentes ou concorrentes, seguimos sem conexão com a verdadeira e abundante riqueza que existe bem no meio de nós.

A Pedagogia da Cooperação, ao promover o exercício de *Competências Colaborativas* para fortalecer as relações de aliança e parceria, está propiciando as condições adequadas para que cada pessoa, grupo, organização e ecossistema deixe fluir livre, aberta e plenamente suas inteligências (individuais e divergentes), não para ser melhor do que as outras, e sim para que, entregando seu melhor, possam cocriar

Soluções Como-Uns (coletivas e convergentes) para responder a cada uma de suas inquietações.

A Solução *Como-Um*

É aquela que conseguimos criar coletivamente e que não está em mim,
nem em você, ou em qualquer parte.
É aquela que nasce do encontro de nossas inteirezas,
uma criança que é a mãe, o pai e algo mais.
O sal da terra, as cores do arco-íris e o voo coletivo dos pássaros.
É uma onda boa
para você, para mim e para todo mundo!

Você já viu aquelas incríveis coreografias que emergem somente quando um bando de pássaros voa junto? Com certeza já sentiu o gostinho do sal que emerge da combinação formada pela mesma proporção de cloro e sódio e que não é nem um, nem outro; coloriu desenhos e formas com o verde, laranja, roxo, marrom e outras cores que surgem da mistura de cores primárias, sem ser alguma delas; e se lembra do choro e do riso da criança que nasce do encontro entre dois seres completamente diferentes e é alguém além deles.

É esse tipo de *resposta emergente e complexa* que buscamos encontrar quando nos reunimos para cocriar *Soluções Como-Uns*. Muito além do melhor que podemos manifestar ou entregar individualmente, buscamos acessar *soluções* que não são, nem estão, em nenhum de nós isoladamente.

Saber cocriar *Soluções Como-uns*, pode ser uma habilidade incomum para uma boa parte de nós que aprendeu a separar, partir, analisar, discriminar e generalizar para poder entender a vida e como nos relacionamos com ela e nela.

Contudo, estamos aprendendo que podemos compreender a vida e vivê-la de um jeito diferente, pois agora sabemos que nossa coexistência é como um sistema aberto, com propriedades emergentes que se formam e crescem a partir da diversidade de indivíduos, da qualidade de suas conexões, de sua capacidade de auto-organização regenerativa e de sua habilidade de compartilhar informações com o ambiente[95].

Por esse motivo, no capítulo *Procedimentos*, mencionamos a importância de oferecer, ao longo de toda a jornada, oportunidades para que pessoas e grupos possam

---

95   Rever no capítulo de *Princípios*.

exercitar suas habilidades para produzir *síntese sobre síntese*. Repare como as entregas e produções de cada uma das *Práticas* é caracterizada por essa habilidade de sintetizar:

- *Com-Tato*: O **crachá coletivo**, composto a partir da relação entre as identidades individuais.
- *Com-Trato*: **Pedidos e ofertas** para o bem comum a partir do entrelaçamento das necessidades e possibilidades pessoais.
- *In-quieta-ações*: **Perguntas-quentes**, a partir da combinação das muitas questões postas em campo.
- *Alianças e Parcerias*: Um **mapa de Competências R2** como síntese das competências de cada pessoa.

Bem, para sintetizar essa exposição a respeito da cocriação de *Soluções Como-Uns*, compartilhamos, a seguir (Quadro 17), dois exemplos: o primeiro extraído da experiência vivida com um grupo de 35 participantes da oficina telepresencial de *Design de Relações Colaborativas* e o segundo de um grupo de 25 estudantes da pós-graduação em *Pedagogia da Cooperação e Metodologias Colaborativas*, respectivamente:

TEMA	PERGUNTA QUENTE	SOLUÇÕES	SOLUÇÃO COMO-UM
A cooperação no mundo digital	Como gerar abertura, conexão e confiança pelo meio digital, para possibilitar a cooperação entre as pessoas?	Dar espaço para as pessoas falarem. Fazer treinamentos anteriores para conhecimento das ferramentas. Mais tempo nas salinhas de conversa. Fazer mais atividades assíncronas e síncronas.	Garantir a efetividade do encontro através do uso de ferramentas simples e a afetividade através de atividades de aproximação e conexão.
A Pedagogia da Cooperação no dia a dia	Como cooperar em grupos não-cooperativos?	Não dou conta sozinha. Ficar no seu próprio "centro". Tentando entender por que não conseguem ser cooperativos nesse momento. Não existe grupo não-cooperativo. O que existe são nossos padrões de falta de reconhecimento e conexão com os outros e com a gente mesmo.	Vivenciar a cooperação em si mesmo, percebendo o grupo através de escuta empática e usando ferramentas adequadas para ativar a cooperação no outro.

Quadro 17 — Descobrindo a *Solução Como-Um*

Resumindo, a solução mais genuinamente cooperativa é aquela que encontramos no espaço que existe entre nós. Não é sua resposta ou minha solução, não é o que você sabe ou aquilo que eu já experimentei, nem é minha vontade ou a sua. É aquela que nasce a partir de todas essas e somente com nossa *comum-união* podemos encontrar!

Focalizando a *Prática*

Inspirados pela pergunta *"o que sabemos coletivamente, que não sabemos individualmente?"* e com o objetivo de colher ideias, sugestões, dicas, comentários, insights e respostas para as *In-Quieta-Ações* compartilhadas na *3ª Prática*, convidamos o grupo para:

1. Rever as *perguntas-quentes*.
2. Em pequenos grupos, reunir o maior número possível de soluções para cada *pergunta-quente*.
3. Seguir fazendo os rodízios entre os grupos, assim como foi realizado na *3ª Prática*.
4. Conectar as soluções encontradas.
5. Produzir *Soluções Como-Uns* para cada *pergunta-quente*.
6. Compartilhar as *Soluções Como-Uns* encontradas.
7. Reconhecer e celebrar a produção coletiva.

A produção coletiva nas jornadas da Pedagogia da Cooperação é um aprendizado sobre como lidar com o caos. Em um ambiente sem hierarquia, onde cada pessoa entrega seu conhecimento e experiência individual, sem uma organização rigorosa, com um nível de entropia alto, cuja desordem favoreça a criatividade e a auto-organização daquilo que realmente importa, aprendemos a não focar em processos e sim na causa, nas ideias, na colaboração e no que de bom está emergindo no meio de nós.

Menos tensão no planejamento e mais atenção
no que está acontecendo entre a gente.

Atividades indicadas

Um dos *Processos* mais utilizados nesta *5ª Prática* é uma adaptação do *World Café* (porque no original as perguntas são propostas pela facilitação e aqui, na Pedagogia da Cooperação, elas emergem do grupo), combinando com elementos da Investigação Apreciativa, Aprendizagem Cooperativa, *Design Thinking* e Oasis.

Indicadores de Efetividade

- Grande número de conexões entre ideias, resultando na descoberta de *Soluções Como-Uns*.
- *Ahás!* e novas percepções a respeito do tema.
- Clima de euforia durante a cocriação das soluções.
- Constatação de que somente foi possível produzir a quantidade e qualidade do que foi produzido porque produzimos no coletivo.

Toques e dicas

- Manter ambiente de livre circulação e conexão de ideias e sem julgamentos. Liberdade com responsabilidade, certo?
- Evitar a seleção precoce das soluções e apoiar a busca pelas *Soluções Como-Uns*.
- Orientar o grupo para não confundir a cocriação de soluções com desenhar projetos, destacando que o foco aqui é no "o que" fazer e não no "como" fazer. Esse "como fazer" será o foco da *6ª Prática*.
- Lembrar que boa parte das pessoas e grupos têm pouca experiência com a produção de sínteses. Por isso, podemos ajudá-las apresentando uma regra: a solução-síntese não pode ser alguma das que já foram apresentadas; e uma **dica**: ela deve começar com um verbo de ação (promover, criar, desenvolver, fazer, comunicar etc.).
- Estimular que o melhor de cada pessoa seja compartilhado. Afinal, "somos parte de um mesmo jogo, onde ou todo mundo ganha ou todo mundo perde."
- Diante de algum conflito ou impasse, convidar o grupo a rever o *Com-Trato* e o conjunto de suas *Competências R2*. Essa visita a seus próprios recursos, muitas vezes, é o suficiente para harmonizar o grupo e destravar o fluxo de cocriação.

Resumo da *Prática*

Depois de superar os desafios encontrados nas quatro primeiras *Práticas*, chegamos aqui, neste ponto estratégico, que exigiu de nós o uso de toda a bagagem guardada na mochila para que pudéssemos cocriar as *Soluções Comum-Uns* (Quadro 18) isto é, descobrirmos as respostas que não eram nem minha, nem sua, mas que surgiram do encontro de todas elas.

É neste momento de intensa produção que se materializa a beleza da inteligência coletiva e a abundância de soluções complementares e realmente transformadoras. É quando o grupo percebe a potência criativa e cada pessoa entrega seu melhor para o coletivo, exercitando novamente a habilidade de síntese para consolidar as soluções que serão implementadas na próxima *Prática*.

5ª PRÁTICA	OBJETIVO	PRODUTO	TIPO DE ATIVIDADE	TOQUES E DICAS
REUNIR SOLUÇÕES COMO-UNS COMPETÊNCIA **Saber COCRIAR** DECLARAÇÃO **A solução está no meio da gente!** IMAGEM **Conselho da Floresta** SÍMBOLO ¡¡	**PERGUNTA INSPIRADORA:** O que sabemos coletivamente, que não sabemos individualmente? **OBJETIVO:** Fazer a colheita de todas as ideias, sugestões, dicas, comentários, insights e respostas para as perguntas produzidas na 3ª *Prática (In-Quieta-Ações)*.	**CONTEÚDO** Conjunto de pelo menos uma *Solução Como-Um* para cada uma das Perguntas Semente. **INSTRUMENTO** Cartaz, Carta, Manifesto ou similar.	Que promovam a troca de ideias e a circulação do grupo pelas várias *In-Quieta-Ações*, criando um ambiente de inovação e colaboração para reunir o que há de melhor em cada pessoa para chegar ao melhor da *Comum-Unidade*. **METODOLOGIAS INDICADAS** *World café*, Investigação Apreciativa, *Design Thinking* e Oasis.	Estimular que o melhor de cada pessoa seja compartilhado. Afinal, "somos parte de um mesmo jogo, onde ou todo mundo ganha ou todo mundo perde." Manter um ambiente de livre circulação e conexão de ideias e sem julgamentos. Evitar a seleção precoce das soluções.

Quadro 18 — Resumo da 5ª Prática Soluções *Como-Uns*

Prazer de casa

Que coisa! Estava aqui procurando, na memória de meus 30 anos de caminhada por essas trilhas, um prazer de casa vivido quando, de repente, me deparei com o momento onde nosso time de organização deste livro e a editora cocriaram uma *Solução Como-um* para uma *In-Quieta-Ação* que havia nos paralisado, bloqueando o fluxo de confiança entre nós.

Depois de algumas reuniões telepresenciais, nos demos conta de que todos os nossos esforços estavam dirigidos a encontrar a melhor solução dentre várias colocadas na mesa (reparou aí o bloqueio do pensamento analítico e seletivo?), ao invés de nos abrirmos para uma *solução emergente*, realmente, *di-ver-gente*. Foi quando descobrimos um novo e inédito (pelo menos para nós) modelo de *Com-Trato* que realmente atendia a todas as nossas necessidades e aspirações.

Graças a essa abertura para compartilhar visões, sensações, sentimentos e ações *di-ver-gentes*, é que estamos aqui, desfrutando das (im)possíveis transformações que só podem *aconteSer* DIVER*dade*[96] quando a gente confia na cooperação e se entrega para o que emerge entre a gente.

E então, que tal uma pausa?

Coloque mais consciência em sua respiração e depois traga para cá suas *perguntas-quentes* (colocadas lá no prazer de casa da *3ª Prática*) e reúna, para cada uma delas, suas *Soluções Como-uns*. Se puder, peça a cooperação de suas parcerias e alianças e se encante com os frutos dessa *com-fiança*!

---

[96] Estranhando essas palavras DIVER? Se você precisar acalmar essa estranheza, veja o que é o DIVER na 7ª *Prática* e lá no capítulo *DIVER — Indicadores de Cooperatividade*. Ah, e depois volta para cá, está bem?

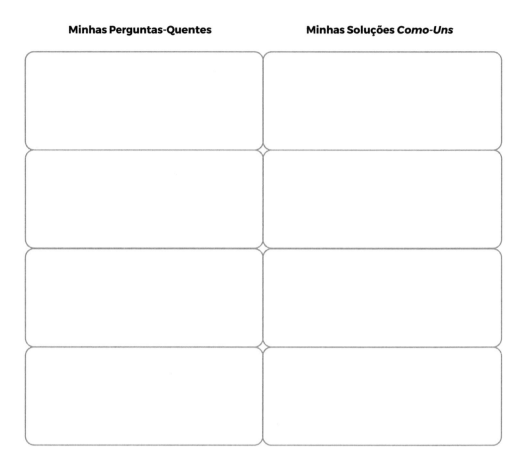

A SOLUÇÃO ESTÁ NO MEIO DA GENTE!

6ª PRÁTICA

Realizar Projetos de Cooperação

FÁBIO OTUZI BROTTO

No alto da Montanha

Dali, do *Conselho da Floresta*, onde descobrimos as *Soluções Como-uns* para nossas *In-Quieta-Ações*, colocamos os pés (e tudo mais) na estrada novamente.

Agora, o próximo passo é seguir rumo ao *topo da montanha,* de onde poderemos enxergar com mais clareza e precisão qual será o próximo *Mínimo Passo Elegante* para nos fazer chegar ao centro da *Comum-Unidade do SerVir*, nosso principal objetivo nesta jornada pelas trilhas da cooperação!

Olhando à distância, alcançar o topo pode parecer algo complicado, inatingível. No entanto, à medida que caminhamos, relembrando cada experiência e aprendizado, nos damos conta da *potência viva* (a "vis viva", mencionada pela May East lá no prefácio, lembra?) que emerge no meio da gente, não como a simples soma das forças e belezas individuais, mas como a resultante complexa de sua multiplicação comunitária.

E é dessa potência que nascem e se realizam os *Projetos de Cooperação* que desenhamos nesta *6ª Prática* para implementar no dia a dia as soluções cocriadas para nossas inquietações compartilhadas.

Compreendendo a Prática

É aqui nesta *6ª Prática* que focamos em dois aspectos muito importantes, aparentemente antagônicos e incompatíveis, como se fossem as duas serpentes do *caduceu de Mercúrio*: uma delas representando a **produtividade** e a outra a **felicidade**, ambas entrelaçadas na haste da cooperação. A Pedagogia da Cooperação olha para elas como faces de uma mesma realidade, pois não é possível cooperação sem a combinação de produtividade com felicidade. Nosso desafio é saber conciliá-las, oferecendo uma experiência de cooperação genuína que possibilite a entrega de produtos e resultados excelentes (com melhor qualidade do que a gerada pelo melhor de um único indivíduo) e que, ao mesmo tempo, promova a melhoria dos índices de felicidade pessoal e coletiva.

Às vezes, sonhamos com soluções milagrosas, capazes de mudar tudo, em um piscar de olhos. Talvez isso aconteça, mas nem sempre, nem para todo mundo. Por isso, procuramos criar ambientes colaborativos para favorecer a realização de projetos reais, a partir de soluções reais, envolvendo pessoas reais, que se unem a partir de inquietações reais. **Nem ideais, nem normais, confiamos na potência transformadora das experiências reais.**

Como desconhecemos o que é a realidade total, oferecemos um largo campo de possibilidades para que cada pessoa, grupo, organização, comunidade ou sistema, desenhe livre e apaixonadamente seus próprios *Projetos de Cooperação*, tendo em todos eles, pelo menos, a previsão de um próximo *Mínimo Passo Elegante* — MPE.

Vamos contemplar alguns exemplos de *Projetos de Cooperação*, destacando o encadeamento entre as *In-Quieta-Ações*, *Soluções Como-uns* e o próximo *Mínimo Passo Elegante* (Quadro 19) como um desencadeador da realização de projetos mais complexos e robustos.

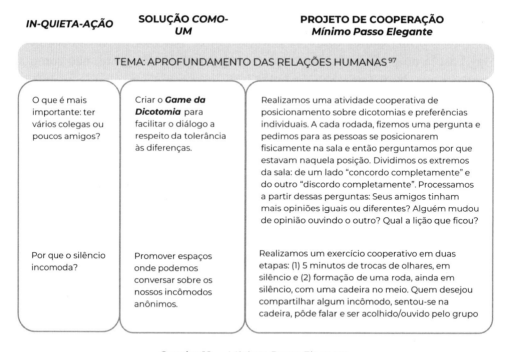

Quadro 19 — Mínimo Passo Elegante

---

[97] Ver no capítulo *Boas Práticas* o caso *Grupo Espontâneo*.

IN-QUIETA-AÇÃO	SOLUÇÃO COMO-UM	PROJETO DE COOPERAÇÃO *Mínimo Passo Elegante*
TEMA: ENCONTROS AUTÊNTICOS E AUTOCONHECIMENTO [98]		
Qual o preço da autenticidade?	Ao nos liberarmos dos medos, julgamentos e bloqueios, permitindo que a nossa essência se conecte, vivendo de verdade o nosso ser autêntico, fazendo fluir tudo de puro que temos em estado de presença, com alegria, liberdade e felicidade.	Cada integrante do grupo escolheu um medo que gostaria de enfrentar em público e utilizou o momento como palco para a superação, por exemplo: • Uma poesia de autoria própria foi recitada por uma das integrantes. • Uma música foi cantada por outra participante. Em seguida, receberam apreciações e reconheceram em si mesmas as mudanças.
Quem você é? É uma pergunta fácil para você?	Para que se torne fácil, precisamos nos libertar dos personagens que vivemos em função dos outros. Transpor as barreiras do medo e do ego se permitindo estar vulnerável para assim ter a possibilidade de entrar em contato com a própria essência com a plenitude do seu ser.	O grupo realizou um esquete teatral mostrando as dificuldades em ser autêntico e trazendo com humor a superação dos medos.
O contato com o SER autêntico te leva ao ser superior?	A busca pela nossa essência nos faz reconhecer o Divino que habita em nós.	Todos os participantes foram convidados para uma meditação em grupo, como uma forma de acesso a nossa essência e conexão com o Divino a partir de cada um e cada uma

Quadro 19 (continuação) — Mínimo Passo Elegante

E, então, o que pode atrapalhar a realização dos *Projetos de Cooperação*? Essa falta de azeitamento colaborativo pode azedar e bloquear o engajamento com os projetos? E o que pode ativar ainda mais o **Saber Cultivar** cada projeto desenhado? Vejamos algumas respostas à essas perguntas no Quadro 20:

BLOQUEADORES DE PROJETOS	ATIVADORES DE PROJETOS
Perfeccionismo: Eita, é difícil acreditar que está na hora de entregar! Tem tanta coisa ainda para acertar, tanto retoque para fazer… Já que ninguém faz direito, melhor eu mesmo fazer e do meu jeito!	**Olhar apreciativo**: Que tal experimentarmos o que já pensamos? Assim experimentamos na prática e definimos com mais clareza os próximos passos.
Otimismo e pessimismo: Uma dança de polaridades em um salão de ilusões. São dois extremos de um mesmo abismo.	**Realismo**: Nem ideal, nem normal, só real! Fincar os pés e tudo mais no chão da realidade pode nos manter mais unidos para, então, nos acercarmos um pouco mais da verdade. Dizem que a verdade liberta. Vamos experimentar?
Ter que…: A tal da "obrigação". O "ir para o sacrifício" em nome do bem maior. Não há cooperação sem liberdade e vice-versa.	**Liberdade com responsabilidade**: Cada pessoa tem liberdade de escolher com quem e como irá se relacionar. É voluntário, sem imposição. Mas existem responsabilidades que assumimos sempre que nos relacionamos com alguém.
Procrastinação: "Relaxa, amanhã eu faço". "Quando todo mundo chegar a gente começa". "Depois, paí".	**Mínimo Passo Elegante**: Comece já!! Assim a Profa. Lia Diskin tem nos ensinado a fazer: agora, sem demora e o que está a nosso alcance, fazer com quem está com a gente no momento. Fazendo, fazendo coletivamente, está feito!
Pacto de mediocridade: "Eu não critico você e você me deixa em paz". "Deixa passar, lá na frente, a gente dá um jeito". "Se o ótimo é inimigo do bom, está bom!"	**Impacto de cumplicidade**: O bom está bom para todo mundo mesmo?

Quadro 20 — Bloqueadores e ativadores de projetos

Compreender esse entrelaçamento entre o que bloqueia e o que ativa a realização de Projetos de Cooperação, nos ajuda a manter o fluxo de cooperação para que o grupo realize o mais plenamente possível seu potencial de cooperatividade.

Focalizando a *Prática*

Como já destacado, o objetivo desta *Prática* é a realização das soluções cocriadas no cotidiano de referência do grupo, implementando pequenas, simples e poderosas estratégias cooperativas para responder as perguntas que inspiram esta etapa da caminhada: Como realizar as soluções encontradas? Qual é o próximo *Mínimo Passo Elegante* que desejamos dar para cultivar a cooperação no mundo?

Com-passo

Para seguir na direção apontada por essas perguntas inspiradoras, convidamos o grupo para:

1. Contemplar as *Soluções Como-Uns*: revisitando cada *Pergunta-quente* e suas *Soluções Como-Uns* correspondentes.
2. Escolher a *Solução Como-Um*: lembrando que não há cooperação sem liberdade e não há liberdade sem cooperação. Aqui vale seguir as dicas do *Open Space*, por exemplo: paixão e liberdade. Escolhendo sem obrigação, sem pressão, só pela compreensão daquilo que pode mais mobilizar a própria participação.
3. Desenhar o *Projeto de Cooperação*: utilizando a matriz de *Projetos de Cooperação* (veremos um exemplo a seguir), desenvolver um plano de ação na medida das possibilidades e necessidades do momento, podendo ser algo simples, intenso e pessoal, até algo mais complexo, extenso e coletivo.
4. Compartilhar os projetos desenhados: dando e recebendo ideias, sugestões, críticas criativas, apreciações e outras contribuições para aperfeiçoamento e refinamento dos projetos.
5. Revisitar os projetos: integrando as contribuições recebidas tornando-os ainda mais vigorosos, vibrantes e viáveis (3Vs).
6. Realizar os projetos: começando pelo próximo *Mínimo Passo Elegante*, fazendo o que for possível no momento, com as pessoas que estão disponíveis.
7. Celebrar a realização: compartilhando os aprendizados, resultados e impactos dos projetos, bem como celebrando a cooperação entre os integrantes de cada grupo e entre os grupos dos projetos.

Atividades indicadas

Open Space, Dragon Dreaming, Design Thinking e Oasis, estão entre os *Processos* mais apropriados para encorajar pessoas e grupos a realizar projetos colaborativos. Especificamente, nesta *6ª Prática*, lançamos mão de atividades cooperativas mais objetivas, concretas, lógicas e ao mesmo tempo apaixonantes, libertárias e transformadoras.

A utilização desses recursos metodológicos cria a atmosfera necessária para engajar livre e apaixonadamente as pessoas para desenhar e realizar projetos para as *Soluções Como-Uns* cocriadas anteriormente. Pode ser que, por algum motivo, uma ou mais das soluções não sejam escolhidas. E tudo bem. Ficarão como soluções latentes no acervo de produções do grupo, que poderão ser acessadas posteriormente. **Seguimos em frente com o que mais encanta a gente!!!**

A Matriz de Projetos de Cooperação

Você já deve ter notado que a sequência das *Práticas* cria um fluxo de materialização gradual do potencial de cooperação existente no grupo. Iniciando no *Com-Tato*, de forma leve e sutil, até sua materialização completa e concreta aqui nesta *6ª Prática*. De certa forma, é como acontecem algumas das transformações ecossistêmicas, como, por exemplo, a da metamorfose da borboleta (apresentada lá na "Pedagogia da Cooperação vista da varanda") que biomimeticamente inspirou o ciclo das *Sete Práticas* e que aqui reaparece metamorfoseando a *Matriz de Projetos de Cooperação* (Quadro 21), que articula intenções e ações colaborativas para a realização das (im)possíveis transformações regenerativas.

MATRIZ DE PROJETO DE COOPERAÇÃO

NOME DO PROJETO	IN-QUIETA-AÇÃO	SOLUÇÃO COMO-UM
Cooperação na sala de visitas	Quais hábitos ajudam a desenvolver um *mindset*[99] cooperativo, considerando que fomos educados em um ambiente escolar e familiar competitivo?	Questionar como envolver as pessoas + foco e disciplina + vivenciar experiências colaborativas + compartilhar descobertas + dar visibilidade à cooperação.

FASE METAMORFOSE	PRÁTICA	INSPIRAÇÃO	REALIZAÇÃO
Ovo	Conectar	O que queremos fazer coletivamente? Quem queremos beneficiar?	Realizar um momento de conexão com pessoas do convívio, propondo fazer *com-trato* e compartilhar *In-Quieta-Ações* nessas relações.
Lagarta Jovem	Cuidar	Que cuidados precisamos ter? Quais os recursos que já possuímos?	Convite amoroso, não-impositivo. Escuta Ativa (ter uma escuta genuína do posicionamento de cada pessoa). Foco no propósito. Ambiente conhecido. Vínculo estabelecido.
Lagarta	Compartilhar	Quais os desafios, obstáculos e limites que teremos?	Agenda, disponibilidade de tempo. Diferentes níveis de maturidade (crianças, jovens e adultos).
Pré-Pupa	Confiar	Quem poderemos chamar para ajudar? Qual o nosso papel individualmente? Como atuaremos? O que pode ajudar a manter a confiança viva entre nós?	Fazer um encontro entre nós para compartilhar o que aconteceu. Cada pessoa do grupo faz a aplicação completa.
Pupa	Cocriar	Quais as principais ações e estratégias? E os primeiros passos que podemos dar agora?	Convidar as pessoas para a conversa. Fazer um *Com-Trato* de convivência para estarmos mais bem conectados. Compartilhar nossas *In-Quieta-Ações* com quem vivemos. Compartilhar com nosso grupo o que foi vivenciado.

Quadro 21 — Matriz de Projeto de Cooperação da 2ª turma da Oficina telepresencial de Design de Relações Colaborativas (2020).[98]

---

[98] Livremente traduzido para "mentalidade".

FASE METAMORFOSE	PRÁTICA	INSPIRAÇÃO	REALIZAÇÃO
Borboleta jovem	Cultivar	Quando, onde e por quanto tempo realizaremos o projeto?	Dentro dos próximos 3 dias. Cada um em seu lar (ou virtual). De acordo com a dinâmica e disponibilidade de cada grupo. Projetos reaplicáveis e replicáveis.
Borboleta adulta	Celebrar	Quais serão os indicadores de produtividade e felicidade? O que faremos para celebrar cada passo e toda a jornada?	Desejo de repetir. Chegar a um acordo, finalizando com uma apreciação e abraço. Mandar mensagem por WhatsApp para integrantes de nosso grupo comemorando ao finalizar.

TRANSFORMAÇÕES

Relato 1: inspiro. E na minha casa? No meu convívio mais íntimo? Parecia tranquilo propor isso aos meus filhos. Curioso me perceber aflita, ansiosa, vulnerável, porque ali eu era parte do grupo, estava no processo com eles. Um risco... Abri meu coração. Começamos cuidando do lugar, pufes, mantas, cartas. E o convite foi responder à pergunta: O que você precisa para que nosso viver juntos possa ser melhor? Foi uma surpresa o que ouvimos uns dos outros. Abriram questões tão preciosas, falaram emocionados do que sentiam e do que estavam passando. Foi uma conversa honesta, de alma. E quais foram os pedidos? Atenção plena, confiança, respeito, escuta e companhia. Ficamos mexidos, tocados e certos de que momentos assim deveriam se repetir entre nós.

Relato 2: Após a experiência eu tive a sensação de começar a semana com tudo no lugar. Uma ordem pessoal externa e interna muito bacana. Nina, no café da manhã, perguntou se eu queria que ela comprasse flores na feira quando saísse da escola. É incrível como podemos temer tanto abrir conversas que importam. É preciso dizer que eu fiz a proposta com muito receio de como seria recebida e se daria resultado, mas quando tirei a carta "confiança" me entreguei ao processo. Essa confiança, tanto no momento quanto no desenrolar dos dias, está sendo muito benéfica para mim, para cada um e cada uma e para todos nós. A cooperação é divertida, e tudo que é divertido é mais fácil de sustentar.

Quadro 21 (continuação) — Matriz de Projeto de Cooperação da 2ª turma da Oficina telepresencial de Design de Relações Colaborativas (2020).

Evidentemente, podemos adotar diversas outras estruturas para facilitar a elaboração de projetos, desde as mais clássicas e usuais, como a do "5W2H"[99], passando pelas mais contemporâneas, como a do "Canvas"[100], e até as mais inspiradoras e

---

[99] (*What*) O que será feito? (*Why*) Por que será feito? (*Where*) Onde será feito? (*When*) Quando será feito? (*Who*) Por quem será feito? (*How*) Como será feito? (*How much*) Quanto custará fazer?
[100] Disponível em: http://bit.ly/modelocanvas-sebrae. Acesso em: 04/11/2020.

inovadoras como a "Trilha Encantada" e o *Karabirrdt* do *Dragon Dreaming*, além de outras como as apresentadas no capítulo de *Processos*.

Assim, como em cada uma das *Práticas* da Pedagogia da Cooperação, aqui também levamos em conta o perfil das pessoas envolvidas e o objetivo da jornada empreendida por elas para escolher as atividades, metodologias e recursos mais apropriados para facilitar a experiência.

Indicadores de Efetividade

- "Brilho nos olhos" e "siricutico no corpo"! Vontade de começar logo!!!
- Engajamento do grupo para a realização do respectivo projeto.
- Colaboração entre grupos e pessoas de projetos diferentes.
- Quantidade de projetos realizados.
- Surgimento de novos projetos a partir dos projetos realizados.

Toques e dicas

- Ajudar pessoas e grupos a escolherem seus próximos *Mínimos Passos Elegantes*. Por exemplo: passar a cumprimentar as pessoas olhando nos olhos delas; recolher algum objeto deixado no chão, mesmo que não seja meu; oferecer ajuda para alguém antes mesmo dela pedir etc.
- Incentivar a criação de projetos simples, úteis e divertidos.
- Lembrar que esta é uma etapa de fechamento. Assim, evitar apresentar temas novos e atividades de interação socioemocional muito complexas.

Resumo da *Prática*

Concretude e mão na massa! Percorridas as cinco *Práticas* anteriores, ao planejar a realização dos *Projetos de Cooperação* (Quadro 22) e cada próximo *Mínimo Passo Elegante*, o grupo — e cada pessoa presente — começa a se corresponsabilizar para fazer com que as soluções encontradas ganhem vida, aliando produtividade e felicidade.

É um momento em que os "ativadores de projetos" devem ser convocados, trazendo para o campo o olhar apreciativo, o realismo, a cumplicidade, energia empreendedora e a liberdade com responsabilidade, desenhando e realizando ações viáveis, sustentáveis e, por que não, divertidas?

6ª PRÁTICA	OBJETIVO	PRODUTO	TIPO DE ATIVIDADE	TOQUES E DICAS
REALIZAR PROJETOS DE COOPERAÇÃO COMPETÊNCIA **Saber CULTIVAR** DECLARAÇÃO **Fizemos aconteSer!** IMAGEM **Topo da montanha** SÍMBOLO 🌀	**PERGUNTA INSPIRADORA** Como realizar as soluções encontradas? **OBJETIVO** Transferir para o dia a dia a realização das *Soluções Como-Uns*, por meio da *Prática* pessoal e coletiva de pequenas, simples e poderosas estratégias cooperativas.	**CONTEÚDO** *Projetos de Cooperação* e/ou *Próximos Passos Mínimos Elegante* com pelo menos uma das estratégias/passos realizados. **FORMATO** Matriz de Projetos de Cooperação e outros.	Atividades mais objetivas, concretas, lógicas e ao mesmo tempo apaixonantes, libertadoras e suaves. **METODOLOGIAS INDICADAS** *Open Space, Dragon Dreaming, Design Thinking* e *Oasis*.	Ajude o grupo a escolher próximos passos bem simples e possíveis. Algo que possam começar a praticar no dia a dia sem grandes esforços ou muitos recursos. Exemplo: Passar a cumprimentar as pessoas olhando nos olhos delas; recolher algum objeto deixado no chão, mesmo que não seja meu; oferecer ajuda antes que ela seja solicitada; etc.

Quadro 22 — Resumo da 6ª Prática: Projetos de Cooperação.

Prazer de casa

Bem, o desafio é fazer *aconteSer*! Então, nada mais resta a fazer, senão fazer o que nos cabe fazer, já! Junte as peças: Traga para cá sua *pergunta-quente* juntamente com a *Solução Como-Um* que você encontrou e dê seu próximo *Mínimo Passo Elegante*! A hora é agora!

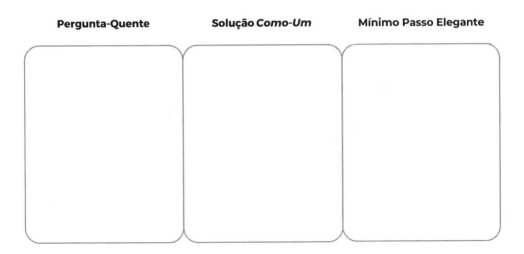

FIZEMOS *ACONTESER!*

7ª PRÁTICA

Celebrar o *VenSer*

FÁBIO OTUZI BROTTO

Na Comum-Unidade do SerVir

Ao chegar aqui não olho para trás, olho ao redor e me dou conta de que a jornada não tem, nunca teve, um ponto de partida e tampouco terá um ponto de chegada. Toda ela é um passo a passo, sem passar ao largo, mantendo o *com-passo* do reencontro com quem somos quando somos no coletivo, para que cada pessoa possa *VenSer* quem é.

Do *Com-Tato,* ali *no ponto de encontro* para estabelecer nosso *Com-Trato,* sob a sombra da grande árvore, decidimos abrir a porteira para compartilhar nossas *In-Quieta-Ações,* que nos lançaram nas fortes corredeiras das *Alianças e Parcerias* para cocriar no fogo do conselho da floresta as *Soluções Como-Uns,* que fincadas no alto da montanha das realizações nos impulsionaram para agora *VenSer* no centro regenerativo da *Comum-Unidade do SerVir.*

— *Ah, entendi! É um caminhar em torno da própria individualidade para re-pousar em comum-unidade.*

Compreendendo a *Prática*

Saber Celebrar é uma competência colaborativa transversal. Ela está presente em cada uma das *Práticas* da Pedagogia da Cooperação, até porque em uma experiência de cooperação genuína não esperamos terminá-la para depois saber se deu certo ou errado, se foi boa ou ruim, se ganhamos ou perdemos. Cada momento é uma oportunidade para aprender e celebrar que somos capazes de *com-viver* e *co-operar,* no presente.

Celebrar é uma arte e uma ciência, um jogo de apreciação com raízes fincadas no território das tradições do *"cum"* (companhia, simultaneidade e reunião) *"memorare"* (pôr na memória, lembrar) (CASTRO, 1993) e do *"celebrare"* (honrar, fazer solenidade) e *"celeber"* (o que é várias vezes repetido, notado, percebido, digno de honras)[101] porque:

- Inspira cientificamente a tomada de consciência a respeito do que aprendemos frequentando cada *Prática*;
- Incentiva artisticamente a buscar com sensibilidade, sutileza e imaginação as impressões subjetivas estampadas na paisagem pessoal e coletiva;
- Desafia ludicamente a compartilhar olhares entre as pessoas do grupo, para poder enxergar melhor as marcas de consciência tatuadas na pele de nossa *comum-unidade*;
- Convida a honrar a memória daquilo que vivenciamos coletivamente.

Portanto, celebrar o *VenSer* a cada passo é ritualizar nossa passagem pelo campo de experiências transdisciplinares que compartilhamos em cada uma das trilhas desta jornada de cooperação. Ela é a *Prática* essencial, a que está no centro da Pedagogia da Cooperação, conectando e dando sentido a todas as demais, porque nela está contido o *Propósito*, o *vir a ser quem se é para poder servir melhor ao bem comum*.

Compreendida dessa maneira, esta *Prática* reúne, então, dois objetivos interdependentes e complementares:

- Reconhecer as aprendizagens, descobertas, conquistas e inspirações;
- Celebrar a realização dos objetivos e propósitos pessoais e coletivos.

— Mas, o que nos ajuda a saber se realmente temos motivos para celebrar? Como saber se vivemos mesmo uma experiência de cooperação? E de que modo podemos medir isso?

Hum, que boas e potentes *In-Quieta-Ações*, hein? Tanto que elas e outras parecidas nos levaram a realizar, em 2010, o primeiro *Laboratório de Pedagogia da Cooperação* (LabPedCoop) para procurar as respostas e descobrir novas perguntas sobre o assunto. E uma de nossas descobertas foi algo que hoje chamamos de DIVER, um conceito que delicada e detalhadamente será *apresentado* no capítulo sobre os *Indicadores de Cooperatividade*.

— Espera um pouco, por favor, você pode, pelo menos, explicar o que é esse DIVER?

Sim, claro, mas só um pouco, uma degustação. Que, aliás, foi como ele surgiu entre nós, quando a Clarissa Müller, a mais jovem e promissora participante

---

[101] Fonte: https://origemdapalavra.com.br/palavras/celebrar/. Acesso em: 04/11/2020.

do *LabPedCoop*[102], brincando, comentou que aquela experiência estava sendo muito DIVER. Na hora, achamos que era só um jeito de falar. De tanto DIVER para lá e para cá, resolvemos levar a sério a brincadeira e compreendemos que nascia ali um código de apreciação colaborativa e adotamos o DIVER para nomear a nossa matriz de *Indicadores de Cooperatividade*.

Então, para acalmar de vez sua curiosidade, resumindo, afirmamos que uma jornada só é cooperativa se ela for realmente DIVER:

- DIVERdade: Se for vivida com *desapego* suficiente para falarmos com intenção, ouvirmos com atenção e nos relacionarmos de coração a coração.
- DIVERtido: Se for vivida com *integridade* e em uma atmosfera de descontração, onde o bom humor e a espontaneidade harmonizem os conflitos e superem os desafios.
- DIVERgente: Se for vivida com *plena presença* para honrar toda a diversidade e regenerar nossa *comum-unidade*.
- "DIVER":[103] Se for vivida com *abertura para compartilhar* o que somos e como estamos em níveis crescentes de intimidade para promover impactos de cumplicidade e desativar nossos pactos de mediocridade.

Você reparou que temos aqui as *Quatro Pequenas virtudes* aplicadas e misturadas às competências ativadas gerando efeitos DIVER? Exatamente. Assim como na vida, tudo tem uma *razão-emoção* de ser que se amplia quando estão em conexão.

Temos utilizado o DIVER de modo bem flexível, dinâmico e adaptável a cada grupo, situação e contexto encontrado. O conteúdo dos *Indicadores,* bem como, sua *Escala de Contemplação* podem ser fácil e livremente adaptados. Apenas é importante assegurar a coerência com o sentido e significado de cada um dos *Indicadores DIVER*.

Então, até aqui, está DIVER para você o suficiente para seguirmos adiante?

Focalizando a *Prática*

Criar e manter as condições adequadas para facilitar a contemplação pessoal e coletiva de um caminhar tão complexo é um dos principais desafios da focalização.

---

[102] Prova disso, entre outras, é a presença dela aqui nesta obra, como coautora, apresentando a metodologia colaborativa Oasis junto com o Rodrigo Rubido.
[103] Entre nós no Projeto Cooperação, brincamos que é preciso ter um indicador em inglês para poder espalhar a Pedagogia da Cooperação pelo mundo. Assim, o 4º indicador do DIVER é o "Diver" que, adaptado do inglês, sugere que sejamos como um "mergulhador" que se aventura nas profundezas do oceano da cooperação.

Com-passo

A observação do exercício de focalização do *Celebrar o VenSer* com diferentes grupos, em diversas situações, resultou no seguinte passo a passo:

1. Revisitar toda a jornada vivida até o ponto onde nos encontramos, contemplando a experiência de cada uma das *Práticas* anteriores, sem julgamento, avaliação, nem preocupação e lançando mão dos diferentes recursos apresentados aqui e detalhados no capítulo dos *Indicadores de Cooperatividade*.
2. Colher as aprendizagens, descobertas e inspirações pessoais e coletivas, lembrando que "quando se é cooperativo, até um pedregulho é um mestre". Quando estamos com abertura para aprender a *VenSer*, cada acontecimento está recheado de ensinamentos, não é?
3. Compartilhar as coletas pessoais e dos pequenos grupos com todo o grupo.
4. Cocriar uma maneira de celebrar a jornada de acordo com o tom do momento, afinal, há muitos jeitos para celebrar. Muitas vezes, o momento indica algo mais introspectivo, silencioso e suave, como uma profunda e ampla respiração e uma breve meditação. Também, por outro lado, pode ser a hora de fazer aquela festa, sem hora para acabar!
5. Realizar a celebração bem ao estilo *DIVER*. De um baile de Danças Circulares, passando por um piquenique na pracinha da esquina, até uma cerimônia de *TransFormatura*[104], o essencial é que seja boa e possível para todo mundo.
6. Terminar junto, sem pressa, nem pressão é um de nossos *Procedimentos* mais recomendados para este momento. Costumamos reservar um bom tempo para nos despedirmos com qualidade. Sabe aquela vontade de não ir embora porque você viveu algo precioso com gente que você respeita e aprecia? Pois é, que desafio focalizar esse instante!
7. Harmonizar o "inteiro-ambiente" (em todos os níveis e formas), deixando cada objeto, cada pessoa, tudo que vive e habita ali, no seu devido lugar. Deixe-se também em seu devido lugar e agradeça por tudo que foi vivido e ofereça tudo que recebeu para o bem comum.

---

[104] A *TransFormatura do VenSer* é a celebração final do curso de Pós-graduação em Pedagogia da Cooperação e Metodologias Colaborativas realizado pelo Projeto Cooperação em parceria com a UNIP.

Atividades indicadas

Cada um desses passos é dinamizado por um conjunto de atividades cooperativas objetivas, simples, diretas, contemplativas, sensíveis, reflexivas e celebrativas desenhadas a partir de algumas das Metodologias Colaborativas recomendadas para facilitar esta *Prática*, tais como: Investigação Apreciativa, Aprendizagem Cooperativa, Jogos Cooperativos, Danças Circulares, *CooperArte* e *MusiCooperação*.

Produção do grupo

Da mais subjetiva e sutil à mais objetiva e concreta, as diferentes formas de celebração realizadas são muito bem-vindas. Pela natureza desta *Prática*, que combina reflexão com comemoração, a coleta também varia de acordo com o contexto do grupo e da jornada. Assim, compartilhamos a seguir diferentes produções a partir da aplicação da Pedagogia da Cooperação em ambientes distintos, destacando no conjunto delas, as duas faces do *Celebrar o VenSer*.

- 1ª Face do *Celebrar o VenSer*: reflexiva/contemplativa que reconhece os aprendizados e quantifica resultados.

No programa *"VenSer + Cooperação nas Organizações"*[105], realizado em 32 horas, envolvendo 30 colaboradores e colaboradoras de uma empresa de engenharia do Rio Grande do Sul, utilizamos a Avaliação Meteorológica (Quadro 23) para reconhecer aspectos relacionados à dimensão da Felicidade Coletiva.

Já no desenvolvimento do programa *"VenSer + Cooperação no Serviço Público"*[106], realizado em três secretarias de governo de uma cidade no estado de Goiás, envolvendo 30 servidores de cada uma delas e tendo a duração de 32 horas para cada secretaria, utilizamos a combinação de diferentes instrumentos DIVER (Tabela 1) para verificar o impacto da Pedagogia da Cooperação em todas as dimensões do *Propósito*.

---

[105] Ver o caso *"VenSer* STE & relações por uma cultura colaborativa", no capítulo Boas Práticas.
[106] Ver caso "Secretaria de Meio Ambiente & Produtividade com Cooperação", no capítulo Boas Práticas.

Do que gostei?

Do curso; projetos; da disponibilidade para mudar; movimento; aproximação/ transformação; alegria; conhecimento pessoal; respeito; apoio; conhecimento entre a equipe; integração; cooperação; união; iniciativa; da nossa luz; parceria; amizades; vontade de mudar para melhor; carinho correspondido; empatia; das firulas; esperança de mudanças; novas amizades; nós.

Do que não gostei?

Distância entre o programa *VenSer* e a empresa; dançar; não poder participar de todos os encontros.

Quais foram os meus aprendizados mais significativos?

Me colocar no lugar do próximo; me mantive motivado independentemente da situação; a mudança começa dentro da gente; rotular menos; menos competição, mais cooperação; quebrar padrões; mais empatia; não pré-julgar; se permitir; carinho; acreditar; mais relacionamentos; pedir ajuda; mais respeito; *VenSer* a timidez; mais união; cada um deve fazer a sua parte; se colocar à disposição para ajudar; contribuir.

Sugestões, dicas, toques e truques para melhorar a jornada.

Identificar problemas e priorizar ações; reciclagem do *VenSer*; mais dinâmicas; participação da chefia/coordenação; promover com maior frequência o *VenSer*; mais eventos colaborativos. Menos projetos, para que pudéssemos aproximar mais a realidade da empresa e ser efetivos; divulgação deste programa na empresa (endomarketing); compreensão de toda a empresa; que os projetos também pensassem em como comunicar para toda a empresa e como implementá-los para não causar frustrações.

Qual será o nosso próximo *Mínimo Passo Elegante* para promover mais cooperação no dia a dia?

Rever conceitos.

Incentivar a continuidade do programa para abranger toda empresa.

Agradecer a oportunidade de vivenciar o *VenSer*!

Começar já a quebrar as barreiras.

Atualizar a em equipe.

O caminho é longo e árduo, mas precisamos trilhá-lo, JUNTOS, se quisermos MUDAR!

É certo que tenho que mudar!

Quanto mais eu aprendo, mais tenho que aprender!

Eu só tenho a dizer obrigada por ter a oportunidade de interagir com pessoas com que geralmente eu não tenho muito contato.

Ficam impressas na alma as vivências que marcam o coração. Que essas marcas permeiem mais corações!

Em conjunto somos mais fortes do que sozinhos!

Se você pudesse estampar em todas as mídias do mundo, uma manchete sobre esta experiência, qual seria?

Vivência gratificante!

Foi um prazer poder dividir momentos, alegrias, dúvidas, choros, angústias e risadas com vocês! Adorei conhecer um pouco melhor cada pessoa!

Muito feliz por fazer parte do *VenSer*!

Obrigada por esta integração!

Oportunidade de conhecer os colegas!

Energia do bem gera boa energia no grupo!

Sonho que se sonha junto!

Não somos números;

Momentos únicos que ficarão marcados na íris e guardados no coração!

Foi muito bom sair do cotidiano e conhecer gente com o mesmo pensamento!

Experiência inesquecível

#juntossomosmelhores #gratidão #ameiconhecervcs #firulasdofabio; #VenSer #obrigadapelapaciência;

Foi ótimo poder conhecer e compartilhar momentos tão alegres e enriquecedores com este grupo!

Quadro 23 — Avaliação Meteorológica no programa *VenSer + Cooperação nas organizações*.

Secretaria	Índice de Cooperatividade GERAL			
	Produtividade Pessoal e Coletiva	Felicidade Pessoal e Coletiva	Competências Colaborativas	Prática da Cooperação
Saúde	93%	91%	100%	97%
Meio ambiente	100%	96%	97%	97%
Administração Pública	94%	90%	100%	97%
MÉDIA	96%	92%	99%	97%
96% de Cooperatividade				

Tabela 1 — Avaliação no programa *VenSer + Cooperação no Serviço Público*.

Da aplicação das *Sete Práticas da Pedagogia da Cooperação*, com 20 horas de duração, envolvendo 29 integrantes da diretoria e voluntários da ONG LEBEM — Lar Espírita Bezerra de Menezes (BRITTO, 2014), a focalização combinou e adaptou alguns dos instrumentos *DIVER* (Tabela 2) para verificar os impactos na Produtividade Coletiva e na Felicidade Pessoal.

- 2ª Face do *Celebrar o VenSer*: criativa/comemorativa que sela a jornada pessoal e coletiva com os tons da gratidão e entusiasmo. Vejamos a seguir alguns exemplos de atividades realizadas para *Celebrar o VenSer* com essa face bem DIVER*tida*!

Na aplicação das *Sete Práticas* para fortalecer a Cultura de Paz **em uma escola pública**[107], com duração de 20 horas e envolvendo educadores e familiares, as focalizadoras relataram:

> "Construímos um *Círculo de Celebração* para partilhar alegria e senso de realização. Recordamos toda a trajetória e tudo que havíamos vivido durante aqueles três dias e evidenciando cada uma das *Sete Práticas*. Para terminar juntos, trouxemos novamente o sagrado na forma de dança circular, com a música "Trem-Bala", de Ana Vilela, cuja letra em si tocou todos que estavam ali, pois fala sobre

---

[107] Ver caso "Escola & Cultura de Paz", no capítulo Boas Práticas.

relações familiares e foi perfeita para o momento. Como lembrança do encontro, entregamos uma semente de amor-perfeito para cada um (a mesma flor que marcava nosso centro), com a seguinte frase: "O amor não precisa ser perfeito, só precisa ser de verdade", e falamos como acreditávamos nas sementes que juntos havíamos plantado e regado naqueles três dias. E, como uma grande família, nossos últimos momentos juntos foram em um grande almoço de domingo."

Focando o tema da comunicação em uma equipe recém-formada **de coordenação do SENAC-SP,**[108] para celebrar a jornada de 20 horas pelas trilhas da Pedagogia da Cooperação, o time de focalização contou que:

"realizamos um teatro em três atos para representar a evolução da comunicação em nosso grupo. Cena 1 — Antes das *Sete Práticas*: pessoas trabalhando, de costas umas para as outras, sem interações, com muito barulho envolvido (várias pessoas falando ao mesmo tempo e cada vez mais alto, ninguém dava espaço para ouvir).

Cena 2 — Logo após as *Sete Práticas*: indivíduos, cada um olhando para seu celular. Ao começar a música "Vem dançar com a gente" (Palavra Cantada), duas pessoas desse grupo deram as mãos e começaram a dançar e, pouco a pouco, foram convidando os outros participantes, até todos estarem envolvidos na dança em círculo. Ao terminar a música, todos os participantes se uniram para um grande abraço coletivo.

Cena 3 — Após seis meses das *Sete Práticas*: iniciaram uma dança em pares com o tema de quadrilha junina e, aos poucos, foram envolvendo todos que estavam na sala, até o momento em que a quadrilha se fechou em um círculo e, no final da representação, o grupo tirou uma foto com todos juntos e sorrindo.

No final, nos reunimos na *Roda do Conselho*, partilhamos os aprendizados e celebramos juntos os efeitos das *Sete Práticas* em nossa *comum-única-ação*."

Envolvendo um grupo de professores e coordenadores da **Escola de Idiomas e Cultura Abraço Cultural**[109], a realização de um show de talentos foi a maneira encontrada para celebrar a experiência vivida durante as 20 horas de aplicação das *Sete Práticas*.

"A expectativa era grande para saber o que cada um iria fazer. A animação tomava conta, preparativos, solicitação de músicas, papéis, canetas, tudo para fazer um show de talentos espetacular. E foi mesmo um espetáculo! Tivemos show de

---
108 Ver caso "Equipe Recém-Formada & Comunicação", no capítulo Boas Práticas.
109 Ver caso "Abraço Cultural & Autoformação do grupo", no capítulo Boas Práticas.

QUESTIONÁRIO ADAPTADO

PRODUTIVIDADE COLETIVA E FELICIDADE PESSOAL

(1) Nunca (2) Raramente (3) Às vezes (4) Frequentemente (5) Sempre

TEMA	ANTES 1	2	3	4	5	DEPOIS 1	2	3	4	5
Engajamento com os projetos da instituição	27%	0%	33%	20%	20%	0%	0%	13%	33%	53%
Confiança na capacidade do grupo em resolver questões	13%	47%	33%	7%	0%	0%	0%	13%	53%	33%
Integração com o grupo	13%	7%	40%	27%	13%	0%	7%	7%	33%	53%
Satisfação com a forma de se relacionar	13%	20%	33%	20%	13%	0%	0%	13%	40%	47%
Sua opinião é levada em conta	21%	21%	36%	14%	7%	7%	0%	13%	47%	33%

DURANTE O PROCESSO VOCÊ PODE:

TEMA	1	2	3	4	5
Expressar sentimentos e ideias livremente?	0%	0%	0%	40%	60%
Ter novas percepções sobre si mesmo?	7%	0%	33%	53%	7%
Perceber sentimentos e ideias diferentes no grupo?	0%	7%	20%	33%	40%
Ter novas percepções sobre o grupo?	0%	0%	7%	60%	33%
Divertir-se?	0%	0%	0%	27%	73%

Tabela 2 — Instrumento *DIVER* adaptado.

mágica, dançarinos profissionais de salsa, cantores trazendo músicas da sua terra natal, aula *express* para falar em árabe, poemas declamados com amorosidade e emoção. Foram muitos talentos que estavam adormecidos e foram despertados ali, na *Celebração do VenSer* juntos."

Indicadores de Efetividade

Neste ponto central da jornada de cooperação, ajustamos nossa percepção para captar sinais de efetividade que chegam através das vozes do grupo, como por exemplo:

- Despedidas longas, com resistência a ir embora.
- A demanda por compartilhar "ahás!" parece não cessar.
- Percepção de resultados por meio de falas como: "Só cheguei porque o grupo chegou", "Saio exausto e isso diz muito sobre o que foi o processo, a entrega, a qualidade da presença" e "Coração leve e o corpo vazio de ideias calcificadas."
- Falas que traduzem satisfação como: "O que eu posso/vou fazer com isso que tá transbordando?" e "Cheguei mais empolgado, hoje saio mais aprofundado."

Toques e dicas

- Criar condições favoráveis para a autorreflexão focando a expressão do *VenSer*.
- Incentivar a celebração de cada pequeno gesto DIVER manifestado ao longo da jornada.
- Oferecer oportunidade para as pessoas apreciarem umas às outras, o grupo e o encontro.
- Lembrar-se de que é um momento de fechamento da experiência. Por isso, evitar abrir novos temas e se aprofundar em algum que já tenha sido abordado.
- Realizar momentos para *Celebrar o VenSer* durante a jornada, ajudando as pessoas e o grupo a integrar as aprendizagens e aumentar a leveza da "mochila", para chegar com a serenidade e o entusiasmo de quem pode desfrutar da paisagem e se desapegar da ilusão de encontrar tudo o que buscava ao fim da caminhada.
- Usar, sem abusar, os recursos DIVER para facilitar a revisitação da jornada, também ao longo dela. DIVER*sificando* os modelos e adotando aqueles mais apropriados para nós em cada grupo conseguirmos manter viva a chama da curiosidade para saber a quantas anda nossa própria caminhada.

Resumo da *Prática*

Qual a sensação neste momento de conclusão? Reconhecendo os aprendizados, descobertas, conquistas, conexões, cuidados, partilhas, parcerias, cocriações, realizações e possíveis transformações convividas em cada uma das trilhas da Pedagogia da Cooperação (Quadro 24), qual é a sua sensação neste momento?

- Pesa ou alivia?
- Agrada ou desagrada?
- Aproxima ou distancia?
- Dá vontade de continuar ou não vê a hora de acabar?

7ª PRÁTICA	OBJETIVO	PRODUTO	TIPO DE ATIVIDADE	TOQUES E DICAS
CELEBRAR O VENSER COMPETÊNCIA **Saber CELEBRAR** DECLARAÇÃO **Foi DIVER!** IMAGEM **Comum-Unidade do SerVir** SÍMBOLO	**PERGUNTA INSPIRADORA** Foi *DIVER*?!!! **OBJETIVO** Reconhecer as aprendizagens, conquistas, descobertas e inspirações e celebrar a realização dos objetivos e propósitos pessoais e coletivos.	**CONTEÚDO** Dados, depoimentos, vídeos e outras informações. **FORMATO** Matrizes de contemplação *DIVER* e/ou similares.	Objetivas, simples, diretas, contemplativas, reflexivas e celebrativas. **METODOLOGIAS INDICADAS** Práticas Meditativas, Investigação Apreciativa, Diálogo, Aprendizagem Cooperativa, Jogos Cooperativos, Danças Circulares, CooperArte e MusiCooperação	Convidar cada pessoa para reconhecer e apreciar as demais pessoas, o grupo e o encontro. Criar condições favoráveis para a autorreflexão focando a expressão do *VenSer*. Incentivar a celebração de cada pequeno gesto *DIVER* convivido ao longo da jornada.

Quadro 24 — Resumo da 7ª Prática: *Celebrar o VenSer*

Prazer de casa

Agora, deixo aqui o convite para você rever sua jornada pelas *Sete Práticas* da Pedagogia da Cooperação e reconhecer o que você pode celebrar neste momento, "afinal, a lagarta não precisa de um milagre para virar borboleta, ela só precisa de um processo"[110]. Você aceita viver esse processo?

Quais foram as suas principais sacadas, descobertas, aprendizagens e conquistas?	O que você vai fazer para celebrar tudo isso AGORA?

FOI *DIVER*!!!!

---
[110] Autoria desconhecida.

Colocando a mochila nas trilhas das *Sete Práticas*...

Uma boa maneira de *Celebrar o VenSer* é pausar para *re-pousar*... deixamos baixar no corpo a temperatura das emoções e sensações, decantar na mente a ebulição dos pensamentos e assentar na consciência o fluxo livre das intuições. Todas as paisagens, cada passo, tudo com o que convivemos percorrendo as trilhas das *Sete Práticas*, agora se acomoda, sem pressa, nem pressão, nesta nossa "mochila-coração".

Se desejar, guarde também esta recordação da caminhada (Quadro 25). Quem sabe, em algum momento, ela poderá lhe *SerVir*, assim como tem servido a nós.

PRÁTICA	SÍMBOLO	NOME	COMPETÊNCIA	IMAGEM	FASE
1ª		Fazer *Com-Tato*	Saber Conectar	Ponto de Encontro	Ovo
2ª		Estabelecer *Com-Trato*	Saber Cuidar	Grande Árvore	Lagarta jovem
3ª		Compartilhar *In-Quieta-Ações*	Saber Compartilhar	Na porteira	Lagarta
4ª		Fortalecer Alianças e Parcerias	Saber Confiar	Fortes Correntezas	Pré-pupa
5ª		Reunir Soluções *Como-Uns*	Saber Cocriar	Conselho da Floresta	Pupa
6ª		Realizar Projetos de Cooperação	Saber Cultivar	Topo da Montanha	Borboleta jovem
7ª		Celebrar o *VenSer*	Saber Celebrar	Comum-Unidade do *SerVir*	Borboleta adulta

Quadro 25 — Síntese das trilhas das *Sete Práticas*

Tudo bem guardadinho?! Além de ter na bagagem os *Cinco "Ps" (Propósito, Princípios, Processos, Procedimentos e Práticas)* e as *Quatro Pequenas Virtudes*, talvez você esteja sentindo falta de mais algumas coisas, algo que você vem vendo em diferentes momentos da jornada e que ninguém ainda explicou direito, ou não? Está tudo aí na mão? Quer uma dica?

Ai vai: Está sendo *DIVER* para você?!!!

Foi *DIVER?!*

Indicadores de Cooperatividade

CARLA ALBUQUERQUE E VERA LÚCIA DE SOUZA E SILVA

"O que, como e quando observar os efeitos da aplicação da Pedagogia da Cooperação e sua contribuição para a produtividade e felicidade geral da Co-mum-Unidade envolvida?" Esta foi a *inquietação* que nos mobilizou para a escrita deste texto.

Cientes da relevância do acompanhamento e da avaliação por meio de indicadores específicos que podem abordar simultaneamente questões cognitivas e não-cognitivas para demonstrar a efetividade da abordagem da Pedagogia da Cooperação, apresentaremos neste capítulo propostas de avaliações que podem se transformar em instrumentos de investigação qualitativa — a pesquisa que não se preocupa com representatividade numérica, mas, sim, com o aprofundamento da compreensão de um grupo social, de uma organização, entre outros — e quantitativa, que tem suas raízes no pensamento positivista lógico, tende a enfatizar o raciocínio dedutivo, as regras da lógica e os atributos mensuráveis da experiência humana (SILVEIRA e GERHARDT, 2009).

Acreditamos, como nos ensinou Fábio Brotto, que a jornada pelas trilhas da Pedagogia da Cooperação precisa ser *DIVER*: DIVER*dade,* DIVER*tida,* DIVER*gente* e *DIVER* (profunda). Por isso trataremos a partir daqui dos "Instrumentos DI-VER", história que contaremos logo adiante. Mas antes disso, perguntamos: como você vê e o que você espera dos Instrumentos *DIVER*? Nós os vemos como um passeio pelas experiências vividas, agora com cada participante no lugar de quem observa a própria vivência, enquanto indivíduo e grupo. Um convite a perceber aquilo que foi proposto e o que ecoou em cada pessoa e no grupo. Ao mesmo tempo que permite avaliar o que, daquilo que se propôs, de fato se concretizou, gerando uma oportunidade para a focalização perceber as conquistas e refletir sobre seus aprendizados e possíveis ajustes.

Uma última reflexão antes de começar: você percebe os Instrumentos *DIVER* como uma oportunidade de celebração? Esse percurso celebrativo acontece a cada aplicação das *Sete Práticas* e ajuda a consolidar a experiência para prover cooperação. Mas no momento em que você acaba de ler os capítulos anteriores, nosso convite é que leia os Instrumentos *DIVER* que aqui propomos como uma visita objetiva por cada *Prática* e um olhar para tudo que se pretende despertar nas pessoas que vivenciarem a Pedagogia da Cooperação.

Uma criação coletiva em prol da felicidade e produtividade

O primeiro Instrumento DIVER, com o qual iniciamos a jornada de criação coletiva deste texto, foi criado em 2010, como nos contou Fábio na descrição da 7ª *Prática* (Celebrar o *VenSer*), a partir de um conjunto de critérios para nos ajudar a avaliar se uma jornada é realmente DIVER.

Esse instrumento continua sendo usado e atualizado por especialistas, neste caso a turma do Projeto Cooperação, com atualizações dos critérios no estilo da Pedagogia da Cooperação. Honrando nosso ponto de partida, demonstramos na Figura 20 um exemplo de utilização do instrumento "Momentos DIVER - Potencial de Cooperação".

Com que frequência você viveu momentos DIVER *na jornada? Quais foram estes momentos?* Esse é o convite deste instrumento, que já foi descrito de maneira adaptada na Tabela 2 (p. 254). Para isto, sugerimos a escala Likert de frequência com cinco pontos (nunca, raramente, ocasionalmente, frequentemente e muito frequentemente) e uma pergunta aberta sobre cada um dos momentos *DIVER*.

Esse instrumento gera oportunidade de reflexão e coleta de momentos marcantes para cada pessoa, na perspectiva da felicidade, de ambiente propício à colaboração, no clima proposto pelas *Sete Práticas*. Mostra-se rico para identificar o que as pessoas percebem como DIVER*dade*, DIVER*tido*, DIVER*gente* e "DIVER". Além do que os critérios específicos preveem e permitem uma percepção única de cada aplicação, de cada grupo, que torna evidente o que foi relevante para quem participou, sinaliza para o focalizador onde houve mais impacto e gera conteúdo baseado em falas dos participantes para compor relatórios de avaliação.

Com base em nossa inquietação mobilizadora, seguimos pensando sobre quais efeitos da abordagem gostaríamos de medir. *O que poderia ser acrescido ao Momentos* DIVER? Norteados por Velázquez (2004), trilhamos essa criação ancorados no *Propósito* da abordagem: contribuir para o *"VenSer* quem se é para *SerVir* ao bem comum", o que ocorre a partir do desenvolvimento de competências coletivas ao longo de um percurso que promova felicidade com produtividade. Esta percepção foi ampliada, adicionando a essas duas dimensões do *Propósito* a perspectiva pessoal

	MOMENTOS *DIVER* – Potencial de Cooperação	Escala: (N) Nunca (R) Raramente (O) Ocasionalmente (F) Frequentemente (MF) Muito Frequentemente				
		N	R	O	F	MF
DIVERdade	Compartilhamos experiências pessoais sem receio de nos expor.	○	○	○	○	○
	Empatia, compaixão, acolhimento e cumplicidade foram atitudes demonstradas pela maioria de nós.	○	○	○	○	○
	Emoções como tristeza, angústia, medo, raiva e até ódio puderam se manifestar e foram verdadeiramente aceitas.	○	○	○	○	○
	Momentos:					
DIVERtido	O riso e a espontaneidade estiveram presentes, mesmo em momentos desafiadores.	○	○	○	○	○
	Houve uma sensação de leveza e descontração no ambiente.	○	○	○	○	○
	Uma atmosfera de contentamento e tranquilidade marcou o encontro.	○	○	○	○	○
	Momentos:					
DIVERgente	Pessoas de diferentes características realizaram atividades conjuntas e sem discriminação.	○	○	○	○	○
	Surgiram novas aprendizagens e insights a partir de visões, atitudes e comportamentos divergentes.	○	○	○	○	○
	A não participação de uma (ou mais) pessoas em eventuais atividades e/ou momentos foi respeitada e honrada pelo grupo.	○	○	○	○	○
	Momentos:					
"*DIVER*" (Profundidade)	O grupo e a focalização colaboraram no desenvolvimento das atividades, sugerindo ideias para a sua melhoria.	○	○	○	○	○
	Em diferentes momentos existiram partilhas genuínas, tocantes e profundas que permitiram elevar o nível de cumplicidade no grupo.	○	○	○	○	○
	O grupo e cada participante assumiram responsabilidade pelo sucesso do encontro e pela implementação das aprendizagens no cotidiano.	○	○	○	○	○
	Momentos:					

Figura 20 — MOMENTOS *DIVER* — Matriz de avaliação do potencial de cooperação aplicada em empresa do sistema S[111], com adaptações para o modelo mais atualizado da matriz.

---

[111] Ver caso "SESCOOP & Criação com Apreciação" no capítulo *Boas Práticas*.

e coletiva. Como resultado, geramos outros quatro instrumentos *DIVER*, que dialogam com o *Propósito* como apresentado na Figura 21:

Figura 21 — Instrumentos *DIVER* e as dimensões do *Propósito*

Seguindo as recomendações de Dillman et al. (2014), de que especialistas são essenciais para essa construção — por seu conhecimento do que é importante, como abordá-los e daquilo que "não-especialistas" não perceberiam, conversamos com especialistas e seguimos na criação coletiva que apresentaremos aqui, usufruindo do conhecimento da abordagem e da experiência dos envolvidos na aplicação em diferentes grupos e contextos.

Velázquez (2004, p. 46) nos direcionou para a eficácia da pesquisa, na busca por dimensões pessoais e coletivas com itens relevantes (voltados para aspectos-chave), compreensivos, claros (evitando generalizações e terminologia ambígua) e cooperativos. Dillman et al. (2014) nos guiaram na seleção das características-chave que pretendíamos abordar em cada dimensão e suas subdivisões (competências colaborativas). Para os itens, buscamos declarações simples, curtas, de linguagem comum, que mantenham a consistência com as características definidas e com as respostas pretendidas, com um único aspecto abordado por vez e independentes entre si (aspectos diferentes da dimensão). Seguindo a recomendação de Dillman et al. (2014), entramos no estado de espírito das pessoas que responderiam para, a partir da sua perspectiva, descrever algo que estimule a estar disponível a responder, que permita fazê-lo com precisão e interpretar da forma pretendida.

Instrumentos *DIVER*

Apresentamos, a seguir, os quatro instrumentos *DIVER* elaborados e testados ao longo da escrita deste livro. Nosso convite é para passearmos por eles, percebendo os aspectos da Pedagogia da Cooperação e sua aplicação. Avalie se eles refletem sua percepção da abordagem. Esperamos que essa jornada ajude a seguir com entusiasmo e curiosidade para vivenciá-la e percebê-la nos grupos.

Já esclarecemos como os instrumentos *DIVER* se relacionam ao *Propósito*, mas precisamos ainda explicar sua natureza. São indicadores quantitativos e qualitativos, baseados na mensuração de atitudes, sob a premissa de que atitudes são precursoras de comportamentos, pela boa capacidade de diagnóstico e explicação que conferem a partir de três componentes formadores: cognitivo (de conhecimento), sentimental (de afetividade) e de intenção (ação) (AAKER, KUMAR e DAY, 2001).

Os indicadores quantitativos representam conjuntos de aspectos de cada dimensão e subdivisão que se deseja avaliar, sempre respondidos por escalas de múltiplos itens (LIKERT, diferencial semântico) que permitem combinar as respostas para uma pontuação.

Os indicadores qualitativos são perguntas abertas elaboradas para permitir reflexões livres que somem à análise perspectivas próprias dos indivíduos e do coletivo. Este é um material rico e diferenciado, uma vez que representa a cocriação de cada coletivo e traz à tona suas especificidades. Cada grupo terá uma experiência única, com perspectivas próprias e descobertas inéditas, que tendem a surpreender e agregar conhecimento valioso para o grupo, para o time de focalização e para a própria abordagem.

A propósito, denominamos "jornada" a aplicação das *Sete Práticas*, mas essa nomenclatura pode ser substituída pelo título do evento ou outra denominação adotada em cada caso.

Percepção de impacto (Felicidade Pessoal)

Características opostas são descritas nas extremidades de cada linha para que cada pessoa indique sua percepção do impacto da jornada em si e no grupo. Uma escala de diferencial semântico de cinco pontos cujo ponto central é neutro (nem um nem outro) separa quatro duplas de características. "A jornada contribuiu para...":

- ... me aproximar das pessoas / ... me distanciar das pessoas
- ... eu querer continuar / ... eu querer parar
- ... tornar o ambiente mais leve / ... tornar o ambiente mais pesado
- ... tornar o convívio agradável / ... tornar o convívio desagradável

Este instrumento pode ser usado de forma simples para verificar o clima do grupo ao longo da jornada, com as pessoas fazendo apenas um sinal, por exemplo, mostrando o dedo polegar pra cima (um "joinha") para indicar o "me aproximar das pessoas" ou o dedo polegar pra baixo (não curti) para indicar o "me distanciar das pessoas". Ou ainda, num mural, para as pessoas marcarem como sentem o efeito da jornada com canetinha ou post-its, como ilustra a Figura 22. Nos dois, o resultado geral é visto por todos imediatamente, mas ele pode ainda ser feito em formulário impresso ou virtual e seu resultado compilado num gráfico.

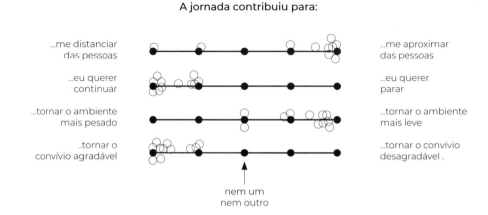

Figura 22 — Exemplo de mural de Percepção de Impacto

Avaliação meteorológica (Felicidade Coletiva)

Perguntas abertas para estimular a reflexão e o compartilhamento de percepções diversas acerca da aplicação (Figura 23), inspiradas em indicadores meteorológicos.

Figura 23 — Descrição dos itens para a avaliação meteorológica

Essa avaliação coleta impressões pessoais a partir de perguntas abertas que permitem que a experiência do grupo flua. Nela são geradas informações gerais sobre a jornada (sol, nuvem e lua), coleta referente aos aprendizados (estrela), com estímulo à promoção da cooperação (cometa) e reflexão sobre a experiência com olhar de síntese (arco-íris), como pode ser visto no exemplo apresentado na *7ª Prática*. Sua aplicação como atividade colaborativa é uma possibilidade que vem sendo correntemente adotada no Projeto Cooperação pela oportunidade de reflexão coletiva e consolidação da experiência e seus benefícios. *Como?* Organizando as pessoas em grupo, convidando-as a conversar sobre suas visões individuais frente a cada item e elaborando sínteses das percepções para, finalmente, compartilhar com todo o grupo.

Competências colaborativas (Produtividade Pessoal)

Este instrumento quantitativo versa diretamente sobre as competências colaborativas trabalhadas em cada uma das *Sete Práticas*. São sugeridas cinco afirmações na Figura 24 para cada uma das *Sete Competências Colaborativas R2* desenvolvidas. Cada uma indica o quanto a jornada a estimulou, indicando sua concordância com cada afirmação na escala Likert de concordância com cinco pontos (discordo totalmente, discordo, nem um nem outro, concordo, concordo totalmente).

A apresentação usual dos dados se dá com as tabelas descritivas com a quantidade de respostas (ou percentual) para cada item, total de respostas do item, média ponderada do item e também a média ponderada geral. A Tabela 3 ilustra a tabela por competência e a Tabela 4 apresenta um resumo com todas as competências e o resultado geral. Outra opção visual são os gráficos de barras com todos os itens relacionados ao mesmo tema (cada competência colaborativa) e a quantidade de respostas para cada ponto da escala.

O somatório da pontuação dos itens por respondente é possível e ajuda traçar o perfil de competências colaborativas em cada pessoa. Contudo, ela é indicada pela literatura desde que os itens somados versem todos sobre o mesmo tema (AAKER, KUMAR e DAY, 2001). As somas gerais são comumente adotadas (como as médias ponderadas por competência e a geral apresentadas), mas sua aplicação acaba "ocultando" informações específicas no total agregado, que ainda pode sofrer alguma distorção não percebida por conta do desequilíbrio dos itens, perda de atenção do respondente etc. Assim, é importante ter o resultado por item e analisar os resultados conjuntamente.

COMPETÊNCIAS COLABORATIVAS – Produtividade Pessoal

A JORNADA CONTRIBUIU PARA...	discordo totalmente	discordo	nem um, nem outro	concordo	concordo totalmente
...eu ampliar meu envolvimento com as pessoas	○	○	○	○	○
...eu valorizar as diferenças pessoais	○	○	○	○	○
...eu me expressar espontaneamente	○	○	○	○	○
...eu acolher as diferenças	○	○	○	○	○
...eu estimular conexões entre as pessoas	○	○	○	○	○
...eu falar sobre minhas necessidades	○	○	○	○	○
...eu acolher as necessidades de outras pessoas	○	○	○	○	○
...eu integrar minhas necessidades com as necessidades de outras pessoas	○	○	○	○	○
...eu atuar para atender minhas necessidades	○	○	○	○	○
...eu me comprometer com o bem-estar coletivo	○	○	○	○	○
...eu expor minhas perguntas, inquietações, dúvidas e incertezas	○	○	○	○	○
...eu reconhecer pontos em comum entre as perguntas compartilhadas pelo grupo	○	○	○	○	○
...eu me liberar do padrão de ter que dar e/ou obter respostas	○	○	○	○	○
...eu valorizar as perguntas das pessoas	○	○	○	○	○
...eu fazer escolhas de uma maneira colaborativa	○	○	○	○	○
...eu agir para fortalecer as relações de parceria entre as pessoas	○	○	○	○	○
...eu atuar colaborativamente para superar desafios coletivos	○	○	○	○	○
...eu perceber comportamentos que dificultam a cooperação	○	○	○	○	○
...eu me manter em meu próprio centro em situações desafiadoras	○	○	○	○	○
...eu exercitar minha liderança	○	○	○	○	○
...eu valorizar as contribuições, ideias e sugestões das pessoas	○	○	○	○	○
...eu criar conexões entre ideias, respostas, soluções e sugestões	○	○	○	○	○
...eu compartilhar abertamente minhas soluções, ideias e respostas	○	○	○	○	○
...eu descobrir respostas inéditas	○	○	○	○	○
...eu lidar com naturalidade com sentimentos, emoções e sensações	○	○	○	○	○

Figura 24 — Descrição dos itens para as *Sete Competências Colaborativas R2*

A JORNADA CONTRIBUIU PARA...	discordo totalmente	discordo	nem um, nem outro	concordo	concordo totalmente
...eu realizar projetos coletivos	○	○	○	○	○
...eu engajar pessoas para a realização de projetos	○	○	○	○	○
...eu acompanhar a realização colaborativa de projetos	○	○	○	○	○
...eu me envolver prazerosamente na realização colaborativa	○	○	○	○	○
...eu dar e receber feedback	○	○	○	○	○
...eu celebrar meus aprendizados e conquistas	○	○	○	○	○
...eu celebrar os aprendizados e conquistas de outras pessoas	○	○	○	○	○
...eu comemorar os aprendizados e conquistas comuns	○	○	○	○	○
...eu assumir a responsabilidade pelas mudanças em meu processo de desenvolvimento	○	○	○	○	○
...eu me colocar a serviço do bem-estar coletivo	○	○	○	○	○

Figura 24 (continuação) — Descrição dos itens para as *Sete Competências Colaborativas R2*

COMPETÊNCIAS COLABORATIVAS Produtividade Pessoal A jornada contribuiu para ...	QTD respostas	Discordo totalmente	Discordo	Nem um nem outro	Concordo	Concordo totalmente	MP %
... eu ampliar meu envolvimento com as pessoas.	24	0	0	3	8	13	85,4
... eu valorizar as diferenças pessoais.	24	0	1	2	7	14	85,4
... eu expressar-me espontaneamente.	24	0	0	4	8	12	83,3
... eu acolher as diferenças.	24	0	0	1	8	15	89,6
... eu estimular conexões entre as pessoas.	24	0	0	3	7	14	86,5
Saber CONECTAR – Média Ponderada (MP) %							86,0

Legenda da Média Ponderada: 0% (discordo totalmente) a 100% (concordo totalmente) que a jornada contribuiu para o item ou competência (média ponderada geral)

Tabela 3 — Exemplo de tabela resumo da competência colaborativa "Saber Conectar", do Workshop Online de Design de Relações Colaborativas[112]

---

112 Workshop Online "Design de Relações Colaborativa" focalizado por Cambises Bistricky Alves e Fábio Otuzi Brotto. Realização Projeto Cooperação, 2020.

COMPETÊNCIAS COLABORATIVAS	Competências e Médias Ponderadas (%)		
Saber CONECTAR	86,0	Saber COCRIAR	87,3
Saber CUIDAR	86,0	Saber CULTIVAR	82,40
Saber COMPARTILHAR	84,8	Saber CELEBRAR	91,1
Saber CONFIAR	81,1		
		Média Ponderada Geral %	85,7%

Legenda da Média Ponderada: 0% (discordo totalmente) a 100% (concordo totalmente) que a jornada contribuiu para a competência específica ou competências colaborativas (geral)

Tabela 4 — Exemplo de tabela resumo das competências colaborativas do Workshop Online de Design de Relações Colaborativas[113]

Nossas realizações (Produtividade coletiva)

Neste instrumento, o objetivo é indicar a intensidade das realizações coletivas ao longo da jornada. Para isto, sugere-se a escala de intensidade com cinco pontos (nada e muito nos extremos e três pontos intermediários) para cada item listado na Figura 25.

NOSSAS REALIZAÇÕES (Produtividade coletiva)

A JORNADA CONTRIBUIU PARA...	nada	>>	>>	>>	muito
Desenvolvermos o *Com-Tato* com nosso propósito pessoal e coletivo	O	O	O	O	O
Atendermos os pedidos e exercitarmos as ofertas do *Com-Trato* firmado pelo grupo	O	O	O	O	O
Reconhecermos as *In-Quieta-Ações* mais relevantes para o grupo	O	O	O	O	O
Praticarmos as Competências Colaborativas reconhecidas em *Alianças e Parcerias*	O	O	O	O	O
Cocriarmos *Soluções Como-Uns* que responderam às perguntas-quentes do grupo	O	O	O	O	O
Realizarmos os primeiros *Mínimos Passos Elegantes* de cada *Projeto de Cooperação**	O	O	O	O	O
Reconhecermos e celebrarmos as conquistas e aprendizados pessoais e coletivos colocados à serviço do bem comum**	O	O	O	O	O

*Item adequado para pesquisas realizadas um tempo após a aplicação. Se aplicada antes da realização dos projetos, sugerimos trocar por "Estimularmos a realização dos Projetos de Cooperação desenhados".
**Itens dessa natureza são contemplados no instrumento de Competências Colaborativas R2. Na utilização dos dois instrumentos, pode-se avaliar a omissão deste item.

Figura 25 — Descrição dos itens de realizações colaborativas

---

113 Idem.

Este instrumento quantitativo versa diretamente sobre a produtividade coletiva que as *Sete Práticas* visam alcançar. Para tanto foram definidos itens de produtividade para cada prática e relacionados às *Práticas*. O que novamente atende de forma objetiva à demanda de clientes sobre a produtividade alcançada ao longo da aplicação.

A apresentação usual dos dados pode ser a partir de tabelas descritivas com conteúdos e cálculos iguais aos apresentados para o instrumento anterior. A Tabela 5 apresenta itens e o resultado geral. Aqui também, outra opção visual são os gráficos de barras com todos os itens relacionados ao mesmo tema (cada competência colaborativa) e a quantidade de respostas para cada ponto da escala.

NOSSAS REALIZAÇÕES (Produtividade coletiva) A jornada contribuiu para...	No. de respostas	NADA	>>	>>	>>	MUITO	MP%
Desenvolvermos o *Com-Tato* com nosso propósito pessoal e coletivo (Semente)	17	0	1	4	6	6	75,0
Atendermos os pedidos e exercitarmos as ofertas do *Com-Trato* firmado pelo grupo	17	1	1	2	6	7	75,0
Reconhecermos as *In-Quieta-Ações* mais relevantes para o grupo.	17	0	0	2	4	11	88,2
Praticarmos as Competências Colaborativas reconhecidas em *Alianças e Parcerias* (representadas nas paródias)	16	0	0	3	3	10	85,9
Cocriarmos *Soluções Como-Uns* que responderam às perguntas-quentes do grupo	17	0	1	1	6	9	83,8
Realizarmos os primeiros *Mínimos Passos Elegantes* de cada *Projeto de Cooperação*	17	1	1	3	3	9	76,5
Reconhecermos e celebrarmos as conquistas e aprendizados pessoais e coletivos colocados à serviço do bem comum	17	0	1	1	5	10	85,3
					Média Ponderada (MP) Geral		81,4

A jornada contribuiu 0% (nada) a 100% (muito) para o item ou competência (média ponderada geral).

Tabela 5 — Exemplo de tabela descritiva das NOSSAS REALIZAÇÕES (Produtividade coletiva), do Workshop Online de Design de Relações Colaborativas[114]

Existem outras formas criativas de aplicar instrumentos quantitativos, como a realizada na aplicação na Amazônia[115]. Num cenário de pouco tempo, com

---
[114] Workshop Online "Design de Relações Colaborativa" focalizado por Cambises Bistricky Alves e Fábio Otuzi Brotto. Realização Projeto Cooperação, 2020.
[115] Ver caso "Amazônia & Turismo Sustentável" no Capítulo Boas Práticas.

possível dificuldade de leitura e a demanda por dados quantitativos do grupo, grãos de feijão foram disponibilizados e os participantes orientados a pegar cinco por vez. A cada afirmação lida, os participantes depositavam num saco no centro da roda a quantidade de grãos correspondente a sua avaliação na escala apresentada. A cada nova afirmação, um novo saco. E, assim, não se obteve o resultado individual. No entanto, pela divisão de grãos em cada saco pelo número de respondentes, foi possível obter a avaliação de cada afirmação (item) e calcular a média ponderada geral.

Aplicação dos indicadores *DIVER*

Agora que já conhece os instrumentos, é hora de voltar a pensar em sua aplicação. Esses instrumentos foram cocriados com base na proposta da Pedagogia da Cooperação, estratificando para as dimensões do *Propósito*, em modelos qualitativos e quantitativos diversos, seguindo as premissas já descritas e uma linguagem próxima à adotada ao longo deste livro. Entretanto, deixamos aqui algumas dicas que podem ser úteis para a seleção do que usar e como usar em cada caso:

- Selecionar os instrumentos que melhor atendam ao objetivo da avaliação (o que é relevante avaliar), definir quando (durante, no término ou um tempo depois da aplicação) e como (impresso, online, presencial individual, atividade coletiva) aplicá-los e adequar a linguagem a seu público e à usada ao longo da aplicação.
- Cuidar para que os instrumentos e seus itens sejam aplicados na sequência lógica de uma conversa. A ordem dos instrumentos e itens desempenha um papel importante na criação de contexto maior, privilegiando a compreensão do leitor e criando uma fluidez (DILLMAN, SMYTH e CHRISTIAN, 2014).
- Formar blocos de itens com atenção para a quantidade por bloco, sejam em tabelas impressas ou em telas de formulários online. Agrupamentos de quatro a seis itens são interessantes para assegurar que os aspectos da dimensão sejam adequadamente mostrados e para evitar o viés de resposta por fadiga (HINKIN, 1998).
- Na aplicação online, o recurso de randomização (mudança aleatória de ordem) ajuda a evitar o viés de fadiga (perda de atenção nos itens finais), especialmente dentro de um bloco que trate de uma única dimensão.

- Adotar formato visual organizado que facilite a navegação e legibilidade das perguntas e opções de resposta, padronizando a escala de resposta sempre que possível.
- Garantir o anonimato de respostas individuais, solicitar que sejam honestas e com a percepção que surja inicialmente, e esclarecer que não existem respostas certas nem erradas. Essas orientações minimizam o fenômeno de desejabilidade social (tendência a dar respostas que sugiram uma boa imagem) e de aquiescência (tendência a concordar), e evitam que a pessoa busque responder de forma mais branda ou consciente (muito elaborada) do que seria a resposta que melhor representaria sua percepção da realidade (DILLMAN, SMYTH e CHRISTIAN, 2014).

A cada aplicação, busque a composição de instrumentos que melhor se adapte a sua proposta, seu cliente, o tempo disponível, formato de aplicação e sua distribuição ao longo da jornada, conforme o uso desejado. A Figura 26 apresenta como o workshop online de Design de Relações Colaborativas realizado pelo Projeto Cooperação (1ª turma de 2020) adaptou os instrumentos a sua demanda. Nele optou-se por realizar no meio do processo a Avaliação Meteorológica (como uma atividade colaborativa ao longo de um encontro, gerando oportunidades de reflexão e celebração) e a de Percepção de Impacto (verificação do clima do grupo).

Ao final, foi realizada a avaliação de Competências Colaborativas (respondida durante os encontros, enquanto era tocada música) e uma semana depois foi solicitado a Nossas Realizações (Produtividade coletiva), ambas disponibilizadas como formulário online individual. Assim também foram feitas adaptações nos itens. No caso, inserções na avaliação de Nossas Realizações (Produtividade coletiva) para relacionar os itens com as atividades realizadas: "Desenvolvermos o *Com-Tato* com nosso propósito pessoal e coletivo (Semente)" relacionada à atividade de identificação da semente que desejava-se que brotasse ao longo da jornada e "Praticarmos as Competências Colaborativas reconhecidas em *Alianças e Parcerias* (representadas nas paródias)", cuja atividade de cocriação com as habilidades do grupo foi realizada no quarto passo da aplicação.

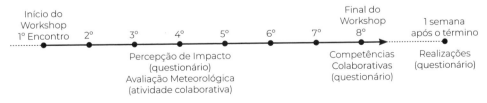

Figura 26 — Esquema de distribuição de avaliações no 1º Workshop Online de Design de Relações Colaborativas, realizado pelo Projeto Cooperação

Resultados e relatórios

Realizada a coleta de dados e respostas, chega a hora de se consolidarem impressões em fatos e gerar uma visão condensada para o grupo, o time de focalização e a organização dos aprendizados e resultados da jornada.

Ao longo da descrição dos instrumentos, fomos sugerindo algumas formas de uso dos dados da pesquisa e modelos para a apresentação de resultados considerando sua realização presencial, criativa ou impressa. Porém, lembramos aqui que um formato de disponibilização interessante de pesquisas é o digital, com o uso de aplicativos tais como *Mentimeter, Surveymonkey e Qualtrics*, que disponibilizam padrões de perguntas, que podem ser facilmente acessados com QR *code* ou link e disponibilizam opções customizadas de análise e apresentação de resultados.

Sabemos também que para além dos resultados, no campo da aplicação, somos levados a apresentar para os clientes "relatórios" com conclusões, pareceres, recomendações, entre outros. Para criá-los, vale aproveitar falas e retornos espontâneos recebidos ao longo da aplicação, agrupar também as respostas dos instrumentos qualitativos por competências, atributos ou aspectos que se deseje ressaltar, adicionar produções do grupo e imagens que representem a trilha percorrida, as realizações e as conquistas do grupo, um olhar para as *In-Quieta-Ações* como inspirações para as recomendações. Enfim, toda a vivência do grupo pode contribuir para essa consolidação.

Que tal montar esse relatório de trás para frente? A produtividade coletiva alcançada pelo grupo é mensurada a partir das **Realizações Coletivas** e demonstrada por suas produções (*Com-Trato*, conjunto de *In-Quieta-Ações*, trio *In-Quieta-Ações/Soluções Como-Uns/* Projetos, projetos construídos etc.). Para chegar a esses resultados, uma sequência de *Práticas* foi aplicada para estimular e desenvolver saberes: *Sete Competências Colaborativas R2*, que foram trabalhadas e objetivamente mensuradas. Desse modo, temos o que ocorreu a partir da felicidade coletiva e pessoal de um ambiente cooperativo, com pontos positivos e outros nem tanto, com aprendizados e comprometimento demonstrados numa analogia **Meteorológica**, num clima "sem pressa nem pressão" (**Percepção de Impacto**) e recheado de **Momentos DI-VER** (*di-verdade, divertidos, di-ver-gentes* e profundos). E assim, falamos sobre a trilha da produtividade com felicidade, em que a cooperação desperta a inteligência coletiva e sua capacidade de realização, num contexto em que somos mais que a soma de cada pessoa.

Mas, aqui entre nós, o mais interessante dos Instrumentos DIVER é a descoberta. Olhar os resultados das dimensões e perceber qual delas mais reverberou no grupo; verificar quais Competências Colaborativas estão mais desenvolvidas e quais são aquelas que ainda nos desafiam a evoluir; identificar quais itens se relacionam mais diretamente a situações vividas (momentos *DIVER*) e a percepções compartilhadas (avaliação meteorológica) e às descobertas do grupo. As possibilidades de análises são diversas e o aprendizado segue nesse momento em uma intensidade diferente da aplicação, no fluxo de consolidação da experiência. Divirta-se!!

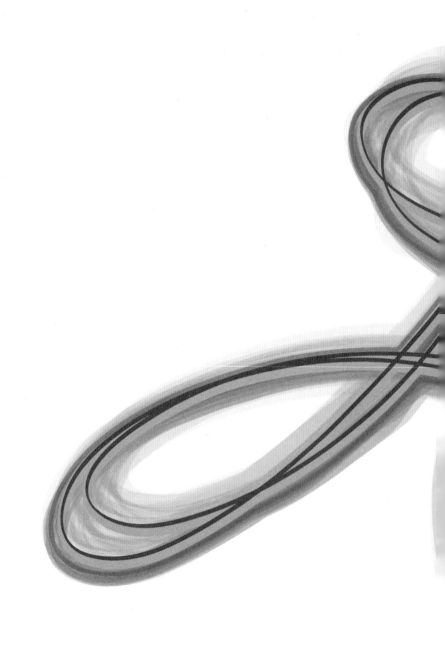

Boas Práticas

A Pedagogia da Cooperação em todos os lugares

CARLA ALBUQUERQUE E DANIELLA DOLME

Seguimos em frente com o que mais encanta a gente.

As aplicações das *Sete Práticas* são ricas em aprendizados para todas as pessoas envolvidas. É por si só um maravilhoso exercício da relação mestre-aprendiz, como você já pôde ler no capítulo *Procedimentos*. E para deixar mais viva a experiência da Pedagogia da Cooperação, convidamos a comunidade do Projeto Cooperação para contribuir com alguns casos de aplicação prática que iremos descrever brevemente nas próximas páginas.

Mesclamos casos de trabalhos de final de curso da pós-graduação em Pedagogia da Cooperação e Metodologias Colaborativas e de consultorias realizadas pelo Projeto Cooperação. Cada uma dessas vivências aponta para a diversidade de caminhos nos quais a Pedagogia da Cooperação pode navegar, seja em termos de público, focos de atuação, objetivos e resultados, elas refletem diferentes formas de ver e viver essa abordagem.

Fica aqui nosso agradecimento à comunidade, que selecionou os casos e compartilhou conosco a razão pela qual cada uma dessas histórias provocou "brilhos em seus olhos"; à turma da consultoria, pelos dados cedidos para a elaboração dos casos; e às autorias dos TCCs, por suas descrições apaixonadas e minuciosas das experiências vividas. Todas essas pessoas geraram um campo rico de experimentação e aprendizado, que compartilhamos aqui como pérolas para nutrir as pessoas que desejam seguir nessa jornada conosco.

Vivências em empresas, organizações sociais, escolas, governos e cooperativas nos convidam a perceber a amplitude de alcance da abordagem. Do sul do Brasil até a Amazônia. Grupos abertos ou fechados, de colegas e familiares, educadores, refugiados, servidores públicos. Cada caso trazendo diferentes temáticas para serem trabalhadas: o desenvolvimento da cultura da cooperação no ambiente de trabalho, a cooperação em prol do turismo comunitário e sustentável, o aprofundamento das relações, o autoconhecimento, entre outras. Um resultado comum: inúmeras descobertas sobre *ser quem se é para servir plenamente ao mundo* — e muitos Mínimos Passos Elegantes para transformar as reflexões em ações!

Deu para sentir a energia realizadora dessa turma? Então, precisamos te contar que isso tudo é aperitivo. Os casos aqui são descritos de forma reduzida, mas a boa notícia é que em seguida apresentamos as autorias e todo esse material pode ser obtido na íntegra no site do Projeto Cooperação, num convite à leitura completa dessas vivências.

APRECIE SEM MODERAÇÃO!

CATADORES & Disseminação da Cooperação

Consultoria do Projeto Cooperação, focalizada por Cambises Bistricky e Andrea Leoncini com a empresa Giral. **Projeto Reciclab — Desenvolvimento Humano.** *São Paulo: 2017.*

O Projeto Cooperação, em parceria com a Giral, uma consultoria para o Terceiro Setor, promoveu um trabalho com cerca de 200 pessoas catadoras de material reciclável em São Paulo/SP e Campo Grande/MS, no qual as *Sete Práticas* foram aplicadas para desenvolver a cultura da cooperação.

Segundo a focalizadora Andrea, "a vivência de Campo Grande foi uma prova de que a Pedagogia da Cooperação é uma trilha segura para caminhar com grupos das mais diversas realidades. Vi aquelas pessoas desconfiadas, a cada prática, se reconhecendo como indivíduos e como parte de um grupo. É de encher os olhos de emoção! Aos poucos, as vozes surgiram, os sorrisos não estavam mais misturados com os resíduos, ainda vistos por parte da sociedade como lixo. Superaram o sentimento de desvalorização celebrando o poder de cooperar ao sustentar a ponte de cordas[116], para cumprir o combinado de ajudar um colega a atravessar. A alegria de conquistar o objetivo comum é indescritível, queria poder compartilhar o som da celebração que guardo em minha memória!".

O resultado foi tão significativo que para viabilizar a expansão do projeto para todo o Brasil seguiram com um programa no qual foram desenhadas aplicações da Pedagogia da Cooperação para cooperativas, gerando cartilhas com todo o roteiro de atividades com três diferentes focos — cooperativismo, saúde e finanças — e

---

[116] Atividade colaborativa em que o grupo sustenta uma corda de nós como uma ponte em que, uma pessoa por vez, a atravessa.

realizada uma aplicação das *Sete Práticas* para treinar um grande grupo para facilitação e disseminação da cultura da colaboração a partir das cartilhas.

AMAZÔNIA & Turismo Sustentável

> TAJTELBAUM, Adriana; ALBUQUERQUE, Carla; RAMOS, Luciana Rodrigues de Souza; CANTERGIANI, Rita Cristina A. **A influência da Pedagogia da Cooperação na mobilização da comunidade ribeirinha de Acajatuba (Manaus/AM) em prol do desenvolvimento turístico da região.** TCC da Pós-graduação em Pedagogia da Cooperação e Metodologias Colaborativas. Rio de Janeiro, UNIP/Projeto Cooperação: 2019.

A Vila de Acajatuba é uma comunidade com 67 famílias (aproximadamente 270 pessoas) que recebe turistas às margens de um afluente do Rio Negro, a 80 quilômetros da capital (Manaus, AM). A aplicação das *Sete Práticas* se deu a partir da demanda local por potencializar sua força enquanto comunidade ribeirinha. Ao longo de um final de semana, um grupo de 49 pessoas esteve reunido para criar projetos e realizar o sonho comum de desenvolver o turismo comunitário e sustentável — além de outras ações colaborativas criadas a partir da aplicação em outros projetos.

Para a realização do projeto formou-se uma rede local voluntária de interlocução para convidar e engajar a comunidade e ajudar na estrutura prévia do encontro. E quando o encontro começou, a participação ativa foi estendida a todo o grupo, que na prática de *Com-Trato*, elaborou a agenda, organizou o lanche colaborativo, criou os centros, os bastões da fala e ainda sugeriu danças que substituíram algumas atividades programadas. Segundo as focalizadoras, "o convite para que eles próprios montassem o encontro foi importante. Eles se apropriaram do projeto Acajatuba Viva, se sentiram valorizados e se comprometeram em fazer do encontro o melhor possível."

Ao final, verificou-se a contribuição da aplicação para estimular a cooperação no grupo e realizações (produtividade). Entre itens como "fortalecer as relações entre as pessoas", "construir ideias e projetos juntos que não faríamos sozinhos" e "nos estimular a dar continuidade nas ideias e projetos criados", o time de participantes concordava, numa taxa superior a 80% (escala Likert de concordância). O que se consolida no depoimento do gestor de um programa de Voluntourismo que duas semanas depois esteve na vila: "O que eu senti foi que eles gostaram muito e levaram para nossa expedição ações mais coletivas... Teve voluntário comentando 'nossa, eles têm um espírito comunitário forte'. Apareceram muitas sugestões de como eles se conectariam... teve projeto em que os empreendimentos se conectaram em iniciativas conjuntas...".

GRÊMIO ESTUDANTIL & Cooperação

TRAVERSO, Gaia; FIGUEIREDO, Juliana; CUNHA, Mirila; SANTOS, Wellington. **Qual o impacto da inserção da Pedagogia da Cooperação no grêmio estudantil da Escola Municipal Barcelona — Irajá/RJ.** *TCC da Pós-graduação em Pedagogia da Cooperação e Metodologias Colaborativas. Rio de Janeiro, UNIP/Projeto Cooperação: 2017.*

"O Grêmio Chapa Preta passou a se chamar Projeto União. Isso mudou tudo". Esse foi um dos resultados mais significativos — e tangíveis — da aplicação da trilha da Pedagogia da Cooperação com jovens integrantes do grêmio estudantil da Escola Municipal Barcelona, na Zona Norte da cidade do Rio de Janeiro. Da necessidade de organização às estratégias de escuta e convivência, durante o processo, os adolescentes cresceram e se reconheceram como seres cooperativos, adquirindo consciência de seu alto potencial enquanto grupo para desenvolver projetos coletivos. Para dialogar com esse público, metodologias como jogos cooperativos e danças circulares foram essenciais ao longo do percurso. "Vimos brotar e se desenvolver nos jovens a percepção de que trabalhar em grupo não precisa significar conflito, agressões e bagunça, mas construção ativa, viva, feliz e potente. Eles perceberam o valor do silêncio, do respeito à palavra, sensação e opinião do outro, num processo que buscou beneficiar o coletivo".

ESCOLA & Cultura de Paz

BERNARDO, Ana Júlia; FREIRE DE SÁ, Cristiane de; BUONANOTTE, Francina. **A Pedagogia da Cooperação no fortalecimento da Cultura de Paz nas escolas: descobertas a partir da experiência na escola Aristóteles de Andrade.** *TCC da Pós-graduação em Pedagogia da Cooperação e Metodologias Colaborativas. São Paulo, UNIP/Projeto Cooperação: 2019.*

Um grupo de 20 profissionais da educação, entre 28 e 60 anos, foi o público-alvo desse trabalho que procurou investigar como a Pedagogia da Cooperação pode fortalecer a Cultura de Paz nas escolas. Aplicado na Escola Estadual Aristóteles de Andrade, em Mogi das Cruzes (SP), promoveu espaços de diálogo e escuta e de reflexão e cooperação, como possibilidades para o enfrentamento das incertezas e conflitos próprios do ambiente escolar. Ficou evidente a contribuição de metodologias como os Jogos Cooperativos para além das dimensões da convivência humana, resultando na alteração de padrões de consciência do grupo e criando condições para a promoção da Cultura de Paz. Durante o processo, conflitos emergiram, proporcionando o aprendizado na prática e abrindo espaço para o acolhimento de incômodos, assim como novas formas de lidar com eles. A avaliação da aplicação foi feita a cada dia, utilizando um mural simples, em que as dimensões DIVER*tido*, DIVER*dade*, DIVER*gente* e DIVER (profundo) foram avaliadas numa escala de cinco pontos, com a marcação em post-its. O resultado foi de quase a totalidade entre 4-5 no primeiro dia migrar para basicamente a totalidade no segundo dia da aplicação. De acordo com as focalizadoras, "pelo que concluímos, os participantes conseguiram se entregar nas vivências, embora tenham apresentado certa resistência [inicialmente], revelando com isso a potencial contribuição dos Jogos Cooperativos. É somente nessa perspectiva de mudança das emoções competitivas para as cooperativas que compreendemos ser possível mudar da Cultura de Guerra para a Cultura de Paz".

FIEP & Cultura da Cooperação

Consultoria realizada pelo Projeto Cooperação, coordenada por Renato Milsoni e focalizada por Cambises Bistricky, Fábio Otuzi Brotto, Sidnei Soares, Roberto Gonçalves Martini e Rodolpho Henrique Pereira Martins com a Federação de Indústrias do Paraná (FIEP). **Programa Cultura da Cooperação.** *Paraná: 2008-2012.*

"Um grande desafio que tivemos ao longo de 8 anos de caminhada de uma gestão no Sistema FIEP foi o de deixarmos de ser uma empresa calcada em modelos tecnicistas de comando e controle para uma organização moderna, inovadora, pautada no diálogo, na inovação e na construção coletiva de novos caminhos e soluções para a comunidade industrial Paranaense", conta Daviane Chemin, então Diretora de Recursos Humanos. Já no início, a gestão que se iniciava se deparou com um cenário onde cada "casa" que compunha o Sistema FIEP (SESI, SENAI, IEL e FIEP) contava com uma cultura organizacional própria, com processos e práticas de trabalhos distintos, mesmo desenvolvendo projetos comuns, que necessitavam de alinhamento estreito.

Nesse contexto, um programa baseado na Pedagogia da Cooperação foi desenvolvido ao longo de quatro anos, organizado em três etapas: (1) *Mobilização*, com ações de até um dia em encontros em diferentes regiões do Paraná; (2) *Desenvolvimento*, encontros mais longos para desenvolver pessoas, equipes e lideranças, no qual as *Sete Práticas* culminavam em projetos de cooperação que pudessem impactar as unidades de todo o sistema; e (3) *Trans-formação*, formação de pessoas responsáveis pela multiplicação da abordagem para representantes de todas as unidades do estado, com o propósito de desenvolver a colaboração no cotidiano da organização.

Após o desenvolvimento dessas etapas, a maioria do time de colaboradores foi positivamente impactada pelo processo, totalizando aproximadamente 3 mil pessoas. Segundo Daviane, "os diferentes times puderam dialogar e se aprofundar sobre suas inquietações diante de novas demandas, sobre o clima de trabalho existente e sobre novas formas de se relacionarem para 'performar' cada vez mais e melhor. Criaram planos de ação relevantes para implementarem juntos, uma dinâmica de integração, colaboração e bem-estar entre as pessoas do Sistema. Os efeitos desse processo impactaram positivamente o clima organizacional e consequentemente os resultados dos negócios."

PORTO SEGURO & Lidando com a pressão

Consultoria do Projeto Cooperação, focalizada por Cambises Bistricky e Monique Bistricky com a Porto Seguro. **Cooperação e Liderança**. *São Paulo: 2018.*

Em 2018, a área de Sustentabilidade e Responsabilidade Social da Porto Seguro vivenciou as *Sete Práticas* num projeto que trouxe como tema central a "Cooperação e Liderança".

Uma série de inquietações e soluções foram apontadas por 20 participantes, em oito horas de trabalho conjunto, resultando em quatro projetos. Entre eles, o "Guia da Panela de Pressão" foi escolhido e desenvolvido para atender à inquietação: "Como cooperar nos momentos de pressão?".

O grupo elaborou e distribuiu para toda a equipe um termômetro na forma de panela de pressão, com seis perguntas para ajudar a diminuir a pressão.

Segundo um dos focalizadores, "a empresa nos contou que o resultado foi tão imediato e eficaz, que chamou a atenção de outras áreas pela simplicidade e ao mesmo tempo pela profundidade do projeto". E completa que, para o grupo, em análise posterior à aplicação, "o que realmente ficou marcado é que esse projeto foi criado, desenvolvido e mantido pela equipe a partir de uma demanda real e *com-vivida* pela própria equipe, suprindo assim a necessidade de solução colaborativa, inclusiva e autônoma."

EQUIPE RECÉM-FORMADA & Comunicação

HIRATSUKA, Claudia Lieko Itano; RAFAEL, Daniele Junqueira; OLIVEIRA, Marilia Marinho de; CONSORTE, Pedro Leme. **COM-SENTIR: comunicação com significado e cooperação.** *TCC da Pós-graduação em Pedagogia da Cooperação e Metodologias Colaborativas. São Paulo, UNIP/Projeto Cooperação: 2018.*

Falta de confiança, decisões centralizadas, comunicação ineficiente e alta demanda de atividades. Esse era o cenário em que uma equipe recém-formada de coordenação do SENAC vivenciava e desejava mudar. Sua escolha foi trilhar as *Sete Práticas* junto com a Comunicação Não-Violenta (CNV) para ajudá-los a elaborar projetos para melhorar a qualidade da comunicação. A sinergia se deu em todas as *Práticas*, potencializando resultados. "Os maiores índices (94% de melhoria na comunicação, no cuidado com a fala e na escuta e 82% de ampliação do reconhecimento ou agradecimento) estão relacionados à melhora da qualidade da comunicação pelo fato de existir mais afetividade, cuidado, empatia, escuta, ações de agradecimento e reconhecimento, assertividade e objetividade." Segundo o time de focalização, enquanto a Pedagogia da Cooperação cria uma organização dos processos de interação ajuda na manutenção do foco e da clareza dos objetivos e proporciona espaço seguro para que as vulnerabilidades sejam expostas. A CNV associada foi bastante eficiente para o fortalecimento de vínculos e de confiança entre os membros. E completam, afirmando que a aplicação "reverberou positivamente sobre os processos de comunicação e, inevitavelmente, sobre as relações entre os participantes".

EMPRESA *VenSer* STE & Relações por uma cultura colaborativa na empresa

Consultoria do Projeto Cooperação, focalizada por Daniella Cordeiro e Fábio Otuzi Brotto com a empresa STE Serviços Técnicos de Engenharia S.A. **Projeto VenSer STE.** *Canoas/RS: 2017.*

O Projeto *VenSer* STE teve como propósito desenvolver cultura colaborativa na equipe da empresa, a partir da transformação das relações entre setores. Para isso, 27 pessoas, representando dez setores da empresa, se reuniram a cada duas semanas por oito horas ao longo de dois meses e elaboraram cinco projetos. Ao final, o grupo se dedicou a celebrar as conquistas respondendo a questionários qualitativos (avaliação meteorológica) e quantitativos (Competências colaborativas e Momentos *DIVER*). Os resultados foram positivos e atingiram o objetivo, o que pode ser exemplificado por duas falas: "Hoje me sinto mais à vontade para acionar colaboradores de outros setores para a resolução conjunta de demandas" e "Eu me senti mais acolhida dentro da empresa e percebi que a vontade de melhorar era igual para outros colegas da empresa." E consolidando com momentos *DIVER*: sim, muitas vezes (84%) houve abertura para contribuições dos participantes, (100%) houve atuação conjunta sem discriminação, (72%) as pessoas assumiram responsabilidade pelo sucesso do encontro e pela implementação dos aprendizados no cotidiano, (68%) existiram partilhas genuínas e profundas que aproximaram o grupo e (64%) emergiram aprendizados e insights a partir da diversidade.

NÚCLEOS FAMILIARES & Relações Interpessoais

Fonte: FREITAS, Leticia Cristina de; LUDWIG, Maira; LOPEZ, Marcelo; VIANA, Tamires Eulalio. TE-SER-SENDO AMOR. **A Pedagogia da Cooperação e as nossas relações familiares.** *TCC da Pós-graduação em Pedagogia da Cooperação e Metodologias Colaborativas. São Paulo, UNIP/Projeto Cooperação: 2017*

Quatro famílias, com pessoas entre 3 e 81 anos, num sítio no interior de São Paulo, nutrindo um espaço de afeto e confiança para dialogar sobre temas sensíveis da relação familiar. Nesse contexto, as *Sete Práticas* foram aplicadas e entre os objetivos propostos estava potencializar os vínculos, ativar a percepção da interdependência, sensibilização e acolhimento das diferenças, além do estímulo para a liberdade de ser quem se é. Como produto da jornada, elaboraram quatro projetos simples e muito potentes em prol das relações familiares: Ilumina — um compromisso de ajudar o outro a ampliar sua percepção, a apreciar, a demonstrar gratidão e a valorizar o outro e a vida; Projeto Grude — reuniões mensais em lugares diferentes para a família se curtir; Serviço de atendimento cooperativo — um grupo de *WhatsApp* para apoio, comunicação e convívio; e Projeto Escutar — grupo de e-mail para a troca de informações, situações e partilha das conquistas dos projetos.

GRUPO "ESPONTÂNEO" & Aprofundamento de Relações Humanas

FERRAZ, Cecília; DOLME, Daniella; FERRI, Ricardo. **Contribuições da Pedagogia da Cooperação para o Aprofundamento das Relações Humanas.** *TCC da Pós-graduação em Pedagogia da Cooperação e Metodologias Colaborativas. São Paulo, UNIP/Projeto Cooperação: 2017.*

A partir de uma grande inquietação a respeito de como se estabelecem e se aprofundam as relações humanas nos dias de hoje, um grupo espontâneo se reuniu durante um final de semana para refletir e buscar algumas respostas. Espontâneo, mas não inteiramente desconhecido, na verdade. Formado por 11 pessoas, sendo que sete já se conheciam há anos, três trabalhavam juntos e apenas uma participante não conhecia ninguém previamente. Ao final de 20 horas, ficou evidenciada a potência da inteligência coletiva, a importância da confiança no processo de formação de grupo, e a vulnerabilidade como elemento essencial para o aprofundamento das relações humanas — tudo isso a partir das dinâmicas estabelecidas durante a aplicação das *Sete Práticas*.

De acordo com o time de focalização, a potência da presença e entrega de cada participante se revelou no próprio encontro. Em um dos projetos criados pelo grupo, a proposta era caminhar olhando nos olhos uns dos outros, sem dizer palavra alguma. Em seguida, uma cadeira era colocada no centro da roda, para acolher os incômodos e as vulnerabilidades que pudessem ter surgido em cada pessoa — e nesse momento depoimentos muito profundos vieram à tona. "Para nós [focalizadores], essa foi uma imagem bonita de um grupo que adquiriu confiança e abertura para olhar de frente para si mesmo [e, assim, se aprofundar nas relações]. Não à toa, segundo alguns dos participantes, esse foi um dos momentos mais fortes do encontro. Um momento que foi criado pelo próprio grupo, acessando sua inteligência coletiva e cocriando as novas possibilidades de vivências". E tudo isso a partir de uma inquietação surpreendente: "Por que o silêncio incomoda?".

SECRETARIA DE MEIO AMBIENTE & Produtividade com Felicidade

Consultoria do Projeto Cooperação, focalizada por Fábio Otuzi Brotto. **Fortalecimento da Cooperação na Secretaria do Meio Ambiente de Rio Verde/GO.** *Rio Verde: 2019.*

A Secretaria Municipal do Meio Ambiente da cidade de Rio Verde/GO desejava fortalecer a cooperação em sua equipe. Para atender a esse propósito foi elaborado um programa para aplicação das *Sete Práticas* envolvendo diferentes departamentos. Um momento final do projeto foi dedicado a celebrar as conquistas e avaliar os resultados expressivos de produtividade obtidos. Quando questionados sobre o quanto o programa contribuiu para aumentar a prática da cooperação, responderam que "contribuiu muito": 79% com a gestão, 71% com as equipes e 43% com o público atendido, atingindo de 95% a 100% se somarmos as respostas "contribuiu", com poucas ou nenhuma avaliação em "contribuiu pouco" e "não contribuiu". Dentre os resultados descritos pelo grupo estavam: maior abertura ao diálogo e receptividade de novas ideias, com melhoria na comunicação entre áreas, padronização de processos e maior agilidade na rotina via colaboração. O que se deu, segundo o grupo de participantes, pela delegação de tarefas e compartilhamento de funções, foi uma busca ativa por soluções, cocriação de ideias para solucionar casos difíceis, etc. Quando questionados sobre os conhecimentos que já estavam utilizando, listaram quatro principais: saber dialogar, praticar a empatia, ter proatividade e trabalhar colaborativamente.

ECOCÂMARA & Mobilidade e confiança no processo apesar da burocracia

GARBIN, Sander; OLIVEIRA, Corina; RABELO, Márcia; SILVA, Paulo Henrique. A Pedagogia da Cooperação no desenvolvimento do grupo de coordenadores de área do Ecocâmara. TCC da Pós-graduação em Pedagogia da Cooperação e Metodologias Colaborativas. Brasília, UNIP/Projeto Cooperação: 2014.

O projeto da EcoCâmara começou com entrevistas que traçaram o cenário e os desafios para o fortalecimento da coordenação da instituição nos encontros de aplicação das *Sete Práticas*. No primeiro encontro, com a ausência de pessoas relevantes para o grupo, o passo das *In-Quieta-Ações* os levou para um lugar diferente do imaginado. Isso provocou ajuste de rumo, buscando participações que faltavam e refazendo os passos iniciais, agora com o grupo completo. A partir de um segundo encontro, novas *In-Quieta-Ações* foram geradas, refletindo o que de fato era relevante para o grupo seguir com projetos e criar uma visão sistêmica dos processos. Segundo os autores, "terminado o segundo encontro, ficou claro que o grupo tinha entrado no espírito da cooperação e entendido o objetivo de estarem juntos... os participantes saíram de um lugar de desconfiança em relação à efetividade e objetivo dos encontros para o questionamento (positivo) sobre o desenvolvimento do próprio grupo." Uma peculiaridade desse projeto era o contexto burocrático, com excesso de formalidade e racionalização, que os próprios citavam como operação "por vício do ofício". Será que nesse contexto a cooperação teria lugar e as *Sete Práticas* conseguiriam evoluir e contribuir? Essa era uma inquietação da focalização desse projeto. Ao final da aplicação, as inquietações, a riqueza de soluções e projetos, e também a profundidade das análises do grupo demonstraram que continuaram "trabalhando transversalmente dentro de uma estrutura hierárquica tradicional e perceberam... que por meio do encontro, das conversações, do diálogo e da cooperação, é possível encontrar caminhos que possibilitem a coexistência desses modelos."

SESCOOP & Criação com apreciação

> SOUZA, Clóvis Henrique Leite de; MELO, Edlane Resende Batista; TORQUATO, Luiza Lima; SANTOS, Simone Pinheiro. **Pedagogia da Cooperação com mediadoras/es do cooperativismo: uma experiência de aplicação no Serviço Nacional de Aprendizagem do Cooperativismo.** TCC da Pós-graduação em Pedagogia da Cooperação e Metodologias Colaborativas. Brasília, UNIP/Projeto Cooperação: 2017.

Por qual razão a equipe de mediação do SESCOOP, uma organização que tem a cooperação em sua missão, escolheu vivenciar as *Sete Práticas* entre as possibilidades de formação ofertadas para a educação corporativa? Parece que encontraram espaço para aprimorar a colaboração e se abriram para uma auto-análise crítica e apreciativa.

Um grupo de mediadores, que lida diretamente com cooperativas em todo o Brasil, se debruçou sobre o tema "cooperação no cooperativismo" e, a partir das inquietações "Você faz cooperação?", "O que é fundamental para que a cooperação seja fortalecida no SESCOOP?" e "Se você cooperar para o alcance dos objetivos comuns, qual será seu mérito individual?", surgiram angústias quanto ao sistema cooperativista de fato praticar e promover a cooperação. O grupo seguiu e, conforme nos contou o time de focalização, "durante a vivência, (...) não só conseguiu enxergar de forma apreciativa a riqueza e beleza do que tinham, mas se fortaleceu e criou soluções e projetos incríveis que puderam ser executados em um curtíssimo período (...) e com poucos recursos, demonstrando a viabilidade de realizar, de mudar, de fazer diferente em prol do que fazia sentido e era importante para todos." Os projetos incluíram desenvolver um termômetro da cooperação e vivências de curta e longa duração abordando a prática da cooperação.

Uma avaliação *DIVER* (DIVER*dade*, DIVER*tido*, DIVER*gente* e *DIVER*) foi aplicada e, numa escala de cinco pontos, apresentou avaliações muito satisfatórias, entre 4,5 e 5.0. A própria organização avaliou como a oficina contribuiu para o trabalho da equipe de moderadores: "Trouxe novas técnicas de moderação, reflexões profundas sobre o processo interior de atitudes cooperativas e de um conjunto de possibilidades para implementação no ambiente de trabalho e em nossas atividades." Para um dos focalizadores, "valioso foi verificar que as práticas da Pedagogia da Cooperação potencializaram a força criativa e colaborativa que estava latente no grupo. A emergência dessa inteligência coletiva, estimulada por um desafio concreto (elaboração e realização de um projeto no decorrer de uma curta atividade)."

ABRAÇO CULTURAL (ONG) & Autoformação do grupo

CUNHA, Ana Beatriz Hosken; CARDOSO, Beatriz; GERMANO, Giselle; MACEDO, Patricia Nelzita. **Relações entre pedagogia da cooperação e autoformação: aplicação de metodologias colaborativas na ONG Abraço Cultural.** *TCC da Pós-graduação em Pedagogia da Cooperação e Metodologias Colaborativas. São Paulo, UNIP/Projeto Cooperação: 2017.*

Um grupo de profissionais da educação de nove nacionalidades diferentes (Benin, Brasil, Costa do Marfim, Cuba, Nigéria, Peru, República do Congo, Síria e Venezuela), em sua maioria migrantes e em situação de refúgio, foi o público-alvo escolhido para a aplicação das *Sete Práticas* da Pedagogia da Cooperação. O principal objetivo desse trabalho foi entender como essa jornada poderia contribuir para a autoformação e o desenvolvimento de cada participante em sua área de atuação na Escola de Idiomas e Cultura Abraço Cultural. Durante o processo, foi possível observar o impacto da trilha na criação de espaços equânimes de fala e escuta, no qual as pessoas puderam partilhar suas histórias individuais, tão singulares, e, assim, revelar suas identidades e permitir o florescimento de uma identidade coletiva — dividir histórias gastronômicas, que culminaram em refeições coletivas, e cantar músicas de seus países foram atividades fundamentais para garantir a conexão do grupo. Também foi notável a ampliação de consciência sobre a relevância do protagonismo individual na construção de um bem comum, mas em que o grupo todo se sentisse representado — evidenciando aqui o processo de autoformação.

Da SÍNTESE a uma nova JORNADA

DANIELLA DOLME e FÁBIO OTUZI BROTTO

UAU! Que belíssima jornada, hein? Para nós foi uma caminhada cheia de idas e vindas, mas sem volta: nos transformamos. E para você, quais são suas sensações nesse ponto de chegada? É uma sensação que pesa ou alivia? Agrada ou desagrada? Aproxima ou distancia? Dá vontade de continuar ou você não vê a hora de acabar?

Enquanto você repara aí em suas sensações, que tal relembrar a aventura que convivemos nas entrelinhas e páginas deste *nosso 1º livro*?

Antes de tudo, abrindo a jornada, recebemos a bênção dada pela May que nos presenteou com o **Caduceu do Século XXI**. Ainda agora, sentimos a força e a beleza dessa presença. E você? Bem, e o que dizer daquele primeiro encontro na varanda, onde nos demos conta que "**todo mundo querendo junto, podemos tudo**" e de onde tivemos a primeira visão da Pedagogia da Cooperação? Ali, vimos as borboletas e contemplando sua metamorfose, reconhecemos em nós o constante ciclo de transformações pessoais e coletivas. E nos entregamos àquele voo comunitário das borboletas para vislumbrar no horizonte de nossa humanidade o *Propósito*: "*VenSer* plenamente quem a gente é para poder *SerVir* mais completamente ao bem comum".

Para a Pedagogia da Cooperação, essa é nossa vocação e nosso destino: ser quem somos, genuína e autenticamente, quando *InterSomos* em *Comum-Unidade*. Sim, claro, inspirados pelo exercício constante do *desapego, integridade, plena presença e abertura para compartilhar* — as **Quatro Pequenas Virtudes**, bem lembrado!

Assim, nos aprontamos para deixar a varanda e nos colocar no caminho. Colocamos as mochilas nas costas e começamos a jornada para desvendar essa "tal" **abordagem transdisciplinar** chamada Pedagogia da Cooperação, começando justamente pelo princípio — ou melhor, **Princípios** da *Co-Existência, Com-Vivência, Cooperação* e o da *Comum-Unidade*. A partir dessas fundações, seguimos (re)conhecendo algumas das mais diversas metodologias colaborativas utilizadas como **Processos** facilitadores da cultura da cooperação.

Já com a mochila um pouco mais preenchida com essas sabedorias, visitamos os **Procedimentos** e descobrimos alguns toques e dicas sobre os jeitos mais apropriados de utilizar toda essa bagagem para **focalizar colaborativamente** o exercício da cooperação em diferentes ambientes e situações.

Depois dessa primeira etapa da jornada que, aqui entre nós, foi bem inspiradora, nos reunimos em um novo ponto de encontro e nos preparamos sob a sombra fresca de uma frondosa árvore, para iniciar nossa aventura rumo à *Comum-Unidade do SerVir* — era chegada a hora de conhecer e viver as *Sete Práticas* da Pedagogia da Cooperação. Caminhando por ali tivemos uma conexão mais aprofundada e fizemos *Com-Tato*, com a gente mesmo, com o grupo e com o caminho. Seguimos em frente, dialogamos sobre nossos pedidos e ofertas para garantir nosso bem-estar e assinamos o *Com-Trato* para seguirmos cuidando de todo o mundo durante a jornada.

A essa altura, estávamos sentindo a segurança suficiente para abrir nossos corações e demonstrar toda a força e beleza de nossa vulnerabilidade. Foi assim que chegamos às *In-Quieta-Ações*, o momento de reconhecer e compartilhar sobre tudo aquilo que você e eu não estamos dando conta de encarar, saber, fazer, resolver, sonhar, realizar ou viver, se não for em cooperação. Foi nesse momento que tivemos a oportunidade para acessar o que queríamos descobrir em conjunto.

Com a curiosidade aguçada e os corações ligados, agora precisávamos fortalecer nossas *Alianças e Parcerias* para encarar os desafios que vêm com as fortes correntezas da separatividade, medo, individualismo, competição, escassez, violência e exclusão que ameaçam nos tirar do caminho da *Comum-Unidade*. E ali, como em um rito de passagem, forjamos no fogo da confiança, nossas *Competências Colaborativas R2*, superamos os desafios e afirmamos o nosso *com-passo* para reunirmos as *Soluções Como-Uns* para as nossas próprias *In-Quieta-Ações*. Viva a inteligência coletiva materializada na sabedoria da cocriação!

Do alto da montanha, enxergamos com clareza todo o caminho percorrido e aquele a nossa frente, que nos conduziria a nosso destino, e de onde ouvimos o chamado para realizar *Projetos de Cooperação* e cultivar no território da realidade as soluções reunidas em nossa mochila *como-um*.

Foi só então que nos demos conta de que através de cada um de nossos *com-passos minimamente elegantes* alcançamos o propósito da jornada: nos reencontrarmos no centro da *Comum-Unidade do SerVir* para **celebrar o *VenSer***, contemplando os aprendizados e transformações convividas ao longo do caminho das *Sete Práticas* da Pedagogia da Cooperação!

Diz aí, rever toda essa aventura, foi DIVER para você?

Sim, aprendemos a ver um conjunto de indicadores para saber se a experiência de cooperação foi *"DIVER"* (profunda), DIVERdade, DIVERgente e DIVERtida. E pudemos conhecer casos de outros grupos, de diferentes perfis, que também viveram a boa aventura propiciada pela Pedagogia da Cooperação.

Claro, é verdade, vimos que os resultados não foram os mesmos, afinal, a experiência de cada pessoa é única e cada grupo é um grupo, *co-existindo* em um momento particular, com suas demandas, talentos e desafios muito próprios.

Certamente você pôde reparar que esta é uma *"pedagogia transformativa que promove cooperação na regeneração"*, como disse a May East lá no prefácio e, por tudo que foi compartilhado aqui, nós confiamos totalmente nisso.

Confiamos que sem cooperação não há solução possível para regenerar a vida na Terra, particularmente, a vida humana. E confiamos não só porque temos uma certeza científica, uma fé inabalável, uma filosofia de vida, uma hipersensibilidade artística, nem mesmo porque tecemos a muitas mãos uma Pedagogia da Cooperação incrível. Confiamos porque nossa confiança vem do campo dos sonhos, mais especialmente, do *Sonho do Beto*[117], que nos ajuda lembrar que

> *antes de nascermos, estávamos lá no céu, em uma longa fila indiana, bilhões de pessoas, umas atrás das outras, esperando sua vez para nascer. Conforme a fila andava, nossa curiosidade aumentava, e nos perguntávamos: o que é preciso fazer para nascer? Por que essa fila? Não dá para nascer em bando? Lá na frente, víamos um grande portal, por onde as pessoas passavam para nascer, mas só uma de cada vez!!! E víamos também que, antes de passar pelo portal, a pessoa virava para o lado esquerdo, se inclinava diante de um ser muuuito alto, com barba loooonga e aí, nascia. A fila andava, o zum zum zum entre as pessoas crescia e a curiosidade aumentava: Gente, mas para que isso? Quem é essa figura? Precisa pedir autorização para nascer? Bora nascer mais rápido, moçada!!! E chegando mais perto, vimos que havia uma mesa e, sobre ela, uma folha de papel e uma caneta. Na verdade, ao se virar para essa figura muuuito alta, com barba loooonga, a pessoa se inclinava para ler o que estava escrito na folha de papel e assinava embaixo. Assinava embaixo!!! O que, tenho que assinar um Com-Trato para poder nascer? Que trabalheira!!! Quando chegou minha vez, o coração acelerou, a temperatura esquentou, a curiosidade se acalmou... e eu, diante do portal, virei para aquela figura muuuito alta, com barba loooonga e super na paz... me inclinei sobre a mesa e vi que na folha havia uma única frase:*
>
> *Ao nascer, eu me comprometo a tornar a vida na Terra melhor do que eu encontrei.*

---

117 Há alguns anos o Beto (Roberto Martini), sócio do Projeto Cooperação e coautor desta obra, compartilhou em uma de nossas reuniões, esse sonho que ele havia sonhado na noite anterior. A partir daquele momento, toda nossa *Comum-Unidade* segue *SerVindo* a partir da inspiração que chegou até nós pelo "Sonho do Beto". Fonte: Fábio Otuzi Brotto, registro oral.

*E sob ela as milhares de assinaturas das pessoas que nasceram antes de mim. Por um instante, que mais pareceu uma eternidade, respirei profundamente, reli a frase e assinei o Com-Trato. Imediatamente, o portal se abriu e eu nasci. E assim, você e todas as pessoas o fizeram: antes de nascer, assinaram o mesmo Com-Trato. E o sonho continuou... na Terra, me vi crescendo juntamente com todo mundo e conforme crescíamos passamos a fazer coisas que não combinavam mais com aquele, agora esquecido, Com-Trato. Danificamos a Terra, exploramos as pessoas, nos separamos, excluímos, confrontamos, guerreamos, machucamos, violentamos... matamos, nos degeneramos. Tristeza, angústia e medo foram crescendo em mim e entre nós. Até que de repente, alguém passando por mim, sussurra em meu ouvido: Beto, lembra do Com-Trato... Gente, como se eu despertasse de um pesadelo, ao ouvir isso, um filme passou na cabeça, revi toda minha jornada e lembrei do Com-Trato: Ao nascer, eu me comprometo a tornar a vida na Terra melhor do que eu encontrei. Eu me dei conta de que toda a bagunça que estava acontecendo era simplesmente porque eu, você, nós aqui e muita gente, simplesmente, havíamos esquecido do Com-Trato. Comecei a mudar meus pensamentos, atitudes, comportamentos e modos de relacionamento. Mais cuidado, solidariedade e cooperação comigo, com você, com toda a vida na/da Terra. E sempre que eu cruzava com alguém, sussurrava no ouvido dela: **Lembra do Com-Trato, lembra do Com-Trato... Daí, eu acordei.***

E foi a partir desse momento, oniricamente lúdico, que começamos a criar maneiras para nos ajudar a lembrar do *Com-Trato* que assinamos. Essa Pedagogia da Cooperação é uma síntese de todas elas. Uma simples memória de uma linda, profunda, leve, desafiadora e deliciosa jornada, também deixada aí, nas suas mãos, à vista do seu coração, no colo do *VenSer* de quem você essencialmente é.

E como o esquecimento é um dos males da humanidade, contamos com você e com a sabedoria originária inspirada pelo Kaká Werá para nos ajudar a lembrar, a cada passo compartilhado nas trilhas das *Sete Práticas*, que estamos aqui-e-agora, como *HumaUnidade*, para **tornar a vida na Terra, melhor do que encontramos.**

LEMBRA DO COM-TRATO!

Posfácio

A cooperação essencial

Em uma época em que grande parcela da humanidade é educada para acreditar que existe uma lei da natureza que justifica a opressão de pessoas sobre pessoas por uma suposta interpretação de um princípio biológico de que o mais forte também é o melhor, surge uma pedagogia que vai na contramão dessa lógica.

Sim, mas antes de falar dessa pedagogia, vamos nos lembrar que, para muitos, a teoria evolucionista de Darwin, que diz que os seres vivos se transformam ao longo dos tempos por um processo de seleção natural e prioriza os mais adaptados ao ambiente em que vivem, ainda é interpretada como uma disputa competitiva, intrínseca a todas as formas de vida.

Sabe aquela história que a gente ouve desde criancinha de que o leão é o rei da floresta por ser o ápice em uma suposta cadeia predatória? Pois é. Isso já nos incute subconscientemente a ideia da natureza não somente competitiva, mas violenta e agressiva. No entanto, se a gente pensar direitinho vamos perceber que o ser humano é o único animal que produz guerra, fome, desigualdade social. Sim, animal mesmo, não no sentido pejorativo, no sentido de que ainda não somos totalmente humanos, pois tornar-se humano exige desenvolvimento de consciência.

Costumo dizer que o ser humano moderno, embora tenha desenvolvido conhecimento de tecnologia e uma certa complexidade social, ainda vive, do ponto de vista de seus comportamentos e hábitos sociais, em um sistema de crenças baseado na ideia de que você só garante sua sobrevivência dos seguintes modos:

1. Temendo o outro e por isso se escondendo nas cavernas pós-modernas a que chamamos apartamentos (e veja que o nome já diz tudo, aparta/separa uns dos outros;
2. Sendo temido pelo outro e por isso se defendendo em castelos modernos murados de toda sorte e que chamamos de condomínios, que inclusive, são estruturados de acordo com o status social dos respectivos grupos de pertencimento;
3. Pisoteando no outro através das relações desumanas de produção de riqueza, criando lógicas absurdas de acúmulo e desperdício, promovendo

uma sobrecarga nos recursos naturais, extraindo dos ecossistemas muito mais do que se necessita para viver;
4. Habitando com vínculos familiares altamente conflitivos, desordenados, e mesmo nos elos consanguíneos vivendo em acordos baseados em disputas.

Em um sistema social tribal há mais consciência comunitária, as relações são menos verticais e mais horizontais, o poder é compartilhado em nome da sobrevivência e segurança do grupo. As sociedades indígenas, por exemplo, reconhecem que uma comunidade pressupõe a consideração e inclusão desde o pai, a mãe, os filhos, os avós e aqueles que antecedem os avós e também dos graus de relações a partir de acordos que se tornam uma espécie de parentesco baseado em espírito de ajuda e apoio mútuo.

Além disso, as comunidades indígenas estendem suas relações e redes de pertencimento também aos rios, às florestas, aos animais, que formam um encadeamento dinâmico e integrado a um reconhecimento da parte no todo e do todo na parte. Nesse todo, as relações são interdependentes, ou seja, uma depende relativamente da outra e ao mesmo tempo sabe que o apoio mútuo contribui para seu progresso.

No Brasil, a tradição tupi criou há milênios práticas como o "puxirum", também chamada de "mutirum" e que depois do século XVI foi aportuguesada para "mutirão", que é um exemplo ancestral de ajuda mútua, de cooperatividade, de desenvolvimento comunitário. As principais celebrações de alguns povos, como, por exemplo, os carajás, os javaés, os tapuias e os rikbatsas, se referem a uma festa que se faz no momento em que um casal se prepara para o casamento, onde toda a comunidade se divide em dois "times" que correm para construir a casa dos noivos e, no fim, todos saem ganhando — além de resultar em duas casas, aqueles que terminam primeiro hospedam a festa que vem depois, produzida por todo o grupo.

Agora, voltando ao início de nossa conversa, no mesmo momento em que os estudos de biologia começam a verificar que existe outra lógica que promove o desenvolvimento, maturação e expansão da vida, que é o paradigma da cooperação, surge entre nós uma práxis que nos estimula a compreender uma maneira capaz de educar um processo evolutivo individual e coletivamente em direção a uma cultura de paz. Trata-se da Pedagogia da Cooperação, que propõe a promoção da cultura de cooperação e do desenvolvimento de comunidades colaborativas em ambientes corporativos, escolas, governos e outros tipos de instituições e nos oferece uma oportunidade de também promover a consciência de pertencimento da sociedade humana como um todo.

O ser humano tem um condicionamento arraigado de milhões de anos de hábitos baseados no medo e na violência, atribuído a princípio pela luta pela sobrevivência.

Por isso, a crença na competitividade como um padrão "natural" é tão forte. Mas a natureza biológica do Ser é outra coisa, a inteligência cooperativa é a matriz propulsora da expansão da vida, que está de tal forma adormecida na consciência humana que é necessário grande esforço para o despertar e o desenvolvimento.

Fábio Brotto e toda a "tribo da cooperação" representada aqui pela *comum-unidade* de coautoria, atualiza a máxima de seu pioneirismo revolucionário, "se o importante é competir, o fundamental é cooperar", para esta atualíssima dedicação "por um mundo onde todas as pessoas possam *VenSer*."

Talvez, justamente pela originalidade transdisciplinar dessa jornada é que este trabalho vai além de uma teoria ou teorização do potencial cooperativo humano, e nos conecta com o corpo, a consciência e o espírito através de suas *Sete Práticas* que encarnam nossos potenciais de expressão do Ser e do serviço.

Essa consciência cooperativa pode nos inspirar, inclusive, para a percepção da necessidade de entendimento mais profundo das redes de cooperação, que pode ser utilizada como um dos instrumentos de otimização da interação de pessoas em determinadas circunstâncias para um projeto comum, pois, segundo os estudos nesta área, as redes podem funcionar como um importante veículo para difusão de valores humanos, uma vez que os atores envolvidos têm acesso a um conjunto mais alargado de informação e conhecimento.

Além disso, a cooperação pode fazer parte dos processos operacionais e de tomada de decisão, bem como oferecer condições para assegurar a diversidade de competências e conhecimento, pois considera uma maior diversidade de culturas e competências. A Pedagogia da Cooperação combina leveza, profundidade, conhecimento e experiência, que segundo a definição dessa comunidade de coautoria, tem como sonho coletivo espalhar a cooperação pela Terra. Podem ter certeza de que essa é a base de educação que nos garantirá um futuro enquanto humanidade e a possibilidade de nos tornarmos mais humanos, acolhendo diversidades, diferenças, visões de mundo, propiciando o convívio pacífico, democrático, e por que não, mais luminoso.

Kaká Werá[118]

---

118 Autor, ativista, professor, conferencista e terapeuta há mais de 25 anos, é facilitador de processos de autoconhecimento, autoliderança e desenvolvimento pessoal, utilizando os fundamentos da sabedoria milenar da tradição tupi, em que possui notória experiência e vivência. Entre suas formações, destaca-se a de Liderança Pública pela Fundação Lemann através da RAPS (Rede de Apoio à Política para Sustentabilidade). Empreendedor Social pela Ashoka. Master Coaching certificado pelo BCI (*Behavioral Coaching Institute*) e com Formação Holística de Base pela Unipaz, onde atua como facilitador e membro da Cátedra de Saberes Indígenas.

Agradecimentos

> *Ninguém entra no mesmo rio uma segunda vez,*
> *Pois quando isto acontece já não se é mais o mesmo.*
> *Assim como as águas que já serão outras*[119].

Nós já não somos mais as mesmas pessoas desde que começamos a escrever e organizar esta obra e a materialização deste sonho só foi possível com o apoio e o envolvimento de muita gente!

Neste momento gostaríamos de honrar e demonstrar nossa profunda gratidão a essa multidão que esteve conosco desde o começo, durante e, inclusive, para garantir a viabilização do livro:

- Às vinte e sete pessoas que toparam integrar o time de coautoria, pela dedicação, parceria, abertura e caminhada conjunta! Vocês são parte fundamental do livro;
- À Isabel Valle, da Editora Bambual e sem a qual esse sonho não iria se materializar; à Ilana Majerowicz, designer responsável pela linda capa; ao Leandro Collares, responsável pela diagramação; e à Carla Branco responsável pelos toques e retoques na revisão final de todo o conteúdo;
- À Silvia Maiolino e Cristiane Vilar Diogo, da Ornando, agência de comunicação parceira e que, além da torcida, toques e dicas, nos ajudou a apresentar o livro para o mundo;
- À Gisele Rocha, Daniele Camilo e todo o time da Burocras - serviços financeiros, pelo cuidado amoroso e eficiente que dedicaram a gestão de todos os *com-tratos*;
- À Clarissa Borges e Chacal Franco Brotto pela preciosa atenção dada à utilização de uma linguagem inclusiva, tão adequada ao contexto desta obra; e ao Tiê Franco Brotto pela revisão crítica e criativa do conteúdo das *Sete Práticas*.
- Ao Projeto Cooperação, que embalou o sonho da Pedagogia da Cooperação no seu colo amoroso e confiante e ofereceu os impulsos necessários, colocando todo time JUNTO NA PAREDE para realizar esta obra;
- À nossa *Comum-Unidade* expandida, que talvez não se dê conta de o quanto contribuiu, participando ativamente do desenvolvimento e aprimoramento da abordagem, enquanto eternos mestres-aprendizes da Pós-graduação

---

[119] Heráclito de Éfeso, pensador e filósofo pré-socrático considerado o "Pai da Dialética".

em Jogos Cooperativos e em Pedagogia da Cooperação e Metodologias Colaborativas, das turmas assim nomeadas:

Pós-graduação em Jogos Cooperativos:

- Brasília-DF: Coletivo • Metamorfose
- Florianópolis-SC: Essência • Energia
- São Vicente-SP: *Com-ciência* e Transformação
- Santos-SP: Primeira turma • Segunda turma • *Alegrantes* • *Ser-Ver-Já* • Circu--Lando • Centro Verdadeiro • Turma Querer • Transformação • Conexão 9 • Universo X
- São Paulo-SP: *VenSer* • Metamorfose

Pós-graduação em Pedagogia da Cooperação e Metodologias Colaborativas:

- Blumenau-SC: Turma COOPER.
- Brasília-DF: Semente • *Hamorsicalidade* • *AmorAção* • Lar
- Florianópolis-SC: *Energização*
- Rio de Janeiro-RJ: *Com-Vivência* • Mutualidade • *Com-Fiança* • *FloreSer*
- São Paulo-SP: *CrerSendo* • Sinergia • *Unibulição* • *Com-União* • CAUM • Germinar

- Às pessoas e organizações que participaram de toooodos os encontros de cooperação relatados e não relatados aqui;
- Às pessoas que a partir da compra antecipada do livro viabilizaram sua impressão, nos ajudando a espalhar ainda mais as sementes da cooperação pelo mundo:

Abigail Mirray • Acácia Costa • Adalberto Sabino • Adão Dayrell • Adelyany Batista Dos Santos • Adriana Accioly Gomes Massa • Adriana Cristina Dos Santos • Adriana Oliveira • Adriana Rosa Do Nascimento • Adriana Zoppello • Adriano Vasconcelos • Adrienne Bunn Moreno • Adriese Castro Pereira • Aglaé Giuliani Alcântara • Alain Cássio Luis Beiersdorf • Alana Esch • Aldeia Das Ervas De Manipulação • Alejandro Andrés Poleri • Alex Bretas • Alexandra Campos Pinheiro • Alexandra Reschke • Alexandra Witte Cruz Machado • Alexandre Edelstein • Alexandre Marchetto • Alfredo Duarte De Lima • Almir Abreu • Amanda Gaspar • Ana Beatriz Hosken Cunha • Ana Biason • Ana Carolina Almeida • Ana Carolina Beer F Simas • Ana Carolina Cosendey • Ana Claudia Peron • Ana Cristina Barbosa Lucas Bernardes De Carvalho • Ana Laura Gomes • Ana Laura Macedo • Ana Lúcia Pó • Ana Luísa Fayet Sallas • Ana Margarida Pinto • Ana Maria De Jesus • Ana Patricia Scheidemantel • Ana Paula Bianchi Ignácio • Ana Paula Caffeu • Ana Paula Navarro • Ana Teresa Souza

Lima • André Eloy Soares • André Freitas • André Herzog • André Luís Da Silva • André Luiz Chiavegatto Pereira • André Marques • André Mattos Benatti De Andrade • Andre Quinderé Mourão • Andrea Duchesne • Andrea Goncalves • Andrea Langone • Andrea Lomardo • Andrea Svicero • Andreia Barreto • Angelica Auricchio • Antonia Hemesath Godinho • Antonio Chalbaud Biscaia Neto • Antonio Ferreira • Ariadne Moreno • Ariel Macena • Aristein Woo • Artur Caribé Pinheiro • Augusto Pessoa • Bárbara Silva Diniz • Beatriz Penna • Beatriz Pereira Lima • Bela • Bernadete Brandão • Bianca Oliveira De Andrade • Bianca Oliveira De Andrade • Bianca Parra Massensine • Bianca Rocha • Botafogo Passos • Bruno Matinata • Bruno Peruzzi • Bruno Vieira Reglo • Caio Dib • Caio Henrique Gambini • Camila Calliari • Camila Das Merces Duarte Almeida • Camila Demetrio • Camila Gamboa Santos • Camila Giunchetti • Camila Heloisa Silveira • Camila Moura • Camila Paoletti • Carina Lucindo • Carla Maria Guedes De Jesus • Carla Maria Pereira Rodrigues Valle • Carla Souza Araujo • Carlos Eduardo Freitas Vian • Carlos Roberto De Messias • Carlos Roberto Esquerdo • Carlosnerosky • Carmen Freitas • Carminha Leite • Carolina Barros Pimenta • Carolina Ebel • Carolina Rhenius • Carolina Senna Figueiredo • Carolina Steiner • Carolina Tomaz • Carolina Vieira • Caroline Leite Tavares • Catarina Medeiros Carneiro • Cecília Foloni Ferraz • Cecília Maria Ottoni Lourenço • Cecilia Spyer • Celina Bessa Paiva • César Augusto Silveira Castro • Cesar Fidelis • Cid Luiz Montenegro • Cíntia Alves • Circulos De Empoderamento –Altëritas • Cirlene Brandão • Clara Rosa Cruz Gomes • Clarisse Cintra • Clarisse Maria Gonçalves • Claudia Marçal • Claudia Regina Demo • Claudia Ribeiro • Cláudia Toledo • Cláudia Vargas • Claudia Vasconcellos • Cleide De Resende Oliveira Susstrunck • Cléssia Mara Santos • Cleusa Franceschi De Carvalho • Cleyde P. Zimmermann • Clície Couto • Clóvis Henrique Leite De Souza • Cooperativa De Eletrificação De Braço Do Norte – CEBRANORTE • Cooperativa Pioneira De Eletrificação – COOPERA • Coral Basso • Corina Castro E Silva Braga De Oliveira • Crislaine Belluzzo Veiga • Cristiane Freire De Sá • Cristiane Oliveira • Cristianny Portela • Cristiano Dia Santos Araújo • Cristina Camargo • Cristina Cantergiani • Cristina Gualberto • Cristina Gualberto Cardoso • Cristina Lobato • Cristina Nassuno • Cristina Serafim • Cynthia Ferrari • Cyva Regattieri De Abreu • Dalmo Mota • Damiana Fátima Albuquerque • Daniela Meirelles Dos Reis Ramella • Daniela Metello • Daniela Monteiro De Barros • Daniele Rafael • Danieli Aramuni Resende • Daniella Cordeiro • Daniella Rocha • Daniella Souza • Danilo De Souza Rong • Danúsia Arantes • Dario Joffily • Datise Biasi • David De Aquino Filho • Débora • Débora Finamore • Deise F S Rosa • Denilce Barboza De Azeredo • Dênis Elias • Denise De Oliveira Nagem • Denise Freire Pereira • Denise Iatarola • Denise Lima • Denise Ramos • Denise Tiemi Noguchi Maki • Dennes Oliveira • Diego Guedes De Melo Considera • Dreyson Queiroz • Dulce Barros • Edite Faganello • Edrita Valente Silva • Edson Farret Da Costa Júnior • Edson Matsuo • Eduardo Cheffe • Eduardo Kopp • Eduardo Landívar • Eduardo Weaver • Eliana Buzanelli • Eliana Rossetti Fausto • Eliana Grumiché • Eliane C Nham Lara • Eliani Barros Prado • Elieliton Pereira De Oliveira • Elinne Caires • Elisabete Cardieri • Elisabetta Recine • Elisangela De Moura Santana Dos Santos • Eliza Moreno • Elizabeth Amaral • Elke Servaes • Eloina Barbosa • Eloize Navalon • Emi Tanaka • Emile Machado

Alves Calmon De Siqueira • Emiliana Moraes • Emmanuel Khodja • Eneida Lipai • Erica Posanske • Erik Dana • Ernani José Praia Filho • Estela Tozetti • Esther Leblanc • Evandro Abilio Souza • Evandro Siqueira • Evely Lacerda • Fabiana Brandao De Almeida • Fabiana Juarez • Fabiana Mongeli Peneireiro • Fabiana Monteiro Ferrari • Fabiana Reis De Almeida • Fabiano Siqueira • Fábio Witt Garzillo • Fabio Marinho Calderano • Fabiola Schwartz • Fabrício Maia Teixeira • Fatima Patz • Fatima Rendeiro • Felipe Augusto Da Alcure • Felipe Costa • Felipe Neri • Felix De Souza Ribeiro • Fernanda De Oliveira Arins • Fernanda Kalil • Fernanda Lameira • Fernanda Milliet • Fernanda Paccanaro • Fernanda Ribeiro • Fernanda Rios Amorim • Fernanda Silva • Fernanda Távora • Fernanda Torneiro Teixeira • Fernando Galhardo • Fernando Holanda • Fernando Lopes • Flaubert García • Flávia Berton • Flavia Da Guia • Flávia Fernandes • Flavia Lorena Vivacqua • Flávio Gomes Matteucci • Frances Rose Feder • Gabriela Barroso • Gabriela Campos Fronzaglia • Gabriela De Masi Lourenço • Gabriela Farias De Vasconceloa • Gabriela Siqueira • Gaëlle Christophe • George Correa • Georgia Silva Araújo Cândido Freires • Geraldo De Sousa • Gilvane Kern • Gisela Campos • Gisela Sartori Franco • Gisele Bechelli • Gisele Regina Avanço • Giselle De Guimaraes Germano • Glaucia De Cantergiani • Glaucirlene Alves Dos Santos • Glícia Nicácio Da Silva • Graziella Zeferino • Guilherme Dutra Guedes • Guilherme Maltarollo • Guilherme Seize • Gustavo Sigal Macedo • Haloysio M. Siqueira • Hannah Aviva Needleman • Harley Broggio Borges • Helaine A Petrini Moral • Helaine Darros Rafael Godinho • Helca De Abreu • Helen Faria • Helenilson Dos Santos • Heloisa Garcia • Heloísa Giannichi • Hetty Lobo • Iara Schlickmann Isidoro Bonetti • Ilana Szpilman • Ines Cozzo • Inês Cristina Di Mare Salles • Ingrid Geraldo Da Silva • Ionara De Jesus Ribeiro Duarte • Ioshiaqui Shimbo • Isabel Cristina Nogueira • Isabel Herminia Egler • Ivette Kafure Munoz • Jacque Bittencourt • Jade Chaib • Janaína André • Janaina De Andrade Marrocos • Jane Fátima F Fontana • Jane Rech • Jaya Paula Pravaz • João Batista De Melo • João Do Carmo • João Francisco De Oliveira Antunes • João Marcello Macedo Leme • Joao Maria • João Paulo Robortella • João Pedro Fagerlande • Jorge Artur Queiroz Silva • Jorge Hoelzel • José Assumpção • José Augusto Vieira De Aquino • Jose Eduardo Fernandes • Josefa Maria Fellegger Garzillo • Josiane Castilhos • Julia Backes • Júlia Peterle • Juliana Abreu • Juliana Alves Sorrilha Monteiro • Juliana Bertoglia Silva • Juliana De Souza E Abreu Gonçalves • Juliana Keiko Kawachi • Juliana Matsuoka • Juliane De Cássia Oliveira • Juliano Braga • Julio Barretto • Justine Parente • Karina Guimarães Perpétuo • Keila Dias • Kelly Regina Sobral Sobral • Lana Guimarães • Lara Villar • Laura Job Visnadi • Layany Ramalho Lopes Silva • Lêda Luz • Leila Dias • Lena Ferreira • Leonardo Dutra Guedes • Leonardo Vieira Pessanha • Leticia Lamego De Andrade • Leticia Santos • Letícia Subtil • Lícia Gomes • Ligia Nobre • Ligia Pimenta • Ligia Pretel Eimantas • Lilian A Dias • Lilian De Freitas Gouvêa • Lilian Santos • Lilian Tavares • Liliane Conceição Ferreira Dos Santos • Liliane Guimarães Elvas Cordeiro • Lisiê Nolasco • Liss Gonçalves • Liz Novais • Liziana Rodrigues • Lorena Abeleira • Lorena Galvão Werkhäuser • Louise Carneiro Rodrigues Francisco De Maria • Louise Pereira Rodrigues Valle • Lourdes Santo • Lucas Ghisleni • Lucas Itacarambi • Lucas Lima • Lúcia Fernanda Santos • Lucia Maria Nabao • Luciana Dias Floriani • Luciana Maggiotti • Luciana Reguera Ventola Nabarro •

Luciano Lannes • Luciene Costa • Lucienne Gouveia • Ludmilla Radeke Milanez • Luis Alberto Fellegger Garzillo • Luis Gustavo Miranda Mello • Luis Malka Y Negri • Luiz A Barreto • Luiz Claudio De Carvalho Gomes • Luiz Fernando Medrano • Luiz Gabriel Angenot • Luiza De Vanderlei • Luiza Eloi • Luiza Pereira • Luiza Torquato • Luzia Emiko Aragaki • Luzimaira Pires Leite • Lyna Malheiros • Magda Branco • Magda Hruza De Souza Ferreira • Maiana Goes • Maiara Nicolodi • Maíra Gallassini Costa • Maira Polcheira • Mairany Gabriel • Marcela De Almeida • Marcello Gomes • Marcello Wacker • Marcelo Amaral • Marcelo Grumiché • Marcelo Oséas Silva • Marcelo Quadros • Marcia Rabelo • Marcia Lorenzoni • Márcia Martins • Marcia Massae Osawa • Márcia Regina Souza Costa • Márcia Tito • Márcia Da Costa Valentim • Marcilene Moraes • Marcio Dertoni • Márcio Fernando Ribeiro • Marcos De Mudadu • Marcos Frazão • Marcus Pedro Fiorito • Margarete Hiromi Kishi Diniz • Margarita Morales • Maria Adalmira Xavier De Pontes • Maria Albeti Vieira Vitoriano • Maria Alice Gomes De Oliveira • Maria Almeida • Maria Amélia Amorim Peres Rudek • Maria Amelia S Miranda • Maria Angelica De Oliveira Castro • Maria Aparecida Lúcio Mendes • Maria Auxiliadora Gomes Rezende • Maria Bernadete De Barros Piazzon • Maria Carolina Dias • Maria Clara Borges • Maria Conceição • Maria Concetta Centola • Maria Costa • Maria Cristina Caldas • Maria Cristina De Freitas Bonetti • Maria De Fátima Abreu • Maria De Fátima Vieira Fernandez • Maria Delmair Lacerda Queiroz Delmair • Maria Do Carmo Righini • Maria Do Rosario Almeida Rocha • Maria Eduarda Loureiro Kapáz • Maria Eugênia De Castro Borges • Maria Fernanda Siqueira Silva • Maria Ines Alvim • Maria Ines De C Delorme • Maria Inez Arieira • Maria Isabel Araújo Furtado • Maria Loló Souza • Maria Lucia Antunes De Santana • Maria Panisson Kaltbach Lemos • Maria Raquel Machado • Maria Teresa Maia • Maria Valeria Affonso Dos Santos • Maria Da Conceição De Souza • Maria Da Conceição Da Silva Barros De Souza • Maria Da Conceição Da Silva Barros De Souza • Mariana De Alencar Ferreira • Mariana Garcia • Mariana López • Mariana Motisuke • Mariângela Santos • Marieta Judith Ferraz Ferreira • Marileia Nascimento De Oliveira • Marilene Sandre Capucho • Marina Agra Santiago • Marina De Arruda Nicolaiewsky • Marina Mascarenhas Knauer Penedo • Marina Rampazzo • Marina Santiago • Marines Baldin • Marinete Merss • Mario Fernandes • Marion Kompier • Maris Amado De Moura • Marisol Cristina Costa • Marizely Marques Drummond • Marlene Figueiroa • Marta Alarcon Chamarelli • Maytê Lepesqueur Gomes • Michel Muller Maciel • Micheli Cazarolli • Michelle Ribeiro Confessor • Michelle Seabra • Miguel Sartori • Milton Santos • Misao Katayama Pessoa • Monica Bezerra • Monica Grumiché • Monica Kestener • Mônica Maria Seabra Lima • Monica Ponte Soares • Monica Riffel • Mônica Rodrigues Ramos • Monica Roque • Monica Sica De Aguiar • Monique Gewerc • Nádia Regina Heerdt • Nadir Da Costa Jardim • Nair Heloísa Bicalho De Sousa • Naísa Carla Martins Santos • Nara Louzada • Natalia Carcione • Nathalie Helman • Neusa Barbosa • Noêmi Chiavegatto Pereira • Nycolle Corrêa Schuelter • Pamella Kazantzis • Paola Paes Manso • Patrícia Alves Junqueira • Patrícia Alves Junqueira • Patrícia Cunha • Patrícia Fachini • Patrícia Falcão • Patrícia Gorgulho Rezende • Patrícia Pancotto • Patrícia Zanatta Brito • Patrizia Pereira • Paula Castrillo • Paula Colaço • Paula De Paula • Paula Farias Lóscio • Paula Guimarães Coimbra

Monteiro • Paula Rocha • Paula Virginia De Moraes • Paulo Augusto Leonelli • Paulo Henrique Silva • Paulo Ricardo Pires • Paulo Souza • Pedro • Pedro Kajiya Chagas • Peterson Horr • Priscilla Chinalia • Rachel Omoto Gabriel • Rafael Ceccon • Rafaela Lemos Pinheiro • Raisa De Moura Carneiro • Raquel Da Silva Ferreira • Rayla Costa • Regina Célia Viana Morais • Regina M Faller • Regina Moreira • Regina Moura De Macedo • Rejane Novello • Renata Codagan • Renata Dantas De Morais E Macedo • Renata Frossard • Renata Laurentino • Renata Lima • Renata Ribeiro De Castro • Renato Da Silva Alves • Rita Silva • Roberta José Da Silva • Roberta Schiochet Schwartz • Roberto Benetti • Roberto Dertoni • Roberto Pellegrini • Robson Santarém • Rodrigo Carvalho • Rodrigo Cotrim De Carvalho • Rodrigo D´Almeida • Rodrigo Dutra Guedes • Rodrigo Macedo • Ronaldo Dos Santos • Rosana Alves Da Silva Lara • Rosana Mota • Rosângela Fernandes Montalvão • Rosangela Laranja Jucá Costa • Rose Correia • Rose Laura Lopes Pinto • Rosely Ribeiro • Rosinei Sanches • Rosmeiry Siqueira Da Costa • Ruskaya Rodrigues Maia • Sabrina Costa Chiminacio • Sabrina De Freitas • Salete Barcarol • Sandra Fierro • Sandra Maria Fernandes Celano • Sandra Mazzoni • Sara Rosumek • Sebastian Gerlic • Sebastião Guerra • Selma Galhardo • Sérgio Salazar • Sheila Prado Saraiva • Shirlei Aparecida Almeida Silva • Shirley Aparecida Almeida Silva • Shirley Pereira • SICOOB Creditapiranga • Sidnei Da Costa Soares • Silvana Baccin • Silvana Ribeiro • Silvia Baenteli • Silvia Ferraz • Silvia Maiolino • Silvia Paula • Simone De Almeida Carrasqueira • Simone Fernandes • Simone Freitas Chaves • Simone Kelly Svitek • Sirlei Weber • Sol Friedman • Sonia Faber • Sonia Inês Dutra Guedes • Sonia Travassos • Stella Bittencourt • Stella Zanchett • Sttela Pimenta Viana • Sueli De Souza Dias • Susana Chaves • Susanna Artonov • Suzana Cristina Bugiani • Suzana Ramos • Taila Muller • Talita Freire Silva • Tania Albuquerque • Tania M R Soares • Tânia Savaget Carneiro • Tatiana Amato • Tatiana Hellwig • Tatiana Lins • Tatiana Maria Capuzzo Tiziano • Tatiana Oliveira Novais • Tatiane Debei • Tatiane Ferreira Da Silva • Tatiane Fillmann Câmara • Tayira Bueno • Teresa Assaife • Tereza Ouro • Thabata Soares Dos Santos • Thais De Queiroz • Thalita Vanessa Barbalho • Thamara Strelec • Thiago Alonso • Thiago De Amorim • Thiago Salvador • Tom Rodrigues • Valderes Dos Santos Morales • Valéria (Rede Semear) • Valeria Burke • Valéria Dolme • Valéria Paschoal • Vanessa Aparecida Feltrini Chiari • Vanessa Pereira • Vanessa Tenório • Vanessa Villela • Vânia Bueno Cury • Vania Danigno • Vania Maria Cavallari • Vera Bomfim • Vera Cristina Xavier • Vera Cyrineu • Verônica Alves • Vicente Carnero • Vilmar Maioli • Vinicius Heine • Virgínia Stela Lambert • Virginia Talbot • Vitor Hugo • Vitor Ramos • Wagner Andrade • Wagner Bessa Teixeira • Wellington Gomes Santos • William Alex Simon • Ynaiá Masse Bueno

E, nosso agradecimento especial à VOCÊ, que ativou, a cada virada de página a "potência de vida" presente nesta "semente de cooperação" que agora, vibra em seu coração e pulsa *por um mundo onde todas as pessoas possam VenSer*!

ABRAÇÃO COM GRATIDÃO!!!!

Coautorias

Apresentamos aqui o time de coautoria que topou nosso convite para cocriar esta obra e fazer este, até então, sonho adormecido, *aconteSer* de modo tão surpreendentemente, real! Cada pessoa trouxe sua presença singularmente plural para compor esta linda tessitura de palavras que expressam a força e a beleza da conexão de coração a coração, coexistente entre nós.

Isso tudo, imaginamos que você percebeu ao ler até aqui. Agora, você poderá desfrutar um pouco mais desses presentes, colando nas histórias de vida e nas trajetórias que fizeram com que essa turma pudesse encontrar com você!

Chegue mais e abrace essa maravilhosa *Comum-Unidade de Coautoria*!

Ana Paula Peron — Diretora do Lapidar (www.lapidar.me), é especialista na transformação de conflitos, consultora em desenvolvimento de pessoas e equipes e docente de pós-graduação. Mediadora de Conflitos Organizacionais pela TRIGON/IMO/ECOSOCIAL e Instituto D'Accord, integra grupos de *Life Long Learning* em Negociação, Mediação e Resolução Construtiva de Conflitos, pela M9GC *Conflict Resolution Training*. É pós-graduada em Dinâmica dos Grupos e Jogos Cooperativos, com MBA em Gestão de Pessoas. Sua maior paixão são as relações humanas. Sua principal aventura é o intenso exercício da convivência em família, com cinco irmãs. Sua fonte de inspiração é a filha Fernanda. E encontra muitas respostas nas lembranças da peregrinação a Santiago de Compostela.

Andrea Leoncini — Nasceu em São Paulo, numa comunidade com forte atuação social e aprendeu a honrar o trabalho com foco no bem comum, construído em roda e realizado junto. Escolheu ser Educadora e Assistente Social e desde 2003 se dedica à dramaturgia e à criação de experiências/treinamentos focados na qualidade das relações e desenvolvimento individual/time através da *Awake* (Arte em Desenvolvimento Humano), utilizando metodologias colaborativas, danças circulares e teatro. Em 2016 entrou para o Projeto Cooperação como Coordenadora da Pós em Pedagogia da Cooperação (SP) e do time de consultores. Em 2019, coordenou Projetos do Migraflix com foco no trabalho para Imigrantes e Refugiados.

Arnaldo Bassoli — É psicoterapeuta, mediador e professor. Trabalha com grupos e indivíduos, no contexto da psicoterapia clínica; como consultor, trabalha com organizações de todos os setores. Tem especializações em Gestalt-Terapia e Cinesiologia

Psicológica, bem como formação em Jogos Cooperativos pelo Projeto Cooperação. É sócio-diretor e cofundador da Escola de Diálogo de São Paulo.

Cambises "Camba" Bistricky — Jogou voleibol profissionalmente, atuou no mercado financeiro, mas resolveu trocar radicalmente de área e "se jogou" na Educação Física. Ao fazer uma Pós-Graduação em Jogos Cooperativos, um novo horizonte se abriu, e desde então segue criando espaços de cooperação em ambientes como a Fundação Casa, multinacionais, ONGs, famílias e no mundo corporativo, fortalecendo assim a conexão entre as pessoas e incentivando que cada um possa ser quem é. Formado em Educação Física pela Universidade de Mogi das Cruzes e pós-graduado em Pedagogia da Cooperação e Metodologias Colaborativas pela Unimonte. É facilitador da Metodologia *Dragon Dreaming* e peregrino do caminho de Santiago de Compostela (2010).

Carla Albuquerque — Fundadora do Coletivamentes e colaboradora do Projeto Cooperação, é mestre em Administração pela PUC-Rio, pós-graduada em Pedagogia da Cooperação e Metodologias Colaborativas — UNIP, Produção — UFRJ/INT, Serviços — PDG IBMEC e Marketing — MBA COPPEAD e graduada em Engenharia na PUC-Rio. Após 15 anos em cargos de gestão — operações, estruturação de processos, estratégia e marketing — optou por se dedicar ao design colaborativo para o desenvolvimento humano e empresarial na geração de soluções.

Clarissa Borges Müller — É graduada em Comunicação Social pela Universidade Federal de Santa Maria, sua cidade natal, e atua há sete anos no Instituto Elos com mobilização comunitária em projetos de desenvolvimento local, em comunidades urbanas com diferentes contextos: conjuntos habitacionais, morros e palafitas. Atualmente desenvolve seu mestrado na USP, na área de Psicologia Social, na qual investiga experiências de participação comunitária em residenciais do Programa Minha Casa Minha Vida em Campinas. A militância feminista e antirracista se faz presente tanto nos bordados produzidos nas horas de descanso quanto em suas práticas profissional e acadêmica.

Cuca Righini — Interessada no desenvolvimento humano e em formação de comunidades, construiu uma carreira voltada ao design de experiências em cultura, aprendizagem, construção de conhecimento colaborativo e inovação. Desde 2015, facilita processos de *Design Thinking* para desenvolver cultura e *mindset* para inovação, trabalhando também com abordagem da Teoria U e Pedagogia da Cooperação para cocriar ambientes organizacionais que aprendam. Desde 2012, atua como facilitadora de treinamentos de Comunicação Não-Violenta e Mediação de Conflitos. É formada pela Faculdade de Arquitetura e Urbanismo na USP e diplomada pela Universidade de Cambridge em Ensino de Inglês para Adultos (DELTA). Especialista em Pedagogia da Cooperação, Aprendizagem Mediada, *Design Thinking* e Comunicação Não-Violenta.

DANIELLA DOLME — Buscando um caminho de transformação, para si e para o mundo, formou-se em jornalismo na Faculdade Cásper Líbero (SP), mas foi no voluntariado que encontrou seu lugar: descobriu que poderia usar suas habilidades para aprender, construir e transformar, junto com as pessoas e comunidades. Assim, começou a trilhar seu caminho profissional em organizações sociais (TETO, Gastromotiva, Artemisia), ampliando sua atuação de comunicação institucional para gestão de projetos, facilitação de grupos e desenho de metodologias. É Guerreira Sem Armas, pós-graduada em Pedagogia da Cooperação, colaboradora do Projeto Cooperação e atua como líder de projetos no Grupo Tellus.

DENISE JAYME — É coordenadora do Departamento de Educação Física da Escola das Nações, em Brasília/DF, desde 2004, e coordenadora geral da Pós-graduação em Pedagogia da Cooperação e Metodologias Colaborativas do Projeto Cooperação, onde atua também como docente na disciplina Danças Circulares nas turmas de Brasília e do Rio de Janeiro. É pós-graduada em Educação Física Escolar e Certificada pelo programa Transformação em Jogos Cooperativos. Integrante do Projeto Cooperação, desde 2006, onde vem atuando como facilitadora de Jogos e Atividades Cooperativas em diversas áreas e organizações, como Secretarias de Educação, cooperativas e bancos.

ELIANA "LILI" FAUSTO — Iniciou sua jornada no Projeto Cooperação para integrar a equipe de coordenação da Pós-graduação em Jogos Cooperativos. Desde então, participou do processo de expansão do curso e da cocriação da Pós-graduação em Pedagogia da Cooperação. Atualmente, faz parte da coordenação geral dos cursos em Brasília, Florianópolis, Rio de Janeiro e São Paulo. É graduada em Educação Física, com formação em Danças Circulares (TRIOM). Durante 29 anos, foi professora de Educação Física numa escola que privilegiava a formação humana do indivíduo. A partir do trabalho de conclusão de curso "Aprender a Cooperar" e dos artigos "Criar e *Re-Criar* Jogos Cooperativos" e "Danças Circulares e Cooperação", participou de congressos nacionais e internacionais.

FÁBIO OTUZI BROTTO — Cofundador do Projeto Cooperação; Mestre em Ciências do Esporte pela UNICAMP; Bacharel em Psicologia pela Universidade São Marcos; e Licenciado em Educação Física pela FEFISA. É pioneiro em Jogos Cooperativos e Pedagogia da Cooperação. Atua como facilitador de Relações Colaborativas em organizações de todos os setores e como professor em cursos de formação e pós-graduação. É autor de artigos e livros, entre eles: "Jogos Cooperativos: se o importante é competir, o fundamental é cooperar"; "Jogos Cooperativos: o Jogo e o Esporte como um Exercício de Convivência"; e "Pedagogia da Cooperação — Fundação Vale e Unesco".

Frank Viana Carvalho — Pedagogo e Filósofo, Mestre em Educação pela UNASP. Cursou o Mestrado, Doutorado e Pós-Doutorado em Filosofia (Ética e Política) pela Universidade de São Paulo, realizando o Doutorado SW na Université François-Rabelais, na França. Fundador do Projeto Pedagogia da Cooperação em 1997, ministrou centenas de palestras e cursos pelo Brasil para formar docentes em Metodologias Ativas, com ênfase na Aprendizagem Cooperativa. Escreveu vários livros sobre educação e filosofia, entre eles *"Pedagogia da Cooperação — Trabalhando em grupos através da aprendizagem cooperativa"*. É professor e pesquisador do Instituto Federal de Educação, Ciência e Tecnologia de São Paulo, campus São Roque.

Gisela Sartori Franco — Educadora, Psicóloga, Psicodramatista, Mestre pela Unicamp, autora de livros na área da Psicologia do Esporte. Tem como mestres seus três filhos. Cofundadora e ex-diretora do Projeto Cooperação e da ONG Coopera Brasil. Cofundadora da Pós-Graduação em Jogos Cooperativos e hoje docente do módulo: Princípio de Convivência na Pós de Pedagogia da Cooperação. Empreende "O Mágico de Nós", coordenando projetos que visam a despertar o mágico das relações humanas, por meio de dinâmicas de Convivência Cooperativa e dos Jogos Cooperativos de Tabuleiro. Atua na área clínica, dá cursos e oficinas com temas afins. Desenvolve trabalhos junto ao Terceiro Setor e Comunidades de Aprendizagem.

Heloisa Biscaia — Adora *co-inspirar* relações saudáveis e apreciativas na vida e no trabalho. Mestre em Administração e facilitadora de processos colaborativos há 20 anos, sócia fundadora da Apreciarte e da COÍRIS Transformação Humana, atua também pela Pulsar. Consultora especialista em Investigação Apreciativa (*Appreciative Inquiry in Positive Business and Society* — CWRU *School of Management*/EUA), Biologia Cultural, Dinâmica dos Grupos (SBDG). Atualmente dedica-se aos estudos e práticas da Psicologia Positiva (PUC-RS e *Wholebeing Institute*) e sobre Organizações e Liderança Positiva. É praticante e guardiã da comunidade *Art of Hosting* (Arte de Anfitriar Conversas Significativas). Leciona em programas de pós-graduação no PR, SC, RS, SP e RJ.

José Romão Trigo Aguiar — Médico homeopata, psicoterapeuta e professor de Ética e Filosofia do Oriente e Ocidente. Membro do Conselho Pedagógico da Associação Palas Athena; Fundador da Sociedade Universitária Médica de Estímulo à Pesquisa (SUMEP); Professor do Curso de Formação de Terapeutas (FONTE); do Curso de Especialização em Medicina Comportamental (UNIFESP), Curso de Especialização em Yoga — IEPY. Idealizador e Coordenador do Projeto Social Agentes de Cidadania (capacitação de jovens em situação de vulnerabilidade) — IAKAP. Coautor do livro "Homeopatia", da coleção Para Saber Mais (Editora Abril). Docente da Pós-Graduação de Pedagogia da Cooperação e Metodologias Colaborativas.

Lena Almeida — Psicóloga, pós-graduada em Recursos Humanos e Jogos Cooperativos. Certificada em Coaching e coaching sistêmico de equipes, Comunicação Não-Violenta, Constelação Sistêmica e Justiça Restaurativa. Diretora da IPS Consultoria, consultora em desenvolvimento pessoal e de grupo e criadora do método "Arquitetura da Convivência: Conversar, Conviver e Construir". Coautora do livro "Falar Bem é Fácil", em sua 9ª edição. Especialista em comunicação, dá cursos sobre como falar em público, relações interpessoais, desenvolvimento de equipes, clima organizacional e desenvolvimento de líderes.

Lia Diskin — Jornalista e Crítica Literária, é cofundadora da Associação Palas Athena e criadora de dezenas de programas assistenciais e socioeducativos. Coordenadora do Comitê para a Década da Cultura de Paz — uma parceria UNESCO — Palas Athena. Conferencista no Brasil e no exterior. Articulista e editora, é também autora de: *Cultura de Paz — Redes de Convivência* (SENAC); *Não-violência doméstica* (Instituto Avon) e *Vamos Ubuntar — um convite para cultivar a paz* (UNESCO), entre outros. Coautora de *Paz, como se faz?* (UNESCO) e de *Cultura de Paz — da reflexão à ação* (UNESCO). Recebeu, na celebração de 60 anos da UNESCO, o Diploma de Reconhecimento por sua contribuição na área de Direitos Humanos e Cultura de Paz. Integra o Conselho Gestor do *Sarvodaya International Trust*, dedicado à difusão dos valores gandhianos no mundo todo.

Maria Clara "Cacá" de Castro Borges — É pedagoga pela Universidade do Estado do Rio de Janeiro com especialidade em Orientação Educacional e pós-graduada em Pedagogia da Cooperação pela Universidade Paulista e psicopedagoga institucional pela Universidade Estácio de Sá. Desde 1980, atua com escolas particulares (RJ), primeiro como professora e depois como Orientadora Educacional e Coordenadora Pedagógica. Formou-se arte-educadora (Instituto de Arte TEAR e Sociedade Brasileira de Psicoterapia e Psicodrama) e atua na área com crianças, adolescentes e na formação de educadores, inclusive de redes municipais. Em 2019, como trabalho de conclusão da pós em Pedagogia da Cooperação, cocriou o projeto COOPERARTE, que desenvolve projetos colaborativos através das diversas linguagens da arte.

Maria da Conceição da Silva Barros de Souza — Mestre em Políticas Públicas e Formação Humana (UERJ); pós-graduada em Jogos Cooperativos (Projeto Cooperação/Unimonte) e em Psicopedagogia Institucional (Universidade Estácio de Sá); psicóloga e licenciada em Psicologia (UFRJ). Atua em educação há mais de trinta anos como professora e assumiu também funções ligadas à Orientação Educacional, Educação Especial, e na área administrativo-pedagógica. Coordenadora e docente da Pós-graduação em Pedagogia da Cooperação. A partir de Jogos Cooperativos e Danças Circulares, dedica-se à divulgação de metodologias colaborativas e à realização e orientação de trabalhos que reflitam sobre as relações no ambiente escolar. Também tem dirigido sua atenção de modo mais intenso à prática da cooperação, como um exercício de convivência. É autora do livro "A Formação do Sujeito Cooperativo: uma experiência na educação".

Pedro Consorte — É consultor de Comunicação, Inteligência Emocional e Desenvolvimento Humano, formado em Comunicação das Artes do Corpo (PUC-SP), pós-graduado em Pedagogia da Cooperação (UNIP), Mestre em Comunicação e Semiótica (PUC-SP), ex-*performer* do espetáculo internacional STOMP, cofundador do projeto Música do Círculo, voluntário no CVV (Centro de Valorização da Vida) e facilitador de Comunicação Não-Violenta, com treinamento pelo CNVC (*Center for Nonviolent Communication*).

Roberto "Beto" Martini — É consultor especializado na focalização de Jogos Cooperativos, Metodologias Colaborativas e no desenvolvimento de Projetos de Cooperação no contexto Organizacional; Educacional; de Gestão Pública; e Comunitário. Mestre em Psicologia da Educação (PUC-SP); formado em Mediação Transformativa de Conflitos e Comunicação Não-Violenta; pós-graduado em Psicomotricidade; graduado em Educação Física.

Rodolpho "Dodô" Martins — É um inquieto pedagogo, músico por atrevimento, especialista em Jogos Cooperativos, consultor organizacional, empreendedor social e professor de português para estrangeiros. É também palestrante internacional, com participação no TEDx e atuações em diversos países dos continentes americano, africano e europeu. Criador dos Programas MusiCooperação e 8UP, leciona atualmente no curso de Pós-graduação em Pedagogia da Cooperação em várias capitais brasileiras.

Rodrigo Rubido Alonso — É arquiteto, cofundador e diretor do Instituto Elos, cocriador e facilitador do programa Guerreiros Sem Armas e do Jogo Oasis. Nos últimos 20 anos, tem se dedicado ao desenho de metodologias e ação coletiva, bem como à facilitação de treinamentos e processos para transformação pessoal e social junto a diversos grupos e organizações dos setores social, público e privado. Atua também como consultor e palestrante internacional nas áreas da transformação social, liderança participativa e mobilização de comunidades. Em 2017, recebeu na *Columbia University* o prêmio *Eliasson Global Leadership Prize*, entregue pela *Tällberg Foundation* para lideranças transformadoras, éticas e positivas, cujo trabalho possua relevância global.

Taisa Mattos — Mestre em Psicossociologia de Comunidades e Ecologia Social (EICOS/UFRJ), atua como educadora e consultora nas áreas do desenvolvimento comunitário, sustentabilidade e inovações sociais. É coordenadora de educação e pesquisa da *Global Ecovillage Network* (GEN), treinadora certificada e coordenadora de programas do *Gaia Education* (UNESCO *Global Action Programme on Education for Sustainable Development*) no Brasil e no exterior, e autora do livro *Ecovilas: a construção de uma cultura regenerativa*. Taisa integra o corpo docente do Programa de Pós-graduação em Pedagogia da Cooperação e Metodologias Colaborativas.

Vera Lúcia de Souza e Silva — Possui graduação em Ciências Biológicas pela Fundação Universidade Regional de Blumenau, mestrado em Educação pela Universidade Regional de Blumenau e doutorado em Engenharia de Produção pela Universidade Federal de Santa Catarina, além de ser pós-doutoranda em Educação e Criatividade na Universidade de Barcelona. Atualmente é professora colaboradora da Universidade Paulista-UNIP-SP e professora aposentada da Universidade Regional de Blumenau-FURB. Tem experiência na área de Educação, atuando principalmente nos seguintes temas: criatividade, transdisciplinariedade, ecoformação, rede de escolas criativas e formação de professores.

Vitor Hugo Lima da Costa — Artista e Educador. É pós-graduado em Pedagogia da Cooperação, graduado em Artes Cênicas com Habilitação em Direção Teatral pela UFRJ. Fundador da Cia Black-Tie, onde pesquisa a Dança-Teatro como linguagem cênica. Contador de histórias em espaços culturais e/ou pedagógicos pelo projeto Contato Contado.

Referências

As referências (não só bibliográficas) contemplam as obras citadas ao longo dos textos e podem servir para um mergulho nas fontes de conhecimento e experiência que abundante e generosamente se apresentaram ao longo dessa nossa jornada pela Pedagogia da Cooperação. Desfrute, sem moderação!

A Pedagogia da Cooperação

Uma vista da varanda
NICOLESCU, Basarab; PINEAU, Gaston; MATURANA, Humberto; RANDOM, Michel, TAYLOR, Paul. **Educação e transdisciplinaridade**. Unesco, Universidade de São Paulo, Companhia de Energia de São Paulo: Unesco, 2000.
D'AMBROSIO, Ubiratan. **Transdisciplinaridade**. São Paulo: Palas Athena, 1998.

Uma abordagem pedagógica transdisciplinar
BERGER, Rene. et al. **Congresso Ciência e Tradição**: Perspectivas Transdisciplinares para o século XXI — Comunicado Final. Paris, 1991. Disponível em: <http://www.ufrrj.br/leptrans/arquivos/Congresso_Ciencia_Tradicao_1991.pdf>. Acesso em: 19/05/2020.
BROTTO, Fábio Otuzi. **Pedagogia da cooperação**: Para um mundo onde todos podem *VenSer*! Ensaio — Pós-graduação em Pedagogia da Cooperação e Metodologias Colaborativas — UNIP, São Paulo, v. 4.8, 2020. No prelo.
D'AMBROSIO, Ubiratan. **Transdisciplinaridade**. 3. ed. São Paulo: Palas Athena, 2012.
FERREIRA, Nilda Teves. **Cidadania**: uma questão para a educação. Rio de Janeiro: Nova Fronteira, 1993.
FIORI, Ernani Maria. Prefácio: Aprender a dizer a sua palavra. In: FREIRE, Paulo. **Pedagogia do Oprimido**. 17. ed. Rio de Janeiro: Paz e Terra, 1987
FREIRE, Paulo. **Pedagogia do Oprimido**. 17. ed. Rio de janeiro: Paz e Terra, 1987.
FREITAS, Lima de; MORIN, Edgar; NICOLESCU, Basarab. Carta da Transdisciplinaridade. In: NICOLESCU, Basarab. **O manifesto da transdisciplinaridade**. 3. ed. São Paulo: TRION, 2008. Anexo, p. 161-165.
LARROSSA, Jorge. Tecnologias do Eu e Educação. In: SILVA, Tomaz Tadeu da (Org.). **O sujeito da educação:** Estudos foucaultianos. 7. ed. Petrópolis, RJ: Vozes, 2010. Cap. 3, p. 35-86.

MORIN, Edgar. A articulação dos saberes. In: MORIN, Edgar; ALMEIDA, Maria da Conceição de; CARVALHO, Edgard de Assis (Orgs.). **Educação e Complexidade**: Os sete saberes e outros ensaios. 4. ed. São Paulo: Cortez, 2007. Cap.2, p. 29-74.

_____. A propósito dos sete saberes. In: MORIN, Edgar, ALMEIDA; Maria da Conceição de; CARVALHO, Edgard de Assis (Orgs.). **Educação e complexidade**: Os sete saberes e outros ensaios. 4. ed. São Paulo: Cortez, 2007. Cap.2, p. 77-104.

MORIN, Edgar, ALMEIDA, Maria da Conceição de, CARVALHO, Edgard de Assis (Orgs.). **Educação e Complexidade**: Os sete saberes e outros ensaios. 4. ed. São Paulo: Cortez, 2007.

NICOLESCU, Basarab. **O manifesto da transdisciplinaridade**. 3. ed. São Paulo: TRION, 2008.

SOUZA, Maria da Conceição da Silva Barros de. **A formação do sujeito cooperativo**: uma experiência na educação. Curitiba: Appris, 2016.

Propósito

VenSer para SerVir

HANH, Thich Nhat. **A paz a cada passo:** o caminho da atenção plena. Rio de Janeiro: Ed. Rocco, 1993.

TÁVOLA, Artur da. Isso de Ganhar, in: **Comunicação é mito:** televisão em leitura crítica. Rio de Janeiro: Nova Fronteira, 1985, p. 275-279.

WEIL, Pierre. **A Neurose do paraíso perdido:** proposta para uma nova visão da existência. Rio de Janeiro: Ed. Espaço e tempo, 1987.

As Quatro Pequenas Virtudes

MATURANA, Humberto. **La objetividad:** Un argumento para obligar. Ed. Granica. 1997. Página 73.

Princípios

O Princípio da Co-Existência

BRUM, Eliane. **O senhor do universo:** Entrevista com o cientista Marcelo Gleiser. Revista Época. Rio de Janeiro, n. 429, p. 88, 14 ago. 2006.

ELLIOT; Elizabeth M. **Segurança e cuidado:** Justiça Restaurativa e sociedades saudáveis. São Paulo/ Brasília: Palas Athena Editora e Abraminj, 2018.

HURST, David K. **Em crise e renovação:** Enfrentando o desafio da mudança organizacional. São Paulo: Editora Futura, 1996.

MORIN, Edgar. **O método 6:** Ética. Porto Alegre: Editora Sulina, 2005.

WILSON, Edward O. **A criação:** Como salvar a vida na Terra. São Paulo: Companhia das Letras, 2008.

O Princípio da Com-Vivência
BUBER, Martim. **Eu e tu**. São Paulo: Moraes, 1974.
EISENSTEIN, Charles. **O mundo mais bonito que nossos corações sabem ser possível**. São Paulo: Ed. Palas Athena, 2016.
ELIAS, Norbert. **A sociedade dos indivíduos**. Rio de Janeiro: Jorge Zahar Ed., 1994.
MORENO, Jacob Levy. **Psicodrama**. São Paulo: Cultrix, 1975.
ROSENBERG, Marshall B. **Comunicação Não-Violenta**. São Paulo: Ed. Ágora, 2006.
SOUZA, Geraldo Eustáquio. **O zen nosso de cada dia**. Belo Horizonte: Companhia para crescer, 1995.

O Princípio da Cooperação
ARENDT, Hannah. **Origens do totalitarismo**. São Paulo: Companhia das Letras, 1989.
BAUMAN, Zygmunt. **Modernidade líquida**. Rio de Janeiro: Zahar Editora, 2001.
MARGULIS, Lynn; SAGAN Dorion. **Microcosmos**. São Paulo: Cultrix, 2011.
MATURANA, Humberto R.; VARELA, Francisco J. **A árvore do conhecimento**. São Paulo: Palas Athena, 2001.

O Princípio da Comum-Unidade
BAUMAN, Zygmunt. **Comunidade:** A Busca por segurança no mundo atual. Rio de Janeiro: Editora Zahar, 2003.
BUBER, Martim. **Sobre comunidade**. São Paulo: Perspectiva, 1985.
CHRISTIAN, Diana L. **Creating a life together:** Practical tools to grow ecovillages and intentional communities. New Society Publishers, 2003.
EISLER, Riane. **O cálice e a espada**: nossa história, nosso futuro. Rio de Janeiro: IMAGO, 1987.
KIRBY, Andy. Redefining social and environmental relations at the Ecovillage at Ithaca: A case study. **Journal of Environmental Psychology**, Vol.23(3), p. 323-332, 2003.
KOZENY, G. **Intentional communities:** Lifestyles based on ideals. Communities Directory. Langley, WA: Fellowship for Intentional Community: 18-24, 1995.
MATTOS, Taisa. **Ecovilas:** a construção de uma cultura regenerativa. Uma etnografia de Findhorn, Escócia. Novas Edições Acadêmicas, 2018a.
_____ **Ecovilas:** inovações sociais na criação de uma cultura regenerativa e suas contribuições na implementação local dos ODS e em casos de recuperação pós-desastres ambientais. In: Leal, C.I.S; Zillikens, K. (Org.). Desastres Ambientais: Experiências Nacionais e Internacionais — FGV. Rio de Janeiro, 2018b.
MOCELLIM, Alan D. A comunidade: da sociologia clássica à sociologia contemporânea. PLURAL, **Revista do Programa de Pós-Graduação em Sociologia da** USP, São Paulo, v. 17, n. 2, p. 105-125, 2011.
NISBET, Robert. **The sociological tradition**. 1. ed. London: Heinemann, 1967.

SAWAIA, Bader B. Comunidade: A apropriação científica de um conceito tão antigo quanto a humanidade. pp 35-53 In: CAMPOS, Regina H. F. (Org.). **Psicologia Social Comunitária:** da Solidariedade à Autonomia. Petrópolis, Ed. Vozes. 1996.

SIMAS, Ana Carolina B. F. **Comunicação e Diferença:** estratégias de comunicação colaborativa para a sustentabilidade comunitária. Tese de Doutorado em Comunicação Social, ECO / UFRJ, Rio de Janeiro, 2013.

SIMMEL, G. Le problème de la sociologie. In: **Revue de Métaphysique et de Morale,** 1984.

SOMÉ, Sobonfu. **O Espírito da intimidade:** Ensinamentos ancestrais africanos sobre maneiras de se relacionar. Odysseus Editora Ltda., 2003.

TAVARES, Carlos A. P. **O que são comunidades alternativas?** São Paulo: Nova Cultural/Brasiliense, 1985.

TÖNNIES, Ferdinand. **Community and association:** Gemeinschaft und Gesellschaft. Tradução de Charles P. Loomis. London: Routledge & Kegan Paul, 1955.

WEBER, Max. **Conceitos básicos de Sociologia.** São Paulo: Editora Moraes, 1987.

Processos

Jogos Cooperativos

BROTTO, Fábio Otuzi. **Jogos cooperativos:** o jogo e o esporte como um exercício de convivência. Santos: Projeto Cooperação, 2001.

BROWN, Guilhermo. **Jogos cooperativos:** teoria e prática. São Leopoldo: Sinodal, 1994.

HUIZINGA, Johan. **Homo ludens:** o jogo como elemento da cultura. São Paulo: Perspectiva, 1996.

Danças Circulares

BARTON, Anna. **Danças circulares:** Dançando o caminho do sagrado. São Paulo: Editora Triom, 2006.

WOSIEN, Bernhard. **Dança:** um caminho para a totalidade. São Paulo: Editora Triom, 2000.

WOSIEN, Maria-Gabriele. **Dança sagrada:** Deuses, mitos e ciclos. São Paulo: Editora Triom, 2002.

Aprendizagem Cooperativa

CARVALHO, Frank Viana. **Pedagogia da cooperação:** trabalhando com os grupos através da Aprendizagem Cooperativa. Engenheiro Coelho: Editora UNASPRESS, 2000.

_____. **Trabalho em equipe, aprendizagem cooperativa e pedagogia da cooperação.** São Paulo: Editora Scortecci, 2015.

CARVALHO, Frank Viana; ANDRADE NETO, Manoel. **Metodologias ativas:** Aprendizagem cooperativa, PBL e pedagogia de projetos. São Paulo: República do Livro. 122 p. ISBN: 978-85-85248-02-4, 2019.

DEUTSCH, Morton. A theory of co-operation and competition. **Journal of Human Relations,** USA, April, 1949.

GOKHALE, D. Collaborative learning enhances critical thinking. **Journal of Technology Education,** 7(1):22-30, USA, Fall, 1995.

JOHNSON, Roger T., JOHNSON, David W. e SCOTT, Linda. Os efeitos do ensino cooperativo e da instrução individualizada sobre os estudantes: Atitudes e conquistas acadêmicas. **Journal of Social Psychology** 104:2 (abril de 1978), p. 207-216.

JOYCE, Bruce; WEILL, Marsha. **Models of teaching.** 9ª Edição, Prentice Hall Ed., New York, USA, 2012.

LEWIN, K..; LEWIN, Gertrude W. **Resolving social conflicts: selected papers on group dynamics** [1935-1946]. New York: Harper and Brothers, 1948.

PIAGET, Jean. **A educação da liberdade.** Conferência apresentada no 28º Congresso Suíço dos Professores em Berna em 08 de julho de 1944. Disponível em http://frankvcarvalho.blogspot.com.br/2015/11/jean-piaget-educacao-da-liberdade.html. Consulta em 01/08/2019.

ROSETH, Cary J.; JOHNSON, David W.; JOHNSON, Roger T. **Promovendo a conquista e o relacionamento entre pares dos adolescentes:** os efeitos das estruturas de metas cooperativas, competitivas e individualistas. Boletim Psicológico, 2008, Vol. 134, nº 2, 223—246, 2008. Disponível em: https://www.apa.org/pubs/journals/releases/bul-1342223.pdf

Comunicação Não-Violenta
ROSENBERG, Marshall. **Comunicação não-violenta:** técnicas para aprimorar relacionamentos pessoais e profissionais. São Paulo: Agora, 2006.

_____. NVC **Marshall Rosenberg:** San Francisco Workshop — FULL ENGLISH SUBTITLES TRANSCRIPTION, 2015. Disponível em: <https://www.youtube.com/watch?v=l7TONauJGfc&t=732s>. Acesso em 7 mar 2018.

_____. **A linguagem da paz em um mundo de conflitos:** Sua próxima fala mudará o mundo. São Paulo: Palas Athena, 2019.

Diálogo
BASSOLI, Arnaldo. **Sobre o diálogo.** Disponível em: http://escoladedialogo.com.br/escoladedialogo/index.php/biblioteca/artigos/sobre-o-dialogo-2/.

BASSOLI, Arnaldo. **Transcrição de um TEDx sobre o diálogo.** Disponível em: http://escoladedialogo.com.br/escoladedialogo/index.php/biblioteca/artigos/um-tedx-sobre-o-dialogo/.

BOHM, David. **Diálogo:** Comunicação e redes de convivência. São Paulo: Palas Athena, 2005.

BOHM, David; FACTOR, Donald; GARRETT, Peter. **Diálogo:** Uma proposta. http://escoladedialogo.com.br/escoladedialogo/index.php/biblioteca/artigos/dialogo-uma—proposta/.

BOHM, David e KRISHNAMURTI, Jiddu. **A eliminação do tempo psicológico.** Cultrix, 1985, S. Paulo.

ISAACS, William: **Dialogue and the art of thinking together.** Currency, 1999, Nova Iorque.
MARIOTTI, Humberto. **As paixões do ego:** Complexidade, política e solidariedade. São Paulo: Palas Athena.
MARIOTTI, Humberto. **O automatismo concordo-discordo e as armadilhas do reducionismo.** Thot (Associação Palas Athena, São Paulo), nº 71, junho de 1999, p. 58-69. Também publicado na Internet, no site da Escola de Diálogo de S. Paulo: http://escoladedialogo.com.br/escoladedialogo/index.php/biblioteca/artigos/concdisc/.
YANKELOVICH, Daniel. **The magic of dialogue.** Nova Iorque: Touchstone (Simon & Schuster), 2001.

Transformação de Conflitos
GLASL, Friedrich. **Auto ajuda em conflitos.** São Paulo: Antroposófica: ADIGO, 1999.
KAHANE, Adam. **Trabalhando com o inimigo.** São Paulo: SENAC, 2018.
LEDERACII, John Paul. **Transformação de conflitos.** São Paulo: Palas Athena, 2012.
URY, William. **Como chegar ao sim consigo mesmo.** Rio de Janeiro: Sextante, 2015.

World Café & Open Space
BROWN, Juanita. **O World Café: Dando forma ao nosso futuro por meio de conversações significativas e estratégicas.** São Paulo: Cultrix, 2007.
Comunidade mundial W. C. Disponível em: http://www.theworldcafe.com/. Acesso em 22 abr. 2020.
OWEN, Harrison. **Coffee break produtivo.** São Paulo: Novo Paradigma, 2003.
OWEN, Harrison: https://www.openspaceworld.com/. Acesso em: 17 mai. 2020.
"World Café Para Viagem". **The World Café.** Link: http://www.theworldcafe.com/wp-content/uploads/2015/07/World_Cafe_Para_Viagem.pdf. Acesso em 22 abr. 2020.

Investigação Apreciativa
COOPERRIDER, David; WHITNEY, Diana. **Investigação apreciativa: uma abordagem positiva para a gestão da mudança.** Qualitymark, 2006. Tradução de Appreciative Inquiry: a positive revolution in change.
KELM, Jacqueline Bascobert. **Appreciative living:** The principles of appreciative inquiry in personal life. Venet Publishers, third edition 2015.
WHITNEY, Diana; TROSTEN-BLOOM, Amanda. **O poder da investigação apreciativa:** um guia prático para a mudança positiva. Berrett-Koehler Publishers, 2010.

Dragon Dreaming
Dragon Dreaming Brasil: http://dragondreamingbr.org/materias/.
DUNKER, Christian; THEBAS, Cláudio. **O palhaço e o psicanalista:** como escutar os outros pode transformar vidas. São Paulo: Planeta do Brasil, 2019.

Design Thinking
BRAGA, Marcos; COSTA, Carlos Z.; FARIAS, Priscila; VASSÃO, Caio A. **Metadesign:** Ferramentas, estratégias e ética para a complexidade. São Paulo: Editora Blucher, 2010.
BUCHANAN, Richard. Wicked problems in design thinking. MIT Press, Cambridge, 1992. **Design Issue,** vol. 8, nº 2, p. 5-21. Disponível em: http://www.jstor.org/stable/1511637. Acesso em: 10 ago. 2020.
CAVALCANTI, Carolina C.; FILATRO, Andrea. **Design thinking na educação presencial, a distância e corporativa.** São Paulo: Editora Saraiva, 2017.
Design Management Institute: https://www.dmi.org/.
Design Thinking Toolkit: Echos Laboratório de Inovação. Disponível em: https://echos.cc/PT/index.html.
KELLY, David; KELLY, Tom. **Confiança Criativa.** Barueri: Editora HSM, 2014.

O Jogo Oasis
A maior inspiração para o Jogo Oasis foram as comunidades tradicionais indígenas e caiçaras com quem tivemos contato, onde a prática dos mutirões, a valorização dos sonhos, dos talentos e dos recursos locais e as celebrações das conquistas coletivas são aspectos intrínsecos a cultura. Todo o resto são apenas recursos metodológicos para convencer nossa cabeça civilizada a fazer aquilo que antes era simplesmente natural.

MusiCooperação
MAFFESOLI, Michel. **Saturação.** São Paulo: Iluminuras: Itaú Cultural, 2010.
MÚSICA DO CÍRCULO. **Música e conexão humana,** c. 2019. Página inicial. Disponível em: https://www.musicadocirculo.com/. Acesso em 1 out. 2019.
_____. **Retiro da Música do Círculo,** c. 2019. Disponível em: https://musicadocirculo.wixsite.com/retiro. Acesso em 1 out. 2019.
SMITH, M. K. (2003, 2009), Jean Lave, Etienne Wenger and communities of practice. **The encyclopedia of informal education,** Disponível em: http://infed.org/mobi/jean-lave-etienne-wenger-and-communities-of-practice/. Acesso em: fev. 2018.

CooperArte
BARBOSA, Ana Mae. **Tópicos utópicos.** Belo Horizonte: Arte & Ensino, 1998.
CASSIRER, Ernest. **Antropologia filosófica:** ensaio sobre o homem. São Paulo: Mestre Jou, 1977.
DUARTE JUNIOR, João Francisco. **O sentido dos sentidos, a educação (do) sensível.** Curitiba: Criar Edições, 2001.
FREIRE, Paulo. **Pedagogia do Oprimido.** Rio de Janeiro: Paz e Terra, 1982.
_____. **Pedagogia da Autonomia:** Saberes necessários à prática educativa. São Paulo: Paz e Terra, 1996. 25a edição.

Práticas

ARIMATÉA, Denise Jayme e BROTTO, Fábio Otuzi. **Pedagogia da cooperação**. Brasília: Fundação Vale, UNESCO, 2013.

BRITTO, Rafael; HIRANO, Heidi; SANTOS, Ronaldo dos. **A Pedagogia da Cooperação como instrumento para envolver pessoas de uma ONG no desenvolvimento de projetos colaborativos**. TCC da Pós-graduação em Pedagogia da Cooperação e Metodologias Colaborativas. São Paulo, UNIP/Projeto Cooperação: 2014.

CASTRO, Manuel Antônio de. Walter Benjamin: por que comemorar? **Cadernos de Letras**, 9. Departamento de Letras Anglo-Germânicas, Faculdade de Letras, UFRJ, 1993, p. 15.

FREIRE, Paulo. **Pedagogia da esperança:** Um reencontro com a pedagogia do oprimido. São Paulo: Ed. Paz e Terra, 2012.

GONTAD, Juliana; GONÇALVES, Julius Cesar Ferreira Batista; PETERLINI, Marcelo Dozono; RAMO, Vitor Hugo da Silva. **Contribuições da Pedagogia da Cooperação para a criação de senso de comunidade entre jovens**. TCC da Pós-graduação em Pedagogia da Cooperação e Metodologias Colaborativas. São Paulo, UNIP/Projeto Cooperação: 2018.

GREGERSEN, Hal, diretor executivo do Centro de Liderança do MIT. Brainstorming Produtivo. **Harvard Business Review**, edição brasileira. Março 2018. p. 49-55.

Foi *DIVER*?! — Indicadores de Cooperatividade

AAKER, David A; KUMAR, V.; DAY, George S. **Pesquisa de marketing**. São Paulo: Atlas, 2001.

DILLMAN D. A.; SMYTH, J. D.; CHRISTIAN, L. M. **Internet, phone, mail and mixed-mode surveys:** The tailored design method. New Jersey: Wiley, 2014.

HINKIN, T. R. A brief tutorial on the development of measures for use in survey questionnaires. **Organization research methods**. V. 2, n. 1, p. 104-121, 1998.

SILVEIRA, Denise Tolfo; GERHARDT, Tatiane Engel. **Métodos de pesquisa**. Porto Alegre: Editora da UFRGS, 2009.

VELÁZQUEZ, Carlos. **Educação para a paz:** Desenvolvendo valores na escola através da educação física para a paz e dos jogos cooperativos. Santos: Projeto Cooperação, 2004.

Projeto Cooperação

Soluções Cooperativas para um mundo em transformação!

Sabe o "Sonho do Beto"? Então, parece que sussurraram lembra do *Com-Trato*... lembra do *Com-Trato*, nos ouvidos do Fábio Otuzi Brotto e da Gisela Sartori Franco lá no início da década de 90, quando resolveram espalhar as sementes da cooperação pelo mundo, como uma forma de deixar a vida na Terra melhor do que encontraram.

Assim, em 1992, nasceu o Projeto Cooperação — Comunidade de Serviço, em Santos (SP). De lá para cá, muitas cooperações vieram *aconteSendo* através de consultorias, palestras, oficinas, cursos on line, publicação de artigos e livros, duas pós-graduações pioneiras (Jogos Cooperativos e Pedagogia da Cooperação), além da realização de eventos nacionais e internacionais, como a I Clínica de Jogos Cooperativos, lá em 1995, até o atual Festival Internacional da Cooperação (FICOO). São milhares de pessoas e centenas de organizações empresariais, educacionais, governamentais e comunitárias que, assim como você, hoje, fazem parte desta nossa *comum-unidade*.

E tudo isso, *com-vivido* de um jeito DIVER de *VenSer* plenamente quem a gente é para continuar *SerVindo* ao bem comum através dos Jogos Cooperativos, diversas Metodologias Colaborativas, e, agora, especialmente, graças a sua presença aqui, por meio dessa nossa, Pedagogia da Cooperação.

VenSer com a gente!

www.projetocooperacao.com.br
com-tato@projetocooperacao.com.br

Este livro foi impresso em papel off-set 75g/m2,
utilizando fonte Dante MT Std e Montserrat
pela Gráfica Rotaplan